Louise Hay
Vertraue dem Leben

Louise Hay

Vertraue dem Leben!

Liebevolle Botschaften
für jeden Tag

unter Mitarbeit von Thomas Görden

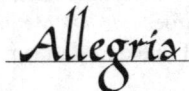

Allegria ist ein Verlag der Ullstein Buchverlage GmbH

ISBN 978-3-7934-2403-1

Übersetzung und Zusammenstellung unter Mitarbeit
von Thomas Görden
Umschlaggestaltung: zero-media.com
Gesetzt aus der Minion Pro bei Pinkuin Satz und Datentechnik, Berlin
Druck und Bindearbeiten: GGP Media GmbH, Pößneck
Printed in Germany

Inhalt

Januar

Februar

1. Februar – Ich öffne mich für meine innere Weisheit
2. Februar – Ich liebe, ich bin liebenswert und ich werde geliebt
3. Februar – Mein Höheres Selbst ist immun gegen Manipulation und Schuldgefühle
4. Februar – Meine Arbeit bedeutet, das zu tun, was ich liebe
5. Februar – Ich vertraue darauf, dass mein Leben richtig läuft
6. Februar – Jeden Tag ergießt sich auf überraschende Weise Fülle in mein Leben
7. Februar – Ich vertraue meiner inneren Weisheit
8. Februar – Das Leben liebt und unterstützt mich
9. Februar – Mein Tag beginnt und endet mit Dankbarkeit
10. Februar – Ich liebe die Menschen in meiner Familie und sie lieben mich
11. Februar – Ich segne mit Liebe, was gerade entsteht
12. Februar – In meiner Welt erlaube ich nur freundliche und liebevolle Menschen
13. Februar – Das Leben liebt mich bedingungslos, denn Liebe ist immer bedingungslos
14. Februar – Ich bin sehr dankbar für die Liebe in meinem Leben – ich finde sie überall
15. Februar – Ich liebe mich selbst und meine Sexualität
16. Februar – Ich wähle Liebe statt Angst
17. Februar – Ich bin bereit, jedem zu vergeben, um mich selbst zu befreien
18. Februar – Ich lasse meine Wut hinter mir und befreie mich
19. Februar – Ich bin empfänglich und offen für die Heilung, die ich brauche
20. Februar – Es fällt mir leicht, Veränderungen vorzunehmen
21. Februar – Ich erschaffe wunderbare neue Glaubenssätze für mein Leben
22. Februar – Ich entscheide mich, zu lieben und Spaß zu haben
23. Februar – Ich segne alle meine Freundschaften mit Liebe
24. Februar – Ich werde vom Universum geliebt
25. Februar – Ich weiß, das Leben unterstützt mich immer
26. Februar – Ich lebe jetzt mit Liebe, Licht und Freude
27. Februar – Ich weiß, dass mich alte negative Muster nicht länger einschränken und lasse sie mit Leichtigkeit zurück
28. Februar – Ich liebe meine Kinder und sie lieben mich
29. Februar – Mein Zuhause ist ein wundervoller Ort

März

1. März – Ich stehe immer unter göttlichem Schutz und werde geführt
2. März – Ich bin auf diesen Planeten gekommen, um zu lernen, mich mehr zu lieben und diese Liebe mit anderen zu teilen
3. März – Alles entwickelt sich zu meinem Besten
4. März – Ich bin gesegnet

5. März – Ich vergebe mir, dass ich mich selbst immer wieder kritisiert habe und löse mich jetzt von aller Selbstkritik

6. März – So, wie ich bin, bin ich vollkommen

7. März – Ich segne die Welt mit Liebe

8. März – Ich liebe und unterstütze die Frauen in meinem Leben

9. März – Ich erschaffe mir mein Leben gemeinsam mit meinem Höheren Selbst

10. März – Ich bin umgeben von guten Autofahrern

11. März – Ich weiß, wie ich auf mich aufpasse

12. März – Ich lasse allen Schmerz und allen Groll los

13. März – Ich löse mich mit Leichtigkeit von der Vergangenheit und vertraue dem Leben

14. März – Ich nehme mir meine Kraft und erschaffe liebevoll meine eigene Realität

15. März – Ich entscheide mich, alles mit Liebe zu betrachten, und ich liebe, was ich sehe

16. März – Ich akzeptiere Gesundheit als meinen natürlichen Zustand

17. März – Mein Geist ist ein Garten voller wunderbarer Gedanken

18. März – Mein Leben entwickelt sich wunderbar, und ich habe inneren Frieden gefunden

19. März – Wohin ich auch schaue, sehe ich Schönheit

20. März – Ich bin eine wunderschöne, einzigartige Seele

21. März – Ich zeige an jedem Tag und in jeder Form Dankbarkeit – dies ist ein wichtiger Teil meines Lebens

22. März – Ich bin nachsichtig, liebevoll, freundlich und gütig und ich weiß, das Leben liebt mich

23. März – Ich streiche das Wort »sollte« aus meinem Vokabular

24. März – Was auch immer ich wissen muss, erfahre ich genau zum richtigen Zeitpunkt

25. März – Ich spreche mit mir selbst immer freundlich und liebevoll

26. März – Ich löse mich ganz von dem Wort »sollen« und schenke mir Freiheit

27. März – Ich bin eins mit allem Leben, und das Leben in seiner Ganzheit liebt und unterstützt mich

28. März – Ich habe nichts zu befürchten, wenn ich meinen inneren Kritiker loslasse und mich der Liebe zuwende

29. März – Ich vertraue auf die guten Absichten, die das Leben mit mir hat

30. März – Ich höre meinem Inneren Kind liebevoll zu

31. März – Durch Vergebung gelange ich zur Liebe

April

1. April – Ich bin bereit, da anzufangen, wo ich gerade bin

2. April – Ich erlaube heute dem Leben, mich zu lieben

3. April – Ich umgebe mich mit einer Aura der Liebe

4. April – Ich bin mir selbst ein freundlicher und liebevoller Freund
5. April – Mein Einkommen wächst ständig
6. April – Aus der Situation, in der ich gerade bin, wird nur Gutes entstehen
7. April – Meine Arbeit an mir selbst hat kein Ziel, sondern ist ein lebenslanger Prozess – ich will diesen Prozess genießen
8. April – Ich gebe mein Bestes, um zu helfen, eine liebevolle, harmonischere Welt zu erschaffen
9. April – Ich bin liebenswert, und das Leben liebt mich
10. April – Wenn ich Angst habe, öffne ich mein Herz und lasse die Angst durch Liebe auflösen
11. April – Wenn sich eine Tür schließt, öffnet sich eine andere
12. April – Ich bekunde ehrlich und auf positive Weise meine Gefühle
13. April – Ich bin bereit, zu lernen, was das Leben mich lehren will
14. April – Ich befreie mich von allen zerstörerischen Ängsten und Zweifeln
15. April – Ich laufe den wundervollen Erfahrungen des Lebens freudig entgegen
16. April – Mein Leben fängt gerade erst an, und ich genieße es
17. April – Ich vergebe jedem in meiner Vergangenheit für alles, was ich als Unrecht empfinde – ich lasse es liebevoll los
18. April – Mich selbst zu lieben ist mein Zauberspruch
19. April – Ich bin mir bewusst, dass ich niemals jemanden verlieren kann und dass ich selbst nie verloren bin
20. April – Ich stehe immer unter Göttlicher Führung
21. April – Ich bin offen für die Fülle und das Gute des Universums
22. April – Ich atme die Fülle und den Reichtum des Lebens
23. April – Ich liebe mich genau so, wie ich bin
24. April – Ich verbreite Erfolg und Wachstum, wohin ich mich auch wende
25. April – Ich bin bereit, jeden Tag etwas Neues zu lernen
26. April – Jeder Gedanke, den ich denke, erschafft meine Zukunft
27. April – Ich bin bereit für neue Abenteuer
28. April – Wir sind hier, um uns selbst und die anderen zu lieben
29. April – Ich bin immer frei, selbst zu entscheiden, was ich denke
30. April – Ich ehre mein Inneres Kind, indem ich mich daran erinnere, zu spielen und Spaß zu haben

Mai

1. Mai – Ich werde immer perfekt, unversehrt und heil sein
2. Mai – Ich erlaube dem Leben, mich heute zu lieben
3. Mai – Wenn ich meine Gedanken ändere, ändere ich mein Leben
4. Mai – Ich bin bereit, zu wachsen und mich zu ändern
5. Mai – Ich bin heute offen und empfänglich für Göttliche Führung
6. Mai – Mein Körper ist ein guter Freund, um den ich mich liebevoll kümmere

7. Mai – Ich ernähre meinen Körper mit Essen, das meinen Körper liebt

8. Mai – Ich liebe und akzeptiere mein Inneres Kind

9. Mai – Ich gebe mir das Versprechen, von nun an gütig und liebevoll mit mir selbst umzugehen

10. Mai – Ich nehme mir vor, heute Spaß zu haben

11. Mai – Wie kann ich helfen?

12. Mai – Ich bin sehr dankbar, hier zu sein

13. Mai – Ich bin sehr dankbar für all die Liebe in meinem Leben und finde sie überall

14. Mai – Ich liebe meine Arbeit und werde dafür gut bezahlt

15. Mai – Jede Zelle in meinem Körper besitzt Göttliche Intelligenz

16. Mai – Heute bitte ich die Liebe, mich lieben zu lehren

17. Mai – Ich akzeptiere, hier und jetzt geheilt zu werden und gesund zu sein

18. Mai – Wenn ich meine Gedanken in Ordnung bringe, dann löse ich auch meine Probleme

19. Mai – Wenn wir uns selbst und anderen vergeben, öffnen wir uns damit für neue Inspirationen und Möglichkeiten

20. Mai – Frieden umgibt mich. Ich bin immer sicher und Göttlich beschützt

21. Mai – Ich bin einzigartiger Ausdruck der ewigen Einheit

22. Mai – Ich umarme liebevoll mein Inneres Kind

23. Mai – Vergebung hilft mir, mich nicht länger selbst zu verletzen und mir eine bessere Zukunft zu erschaffen

24. Mai – Ich wähle meine eigene Vorstellung eines liebevollen Gottes

25. Mai – Jede Wahl, die ich treffe, ist die perfekte Entscheidung

26. Mai – Ich segne meine Arbeit mit Liebe

27. Mai – Ich liebe mein Auto

28. Mai – Ich erfreue mich an der Liebe, die ich jeden Tag erfahre

29. Mai – Ich liebe es, ich selbst zu sein

30. Mai – Wenn ich das Leben bejahe, bejaht das Leben mich

31. Mai – Andere zu lieben ist einfach, wenn ich mich selbst liebe und akzeptiere

Juni

1. Juni – Ich bin bereit, zu lernen und bereit, mich zu ändern

2. Juni – Je mehr ich mich selbst liebe, desto mehr fühle ich mich vom Leben geliebt

3. Juni – Für jedes Problem gibt es eine Lösung

4. Juni – Ich vertraue heute auf eine Höhere Macht

5. Juni – Ich habe einen Job, den ich liebe, und werde gut bezahlt

6. Juni – Ich segne mein Einkommen liebevoll und sehe zu, wie es wächst

7. Juni – Ich erlebe jeden Tag bei meiner Arbeit Wunder

8. Juni – Ich fühle mich sicher im Rhythmus und Fluss des sich ständig wandelnden Lebens

9. Juni – Es ist nur ein Gedanke, und einen Gedanken kann man ändern

10. Juni – Heute erschaffe ich mir einen wunderbaren Tag und eine wunderbare Zukunft

11. Juni – An jedem Tag fühle ich mich auf jede Art immer gesünder

12. Juni – Ich entschließe mich, am heutigen Tag nur Gutes für mich zu empfinden

13. Juni – Mein einzigartiges kreatives Talent durchströmt mich heute

14. Juni – Meine Sexualität ist genau richtig für mich

15. Juni – Ich liebe mein Inneres Kind und ich habe das Sagen in meinem Leben

16. Juni – Ich höre liebevoll auf die Botschaften meines Körpers

17. Juni – Ich befreie mich von Ideen und Vorstellungen, die mich nicht fördern und weiterbringen

18. Juni – Ich löse mich von allen negativen Bindungen in meinem Leben

19. Juni – Je mehr ich mir selbst vergebe, desto leichter wird es für mich, anderen zu vergeben

20. Juni – Alles, was ich brauche, kommt zum richtigen Zeitpunkt zu mir

21. Juni – Ich bin Geist

22. Juni – Heute sorge ich gut für mein Inneres Kind

23. Juni – Ich befreie mich heute liebevoll von allem Widerstand, mich selbst noch mehr zu lieben

24. Juni – Ich vergebe mir liebevoll selbst, ich bin frei

25. Juni – Je dankbarer ich bin, desto mehr wird in meine Welt strömen, für das ich dankbar sein kann

26. Juni – Wenn ich meditiere

27. Juni – Fülle strömt mir von überall zu

28. Juni – Ich sage JA zu mehr Empfänglichkeit

29. Juni – Ich zeige heute meine Liebe in allem, was ich tue

30. Juni – Ich wachse über meine Süchte hinaus und befreie mich selbst

Juli

1. Juli – Ich schwimme, so gut ich kann, im Strom der Veränderungen meines Lebens

2. Juli – Liebe dich selbst und du wirst dein Leben heilen

3. Juli – Wenn ich in mein Inneres schaue, finde ich alle Sicherheit und Unterstützung, die ich brauche

4. Juli – Jeden Tag erschaffe ich mir für mein Leben eine liebevolle Erfahrung

5. Juli – Das Leben gibt mir alles, was ich brauche, ich muss vor nichts Angst haben

6. Juli – Tief im Zentrum meines Seins entspringt eine Quelle unendlicher Liebe

7. Juli – Ich bin ein strahlendes Geschöpf der Liebe

8. Juli – Je mehr ich liebe, desto mehr Liebe habe ich, um sie zu geben

9. Juli – Ich bin ein geliebtes Kind des Universums

10. Juli – Ich betrachte mich selbst und was ich tue mit liebevollen Augen

11. Juli – Ich sage JA zu einem Leben voller unbegrenzter Möglichkeiten

12. Juli – Ich setze mich zurück ans Steuer meiner Gedanken

13. Juli – Wähle eine Arbeit, die du liebst, und das Geld wird sich einstellen

14. Juli – Ich segne meine Familie mit Liebe

15. Juli – Ich liebe und schätze mein Inneres Kind und bewahre es freudig in meinem Herzen

16. Juli – Ich entscheide mich jetzt, alle Verletzungen und alle Missgunst loszulassen

17. Juli – Ich trauere in innerem Frieden

18. Juli – Jede Vergebung ist ein Beitrag zur Selbstliebe

19. Juli – Ich bin zu Hause in einer Welt der Liebe und Akzeptanz

20. Juli – Reichtum jeder Art wird von mir angezogen – ich bin ein Magnet für Geld

21. Juli – Ich zahle meine Rechnungen mit Liebe und erfahre, wie ich von Fülle durchströmt werde

22. Juli – Ich öffne mich dafür, kreative Ideen durch mich wirken zu lassen

23. Juli – Was wir in der Welt sehen, ist der Spiegel von dem, was wir denken

24. Juli – Ich segne meinen Ärger mit Liebe

25. Juli – Das größte Geschenk, das ich mir machen kann, ist bedingungslose Liebe

26. Juli – Neue wunderbare Erfahrungen bereichern jetzt mein Leben – ich bin beschützt

27. Juli – Ich verändere liebevoll mein Denken

28. Juli – Ich gedeihe auf allen meinen Wegen

29. Juli – Was gut für mich ist, kommt beständig zu mir, also kann ich mich entspannen und das Leben genießen

30. Juli – Ich bin liebenswert

31. Juli – Ich befreie mich selbst und jeden anderen in meinem Leben von alten Verletzungen

August

1. August – Vergeben macht mich frei und leicht

2. August – Ich denke liebevolle Gedanken und erschaffe ein Leben, wie ich es liebe

3. August – Liebe wird immer den Schmerz heilen

4. August – Das Leben unterstützt mich auf jede Art

5. August – Ich wertschätze meine Meditationszeiten

6. August – Ich arbeite liebevoll an der Veränderung meines Denkens

7. August – Ich habe einen besonderen Schutzengel

8. August – Ich bin perfekt, wie ich bin – physisch, sexuell, geistig und spirituell

9. August – Liebe ist überall, und ich bin liebenswert und gebe Liebe

10. August – Liebe ist meine Lehrerin

11. August – Jede Beziehung ist ein Spiegel

12. August – Jede Erfahrung, die ich mache, ist richtig für mein Wachstum

13. August – Ich helfe dabei mit, eine Welt zu erschaffen, in der wir einander gefahrlos lieben können

14. August – Ich ziehe Reichtum jeder Art in mein Leben

15. August – Ich bin heute aufgewacht und habe mich an allem erfreut, das ich sah, und mich dafür bedankt

16. August – Das Kind in mir lieben

17. August – Ich bewege mich mit Leichtigkeit durch Zeit und Raum – nur Liebe umgibt mich

18. August – Vergebung ist das Heilinstrument, das ich immer bei mir trage

19. August – Ich erschaffe nur freudige Erfahrungen in meiner liebevollen Welt

20. August – Jedes Problem, dem ich begegne, ist eine Einladung, mich selbst mehr zu lieben

21. August – Ich ziehe Wunder magnetisch an

22. August – Die Liebe des Universums umgibt und durchdringt mich

23. August – Das wichtigste Geschenk für uns und die anderen ist Selbstliebe

24. August – Ich lobe mich für die großen und auch die kleinen Dinge

25. August – Von Tag zu Tag werde ich kreativer

26. August – Mein Job ist es, Gott zum Ausdruck zu bringen

27. August – Ich segne und fördere jeden in meiner Welt und jeder segnet und fördert mich

28. August – Ich sehe die Welt geheilt und ganz, jeden Mensch ernährt, gekleidet, mit einem Heim und glücklich

29. August – Den Planeten verlassen

30. August – Ich befinde mich auf einer endlosen Reise durch die Ewigkeit

31. August – Mein Körper ist ein guter Freund, um den ich mich liebevoll kümmere

September

1. September – Ich bin ein neues Selbst.

2. September – Die beste Beziehung ist die, die ich zu mir selbst habe

3. September – Die Angst hinter sich zu lassen ist das Ziel

4. September – Ich lebe in einem überreichen Universum

5. September – Ich habe alle Zeit der Welt

6. September – Gesunde Finanzen

7. September – Alle meine Beziehungen sind von Liebe getragen

8. September – Das Innere Kind

9. September – Ich bin bereit, an jedem Tag etwas Neues zu lernen

10. September – Wenn wir uns wirklich selbst lieben, dann funktioniert alles in unserem Leben, auch bei unserer Gesundheit

11. September – Liebe ist stärker als alle Unterschiede

12. September – Ich bin hier, um die Welt zu lieben

13. September – Ich bin mit einer höheren Macht verbunden

14. September – Mahlzeiten vorbereiten – Ich erschaffe mir liebevoll die perfekte Gesundheit

15. September – An das Innere Kind denken

16. September – Ich entscheide mich jetzt, dass es mir leichter fällt, mich zu ändern

17. September – Ich liebe mich selbst total im Hier und Jetzt

18. September – Mein Ziel ist es, mich heute noch mehr zu lieben als gestern

19. September – Ich glaube an die Macht der Liebe

20. September – Ich bin offen und bereit, alles Gute zu empfangen

21. September – Ich entscheide mich für ein Leben in Frieden

22. September – Mein Körper ist der gute Freund, um den ich mich liebevoll kümmere

23. September – Während ich mein Denken verändere, verändert sich auch die Welt um mich herum

24. September – Ich öffne neue Türen im Leben

25. September – In allen Bereichen meines Lebens erfahre ich Fülle

26. September – Ich gebe und empfange bedingungslose Liebe

27. September – Ich genieße die wundervolle Welt, in der ich lebe

28. September – Ich erhebe Anspruch auf meine Kraft

29. September – Ich bin dem Leben tief dankbar für seine Großzügigkeit mir gegenüber

30. September – Heute genieße ich jede Minute von dem, was ich gerade tue

Oktober

1. Oktober – Ich liebe mich und alles, was ich tue

2. Oktober – Ich bin wie eine frische Brise, wenn ich in den Raum trete

3. Oktober – Meine Liebe ist stark

4. Oktober – Du bist es wert, geheilt zu werden

5. Oktober – Man ist nie zu alt, um zu lernen und sich weiterzuentwickeln

6. Oktober – Affirmationen funktionieren nicht

7. Oktober – Im Selbstgespräch bin ich freundlich und liebevoll zu mir

8. Oktober – Ich freue mich an der Liebe, die ich geben kann

9. Oktober – In jeder Beziehung gibt es etwas zu lernen und ein Geschenk zu empfangen

10. Oktober – Mein mentales Muster ist positiv und von Freude erfüllt

11. Oktober – Verzeihen hilft mir in der Gegenwart zu leben

12. Oktober – Ich bin zufrieden mit meinem Alter

13. Oktober – Ich bin eins mit allen Menschen

14. Oktober – Der Alterungsprozess

15. Oktober – Dieser Tag ist eine Einladung, mich zu lieben, so sehr ich kann

16. Oktober – Ich konzentriere mich auf positive Gedanken

17. Oktober – Heute entscheide ich mich, Liebe auszusenden.

18. Oktober – Je offener ich für die Liebe bin, desto sicherer bin ich auch

19. Oktober – Mein Tag beginnt und endet mit Dankbarkeit und Freude

20. Oktober – Ich lasse mich vom Universum leiten

21. Oktober – Jede Entscheidung, die ich treffe, ist die richtige für mich

22. Oktober – Die erste Beziehung, um deren Verbesserung Sie sich kümmern sollten, ist die Beziehung zu sich selbst

23. Oktober – Ich bin offen und empfänglich für alles Gute

24. Oktober – Heute folge ich meinem Glück

25. Oktober – Ich vertraue, dass meine Unternehmungen von der Göttlichen Intelligenz geleitet werden und ich von Erfolg zu Erfolg schreite

26. Oktober – Ich bin Liebe, Energie und ein leuchtendes Licht

27. Oktober – Ich segne mein Handy

28. Oktober – Das Gesetz der Anziehung bringt nur Gutes in mein Leben

29. Oktober – Ich bin mein eigenes, einzigartiges Selbst

30. Oktober – Wir sind wundervolle spirituelle Wesen, die das Menschsein erfahren wollen

31. Oktober – Altern

November

1. November – Zu welcher Tätigkeit ich auch hingeführt werde, ich werde erfolgreich sein

2. November – Ich vertraue dem Leben, sich um mich zu kümmern

3. November – Ich gebe meinem Inneren Kind alle Liebe, die es verlangt, und noch mehr

4. November – Alles geschieht zu meinem Besten

5. November – Mit meiner Arbeit bringe ich Göttliche Liebe zum Ausdruck

6. November – Ich bin Liebe. Die Liebe ist die einzige Realität

7. November – Ich sage JA! zu meinen Chancen und meinem Wohlstand

8. November – Ich bin dabei, mein eigener bester Freund zu werden – die Person, mit der ich am glücklichsten bin

9. November – Je großzügiger ich dem Leben meine Gaben und Talente schenke, desto reicher werde ich selbst beschenkt

10. November – Wohin ich auch gehe, werde ich mit Wärme und Freundlichkeit empfangen

11. November – Ich freue mich über das Glück der anderen

12. November – Wahrheit und Frieden sind die Grundlagen meines Lebens

13. November – Ich weiß, dass das Universum mich liebt, wie auch immer die Lage gerade im Moment sein mag

14. November – Ich gebe mir die Zeit, die ich brauche, um meinen Schmerz zu durchleben

15. November – Ich rede und denke positiv

16. November – Mich selbst zu lieben öffnet die Tür für positive Veränderungen

17. November – Alles, was ich suche, trage ich bereits in mir

18. November – Ich lebe in einem freundlichen Universum

19. November – Das Leben bringt mir nur gute Erfahrungen – ich bin offen für neue und wundervolle Veränderungen

20. November – Ich bin hier, um mich selbst und den ganzen Planeten zu lieben

21. November – Ich liebe es, mir Zeit für ein achtsames Essen zu nehmen und meine Mahlzeit wirklich zu genießen

22. November – Ich habe ein gutes Selbstwertgefühl, weil ich mich liebe und achte

23. November – Ich bin offen und empfänglich für alles Gute und die Fülle des Universums

24. November – Ich lebe geborgen im Universum, und alles Leben liebt und unterstützt mich

25. November – Ich lebe in der Fülle der Möglichkeiten

26. November – Ich bin dankbar für das Leben, jetzt und immerdar

27. November – Dankbar und liebevoll gebe und empfange ich Geschenke

28. November – Erfülltes Alter

29. November – Ich sehe den Planeten geheilt, und alle Menschen haben reichlich Nahrung und Kleidung, ein Zuhause und sind glücklich

30. November – Ich erschaffe liebevoll perfekte Gesundheit für mich

Dezember

1. Dezember – Das Gute für mich kommt von jedem und überall her

2. Dezember – Ich weiß, das Leben liebt mich, denn die Liebe hat mich noch nie verurteilt

3. Dezember – Ich ziehe Liebe und Liebesbeziehungen in mein Leben und bin bereit, das jetzt zuzulassen

4. Dezember – Ich bin bereits eine schöne und erfolgreiche Person

5. Dezember – Harmonie umgibt mich

6. Dezember – Ich ersetze Armutsdenken durch Reichtumsdenken, und diese Veränderung spiegelt sich in meinen Finanzen wider

7. Dezember – Alles, was ich berühre, wird ein Erfolg

8. Dezember – Die ersten Worte, die ich am Morgen zu mir sage, lauten: *»Ich liebe dich«*

9. Dezember – Ich entscheide mich jetzt, die Zeit, die noch vor mir liegt, zur besten Zeit meines Lebens zu machen

10. Dezember – Ich bin offen und empfänglich für alle neuen Wege zu einem guten Einkommen

11. Dezember – Ich liebe meine Gedanken, und meine Gedanken lieben mich

12. Dezember – Ich vergebe meine Vergangenheit und befreie mich
13. Dezember – Ich erhebe mich über alle Grenzen
14. Dezember – Ich bin jetzt erwachsen und kümmere mich liebevoll um das Kind in mir
15. Dezember – Die Zukunft bringt mir nur Gutes
16. Dezember – Ich entspanne mich in dem Wissen, dass das Universum mich hundertprozentig unterstützt
17. Dezember – Wir sind hier, um uns gegenseitig zu segnen und zu fördern
18. Dezember – Ein Universum des JA
19. Dezember – Ich liebe den Planeten
20. Dezember – Affirmation für den Planeten und alle seine Bewohner
21. Dezember – Diese Welt ist unser Himmel auf Erden
22. Dezember – Alles ist gut in meiner Welt
23. Dezember – Ich erkenne mich selbst an
24. Dezember – Ich bin ein leuchtendes Geschöpf der Liebe
25. Dezember – Ich lasse mich heute ganz vom Geist der Liebe erfüllen
26. Dezember – Ich trage heute genug Liebe im Herzen, um den ganzen Planeten zu heilen
27. Dezember – Ich segne heute ohne Einschränkung jeden Menschen
28. Dezember – Ich betrachte die Welt liebevoll und akzeptiere sie
29. Dezember – Ich bin sicher und behütet, während ich mich auf mein Bestes zubewege
30. Dezember – Ich bin offen und bereit für den nächsten Schritt in meinem Leben
31. Dezember – Ich liebe das Leben, und das Leben liebt mich

1. Januar

Jeder Augenblick meines Lebens
ist ein neuer Anfang

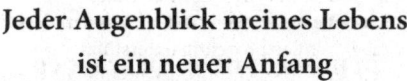

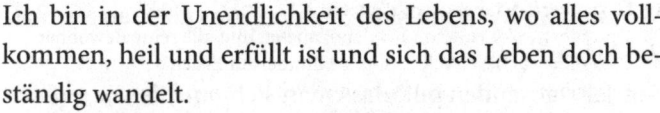

Ich bin in der Unendlichkeit des Lebens, wo alles vollkommen, heil und erfüllt ist und sich das Leben doch beständig wandelt.

Es gibt keinen Anfang und kein Ende, nur einen beständigen Kreislauf und ein Wiederkehren von Materie und Erfahrungen.

Das Leben ist niemals festgefahren, statisch oder ungenügend, denn jeder Moment ist neu und taufrisch.

Ich bin eins mit derjenigen Macht, die mich geschaffen hat, und diese Macht hat mir die Kraft gegeben, meine Lebensumstände selbst zu gestalten. Ich erfreue mich an der Erkenntnis, die Macht über meinen Geist zu haben und ihn auf jede Art, die ich wähle, zu benutzen.

Jeder Augenblick des Lebens ist ein neuer Anfangspunkt, an dem wir das Alte verlassen. Dieser Augenblick ist genau hier und genau jetzt ein neuer Anfangspunkt für mich. Alles ist gut in meiner Welt.

2. Januar

Wir brauchen uns nicht zu fürchten, in unser Inneres zu schauen

Wer sind Sie? Warum sind Sie hier? Was glauben Sie über das Leben?

Seit Jahrtausenden gilt, dass man sich *nach innen wenden* muss, um Antworten auf diese Fragen zu erhalten.

Aber was heißt das?

Ich glaube, dass es in uns eine Kraft gibt, die uns liebevoll zu vollkommener Gesundheit, vollkommenen Partnerschaften, vollkommenen Karrieren und Wohlstand in jeder Hinsicht führen kann. Um diese Dinge zu erlangen, müssen wir zunächst einmal daran glauben, dass sie möglich sind. Als Nächstes müssen wir bereit sein, uns von jenen Lebensmustern zu lösen, die von uns nicht gewünschte Umstände erzeugen. Dies erreichen wir, indem wir uns nach innen wenden und die innere Kraft anzapfen, die bereits weiß, was das Beste für uns ist.

Wenn wir bereit sind, unser Leben dieser Kraft in uns anzuvertrauen, die uns liebt und erhält, können wir Liebe und Wohlstand erzeugen.

3. Januar

Ich bin von Liebe umgeben

Wir alle verfügen über die Fähigkeit, uns selbst mehr zu lieben. Jeder Mensch verdient es, geliebt zu werden. Das kleine Kind in jedem von uns verdient es, sich zu einem wundervollen Erwachsenen zu entwickeln.

Sehen Sie sich selbst von Liebe umgeben. Sehen Sie sich glücklich und gesund. Sehen Sie Ihr Leben, wie Sie es sich wünschen.

Machen Sie sich klar, dass Sie dieses Glück verdienen.

Visualisieren Sie, dass die Menschen, die Sie lieben, zu Ihrer Linken und Ihrer Rechten sitzen. Lassen Sie Ihre Liebe zu den Menschen links von Ihnen fließen und senden Sie Ihnen tröstende Gedanken. Lassen Sie die Liebe aus Ihrem Herzen zu den Menschen rechts von Ihnen fließen. Umgeben Sie sie mit heilenden Energien, mit Liebe, Frieden und Licht. Lassen Sie Ihre Liebe den ganzen Raum ausfüllen, bis Sie in einem riesigen Kreis der Liebe sitzen. Fühlen Sie, wie die Liebe in einer Kreisbewegung von Ihnen ausgeht und dann vielfach vermehrt zu Ihnen zurückkehrt.

4. Januar

Ich übernehme die Verantwortung
für mein Leben

Bringen Sie die Liste da an, wo Sie sie gut sehen können. Prägen Sie sich diese Liste ein. Werden diese Ideen Teil Ihres Glaubenssystems, sieht das Leben für Sie ganz anders aus:

- Wir sind alle selbst für unsere Erfahrungen verantwortlich.
- Jeder unserer Gedanken erschafft die Zukunft.
- Jeder von uns muss sich herumschlagen mit Ablehnung, Kritik, Schuldgefühlen und Selbsthass.
- Das sind nur Gedanken und Gedanken kann man verändern.
- Wir müssen die Vergangenheit loslassen und jedem vergeben.
- Uns selbst anzuerkennen ist der Schlüssel zu positiver Veränderung.
- Wahre Kraft liegt immer im Hier und Jetzt.

Übernehmen Sie die Verantwortung für Ihr Leben! Lernen Sie Ihr inneres, spirituelles Selbst zu verstehen und die Kraft in Ihr Leben zu bringen, die nur das Gute für Sie will.

5. Januar

Ich erschaffe mir ein
wunderbares Glaubenssystem

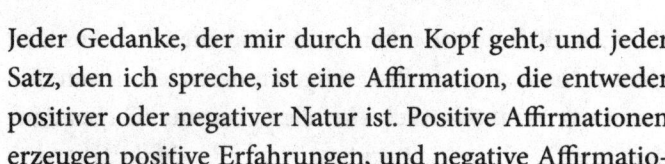

Jeder Gedanke, der mir durch den Kopf geht, und jeder Satz, den ich spreche, ist eine Affirmation, die entweder positiver oder negativer Natur ist. Positive Affirmationen erzeugen positive Erfahrungen, und negative Affirmationen erzeugen negative Erfahrungen.

Wenn ich ständig negative Aussagen über mich selbst oder über das Leben wiederhole, bringe ich damit ständig neue negative Erfahrungen hervor. Ich erhebe mich jetzt über meine Angewohnheit, die Welt ständig in einem negativen Licht zu sehen. Von nun an spreche ich nur noch über das Gute, das ich in meinem Leben verwirklicht sehen möchte. Dann wird auch nur noch Gutes zu mir kommen.

6. Januar

Was wir geben, bekommen wir zurück

Was wir über uns denken, wird Wahrheit für uns. Ich glaube, jeder, ich selbst eingeschlossen, ist hundertprozentig verantwortlich für alles in seinem Leben, für das Beste und das Schlechteste. Jeder Gedanke, den wir denken, gestaltet unsere Zukunft. Jeder von uns gestaltet seine Erfahrungen mit seinen Gedanken und mit seinen Gefühlen. Die Gedanken, die wir denken, und die Wörter, die wir sprechen, gestalten unsere Erfahrungen.

Wir gestalten unsere Lebensumstände, und dann geben wir unsere Macht ab, indem wir andere Personen für unsere Frustrationen verantwortlich machen. Keine Person, kein Ort und keine Sache hat irgendeine Macht über uns, denn »wir« sind die einzigen Denker in unserem Geist. Wenn wir unser Bewusstsein mit Frieden, Harmonie und Ausgeglichenheit anfüllen, werden wir sie auch in unserem Leben finden.

7. Januar

Ich bin schön und jeder liebt mich
von Robert Holden

Die 150 Seminarteilnehmer hingen förmlich an Louises Lippen. Unter ihnen waren viele Psychologen, Therapeuten und Coaches, die Spiegelarbeit nicht nur für sich persönlich, sondern auch im Beruf anwendeten. Louise nahm als einfache Teilnehmerin am Seminar teil, aber als wir zu dem Modul über Spiegelarbeit kamen, ließ ich mir die Gelegenheit nicht entgehen, sie zu bitten, uns von ihren Erfahrungen zu erzählen, und dieser Bitte kam sie sehr gerne nach.

Louise berichtete von einem frühen Durchbruch in ihrer Spiegelarbeit: »Eines Tages probierte ich eine kleine Übung aus. Ich blickte in den Spiegel und sagte zu mir: ›Ich bin schön und alle lieben mich.‹ Natürlich glaubte ich das zunächst nicht. Aber ich war geduldig mit mir, und schon bald fiel mir diese Affirmation leichter. Während des ganzen Tages sagte ich mir immer wieder: ›Ich bin schön und alle lieben mich.‹ Das zauberte ein Lächeln in mein Gesicht. Es war verblüffend, wie die Leute auf mich reagierten. Alle waren so freundlich zu mir. An diesem Tag erlebte ich ein Wunder – ein Wunder der Selbstliebe.«

8. Januar

Mich selbst zu lieben wirkt
Wunder in meinem Leben

Es gibt nur eine Sache, an der ich immer mit jedem arbeite: die Selbstliebe. Liebe ist die Wundertherapie. Selbstliebe bewirkt in unserem Leben wahre Wunder. Ich spreche nicht von Selbstgefälligkeit, Arroganz oder Narzissmus, denn das ist nicht Liebe, sondern nur Angst.

Liebe hingegen ist eine Wertschätzung, die so groß ist, dass mein Herz davon überfließt. Liebe kann überall sein. Ich kann Liebe empfinden für:

- den Lebensvorgang als solchen.
- die Freude, am Leben zu sein.
- die Schönheit, die ich sehe.
- einen anderen Menschen.
- den menschlichen Geist und seine Fähigkeiten.
- unsere Körper und ihre Funktionsweise.
- die Tierwelt.
- die Vegetation in all ihren Formen.
- das Universum.

Was können Sie dieser Liste hinzufügen?

_____

_____

_____

9. Januar

Ich richte meine Gedanken sanft darauf, meiner inneren Weisheit zu vertrauen

Kein Mensch, Ort oder Ding hat irgendeine Macht über mich, denn ich bin in meinem Geist der einzige Denker. Als Kind hielt ich Autoritätspersonen für Götter. Jetzt lerne ich, meine Macht selbst zu beanspruchen und meine eigene Autoritätsperson zu werden. Ich akzeptiere jetzt, dass ich eine starke, verantwortungsbewusste Persönlichkeit bin. Durch tägliche Meditation am Morgen stelle ich Kontakt zu meiner inneren Weisheit her. Wenn wir uns bewusst machen, dass wir alle zugleich Schüler und Lehrer sind, ist die Schule des Lebens sehr befriedigend und erfüllend. Jeder von uns hat etwas gelernt und kann andere etwas lehren. Während ich auf meine Gedanken lausche, bringe ich meinen Geist sanft dazu, auf meine innere Weisheit zu vertrauen. Ich wachse und gedeihe und vertraue alle meine weltlichen Angelegenheiten meiner Göttlichen Quelle an. Alles ist gut.

10. Januar

Es ist nur ein Gedanke,
und einen Gedanken kann man ändern

Jeder von uns ist vollständig selbst verantwortlich für jede seiner Erfahrungen.

Jeder Gedanke, den wir denken, gestaltet unsere Zukunft. Die Macht zur Veränderung liegt immer in der Gegenwart. Jeder leidet an Selbsthass und Schuldgefühlen.

Alle denken insgeheim: »Ich bin nicht gut genug.« Es ist nur ein Gedanke, und ein Gedanke kann verändert werden. Wir erschaffen jede sogenannte Krankheit in unserem Körper selbst. Verbitterung, Kritik und Schuld sind die Verhaltensmuster, die den größten Schaden anrichten. Sich von Verbitterung zu befreien kann sogar Krebs heilen. Wenn wir uns wirklich selbst lieben, funktioniert alles in unserem Leben.

Wir müssen uns von der Vergangenheit lösen und jedem vergeben.

Wir müssen lernen, uns selbst zu lieben.

Selbstbejahung ist der Schlüssel zu positiven Veränderungen.

Wenn wir uns wirklich selbst lieben, funktioniert alles in unserem Leben.

11. Januar

Ich bin bereit,
mich selbst zu lieben

1. Stellen oder setzen Sie sich vor Ihren Badezimmerspiegel.
2. Schauen Sie sich in die Augen.
3. Atmen Sie tief durch und sprechen Sie folgende Affirmation: *Ich möchte dich mögen. Ich möchte wirklich lernen, dich zu lieben. Lass uns zusammen schöne Dinge erleben.*
4. Atmen Sie erneut tief durch und sagen Sie: *Ich lerne jetzt, dich wirklich zu mögen. Ich lerne jetzt, dich wirklich zu lieben.*
5. Das ist die erste Übung. Ich weiß, dass sie zunächst gar nicht so einfach ist, aber tun Sie es bitte trotzdem! Atmen Sie tief durch und sagen Sie: *Ich bin bereit, dich lieben zu lernen, [Ihr Name]. Ich bin bereit, dich lieben zu lernen.*
6. Wenn Sie während des Tages an einem Spiegel vorbeikommen oder irgendwo Ihr Spiegelbild sehen, wiederholen Sie die Affirmationen, entweder laut, oder wenn das nicht möglich ist, still in Gedanken.

12. Januar

In diesem Jahr leiste ich die notwendige geistige Arbeit für positive Veränderungen

Viele Menschen starten mit guten Vorsätzen ins neue Jahr. Da sie aber keine inneren Veränderungen vornehmen, sind diese Vorsätze schon bald vergessen. Solange Sie nicht zu inneren Veränderungen und etwas geistiger Arbeit bereit sind, wird sich dort draußen nichts ändern. Das, was Sie verändern müssen, ist Ihr Denken. Sogar Selbsthass ist nur ein Gedanke, den Sie über sich selbst hegen.

Was können Sie in diesem Jahr Positives für sich tun? Gibt es etwas, das Sie im vorigen Jahr nicht getan haben und in diesem Jahr gerne tun möchten? Gibt es etwas, an das Sie sich im vorigen Jahr noch klammerten, das Sie dieses Jahr aber hinter sich lassen wollen? Was möchten Sie in Ihrem Leben ändern? Sind Sie bereit, alles für diese positiven Veränderungen Notwendige zu tun?

13. Januar

Vollständige Gesundheit ist mein göttliches Recht, und ich nehme es jetzt in Anspruch

Ich glaube, dass wir jede sogenannte »Krankheit« in unserem Körper selbst hervorrufen. Der Körper, wie alles andere im Leben, ist ein Spiegel innerer Gedanken und Überzeugungen.

Der Körper spricht immer zu uns, wenn wir uns nur die Zeit nehmen, ihm zuzuhören. Jede Zelle unseres Körpers antwortet auf jeden einzelnen Gedanken, den wir denken, und auf jedes Wort, das wir sprechen.

Wenn wir das geistige Muster hinter einer Erkrankung entdecken, ermöglicht uns das, das Muster zu ändern und auf diese Weise die Krankheit zu heilen. Die meisten Menschen wollen nicht bewusst krank sein, doch ist jede Krankheit eine Lehrerin für uns. Durch die Krankheit sagt uns der Körper, dass etwas, was wir sagen, tun oder denken, nicht unserem höchsten Wohl dient. Ich stelle mir das immer so vor, dass der Körper uns am Ärmel zupft und sagt: »Achtung, du musst etwas verändern.«

14. Januar

Neuanfänge

Eine Affirmation öffnet die Tür. Sie ist ein Ausgangspunkt für Veränderungen. Sie sagen damit zu Ihrem Unterbewusstsein: Ich übernehme die Verantwortung. Ich bin mir bewusst, dass es in meinem Leben etwas gibt, was ich ändern muss.

15. Januar

Ich bin bereit zu erkennen,
wie großartig ich bin

Wie vollkommen waren Sie als kleines Baby! Babys müssen für ihre Vollkommenheit nichts tun, sie sind bereits vollkommen und handeln so, als wüssten sie das. Sie wissen, dass sie das Zentrum des Universums sind. Sie haben keine Angst davor, um das zu bitten, was sie sich wünschen. Sie äußern frei ihre Gefühle. Und wenn ein Baby wütend ist, hört man das in der ganzen Nachbarschaft. Wenn es glücklich ist, erhellt sein Lächeln den ganzen Raum. Babys sind voller Liebe. Sobald wir älter sind, lernen wir, ohne Liebe zu leben, Babys aber würden das nicht aushalten. Babys lieben auch jeden Teil ihres Körpers, sogar ihre Exkremente. Sie haben einen unglaublichen Mut.

So waren Sie auch einmal, wie wir alle. Dann fingen wir an, den Erwachsenen zuzuhören, die gelernt hatten, ängstlich zu sein. Und so begannen wir, unsere eigene Großartigkeit zu verleugnen. Ich glaube meinen Klienten schon den Versuch nicht, mich überzeugen zu wollen, wie schrecklich und wenig liebenswert sie sind. Meine Aufgabe ist es, sie in die Zeit zurückzuführen, in der sie die wirkliche Selbstliebe kannten.

16. Januar

Ich umarme liebevoll
mein Inneres Kind

Ich habe festgestellt, dass die Arbeit mit dem Inneren Kind sehr dazu beiträgt, alte Wunden zu heilen. Wir sind nicht immer in Kontakt mit den Gefühlen des verängstigten kleinen Kindes in uns. Wenn Ihre Kindheit voller Furcht und Aggression war, und Sie sich nun selbst ständig Gewalt antun, dann behandeln Sie Ihr Inneres Kind weiterhin so, wie es früher in Ihrer Familie geschah. Das Innere Kind kann aber nirgendwohin entfliehen. Sie müssen die Begrenztheit Ihrer Eltern überwinden. Sie müssen den Kontakt zu dem alleingelassenen Kind in Ihnen wiederfinden. Es muss spüren, dass Sie für es da sind.

Nehmen Sie sich jetzt einen Moment Zeit und sagen Sie Ihrem Kind, dass Sie für es sorgen: »Ich kümmere mich um dich. Ich liebe dich. Ich liebe dich wirklich.« Vielleicht haben Sie das schon zu der erwachsenen Person in Ihnen gesagt. Reden Sie also jetzt auch mit dem kleinen Kind. Visualisieren Sie, dass Sie es bei der Hand nehmen und für ein paar Tage eine wunderbare Zeit voller schöner Erlebnisse haben.

17. Januar

Ich sehe, wie liebenswert ich bin
von Robert Holden

»Anfangs hatte ich Schwierigkeiten mit der Spiegelarbeit. Ich suchte nach Fehlern, und ich fand eine Menge! Meine Augenbrauen gefielen mir nicht. Ich hatte zu viele Falten. Meine Lippen hatten nicht die richtige Form. Die Liste war ziemlich lang«, sagt Louise mit einem Lächeln.

»Das muss hart gewesen sein«, sage ich.

»Damals fiel es mir sehr schwer, freundlich zu mir selbst zu sein.«

»Dachten Sie daran, die Spiegelarbeit wieder aufzugeben?«, hake ich nach.

»Ja, aber ich hatte einen guten Lehrer, dem ich vertraute. Er wies mich darauf hin, dass der Spiegel mich nicht beurteilt. Ich war es, die sich selbst kritisierte.«

»Dank ihm blieben Sie also bei der Spiegelarbeit.«

»Ja, und nach einer Weile ereigneten sich in meinem Leben kleine Wunder: Es schien, dass die Ampeln nur für mich auf Grün sprangen. Und gute Parkplätze waren, wo ich nie einen fand. Ich fühlte, wie ich immer mehr eins wurde mit dem Rhythmus des Lebens. Ich machte es mir selbst nicht mehr so schwer. So wurde mein Leben leichter.«

18. Januar

Ich will alles und jedem vergeben

Wenn wir krank sind, sollten wir in uns gehen und uns fragen, wem wir unbedingt vergeben müssen.

In *Ein Kurs in Wundern* heißt es, dass »alle Krankheiten durch einen Zustand des Nichtvergebens entstehen« und dass »wir, wann immer wir krank sind, schauen müssen, wem wir vergeben sollten«.

Ich würde noch hinzufügen, dass gerade der Mensch, dem zu vergeben Ihnen am schwersten fällt, derjenige ist, den Sie am meisten loslassen sollten. Vergebung heißt aufgeben, loslassen. Es hat nichts damit zu tun, Verhalten zu entschuldigen. Es heißt nur, die ganze Sache loszulassen. Wir brauchen nicht zu wissen, wie man vergibt. Alles, was wir tun müssen, ist, willens zu sein, zu vergeben. Das Universum wird sich des »Wie« annehmen.

19. Januar

Ich werde immer göttlich geführt und beschützt
von Cheryl Richardson

»Ein Jahr nach der Scheidung, nachdem ich mich mit diesem Verlust auseinandergesetzt hatte, öffnete sich für mich eine neue Tür«, erzählt Louise. »Eine Freundin lud mich zu einem Vortrag in der Kirche der *Religious Science* in New York ein. Sie wollte nicht allein gehen. Ich sagte zu, doch als ich dort eintraf, war sie nicht da. Ich musste also entscheiden, ob ich mir den Vortrag trotzdem anhören wollte und beschloss, zu bleiben. Da saß ich also und hörte, wie plötzlich jemand sagte: ›Wenn du bereit bist, dein Denken zu ändern, kannst du dein Leben ändern.‹ Es klang wie eine ganz kleine, beiläufige Feststellung, aber auf mich machte es gewaltigen Eindruck. Es weckte mein Interesse.«

»Warum weckte gerade das Ihre Aufmerksamkeit?«, frage ich sie.

»Irgendetwas an diesem Satz sprach mich an. Ich fand mich darin wieder und beschloss, wiederzukommen. Heute erkenne ich, wie perfekt es sich fügte, dass meine Freundin damals nicht erschien. Wäre sie da gewesen, hätte ich das Ganze wahrscheinlich ganz anders erlebt. Es stimmt: Alles entfaltet sich auf perfekte Weise.«

20. Januar

Ich sehe die Welt umschlossen von einem Kreis der Liebe

Stellen Sie sich vor, dass Sie sich an einem sehr sicheren, behüteten Ort befinden. Lassen Sie Ihre Sorgen, Schmerzen und Ängste hinter sich. Lösen Sie sich von alten, negativen Verhaltensmustern. Sehen Sie, wie das alles jetzt von Ihnen abfällt. Visualisieren Sie, dass Sie mit weit geöffneten Armen sagen: Ich bin offen und empfänglich! Seien Sie bereit, laut zu verkünden, was Sie wollen und nicht, was Sie nicht wollen. Sehen Sie sich selbst heil, gesund und im Frieden. Sehen Sie, dass Sie von Liebe erfüllt sind. Fühlen Sie nun an diesem Ort der Geborgenheit Ihre Verbundenheit mit anderen Menschen. Lassen Sie Ihre Liebe von Herz zu Herz strömen. Seien Sie sich währenddessen bewusst, dass sie vielfach vermehrt zu Ihnen zurückkehren wird. Wir können auf diesem Planeten Teil eines Zirkels des Hasses sein oder Teil eines Zirkels der Liebe und Heilung. Ich entscheide mich für den Zirkel der Liebe. Mir ist klar, dass wir alle das Gleiche wollen: in Frieden und Sicherheit leben und unserer Kreativität auf erfüllende Weise Ausdruck verleihen. Visualisieren Sie, dass die Erde von einem Kreis aus Licht umgeben ist. Und so sei es.

21. Januar

Eine liebevolle Welt beginnt bei mir selbst

Ich möchte dabei mithelfen, eine Welt zu schaffen, in der es ungefährlich für uns ist, einander zu lieben, in der wahrer Selbstausdruck möglich ist und in der wir von den Menschen in unserer Umgebung ohne Verurteilung, Kritik oder Voreingenommenheit geliebt und angenommen werden. Liebe beginnt vor unserer eigenen Haustür. In der Bibel steht: »Liebe deinen Nächsten wie dich selbst.« Viel zu oft vergessen wir die letzten drei Worte – wie dich selbst. Ehe wir einen anderen Menschen lieben können, muss die Liebe in uns selbst beginnen. Selbstliebe ist das wichtigste Geschenk, das wir uns machen können, denn wenn wir uns so lieben, wie wir sind, werden wir uns selbst nicht verletzen, und auch keinen anderen Menschen. Wenn in uns Frieden herrschte, gäbe es keine Kriege, keine Kriminalität, keine Terroristen und keine Obdachlosen. Es gäbe keine Krankheit, kein Aids, keinen Krebs, keine Armut und keinen Hunger. Das Rezept für den Weltfrieden lautet für mich also: Frieden in uns selbst haben. Frieden, Verständigung, Mitgefühl, Vergebung und vor allem: Liebe. Wir haben in uns die Kraft, diese Veränderungen zu bewirken.

22. Januar

Ich liebe mich selbst, so wie ich bin

Die Kraft, die dieses unglaubliche Universum erschaffen hat, wird oft *Liebe* genannt. *Gott ist Liebe.* Schon oft haben wir die Aussage gehört: *Liebe ist die treibende Kraft der Welt.* Genauso ist es. Liebe ist das Bindemittel, von dem das ganze Universum zusammengehalten wird.

Für mich ist Liebe eine große Wertschätzung, die man gegenüber etwas empfindet. Wenn ich davon spreche, dass wir uns selbst lieben, meine ich damit, dass wir eine große Wertschätzung für uns selbst empfinden. Wir akzeptieren alle Teile unserer Person – unsere kleinen Eigenheiten, alles, was uns peinlich ist, das, was wir nicht so gut machen, aber auch all unsere wunderbaren Vorzüge. Wir nehmen dieses ganze Paket liebevoll an. Bedingungslos.

Leider werden sich viele von uns nicht lieben, solange sie noch nicht schlank sind, nicht die gewünschte Beschäftigung haben, die gewünschte Gehaltserhöhung oder den ersehnten Partner – was auch immer. Oft knüpfen wir an unsere Liebe Bedingungen. Aber wir können uns ändern. Wir *können* uns selbst so lieben, wie wir jetzt in diesem Augenblick sind.

23. Januar

Ich kann wählen, was ich denke

von Robert Holden

Eines Tages machte ich mit Louise einen Spaziergang. Wir benutzten einen Wanderweg, große Eukalyptusbäume spendeten uns Schatten. Wir sprachen über das Prinzip, dass wir unsere Gedanken selbst wählen können.

»Was genau bedeutet dieses Prinzip?«, fragte ich Louise.

Sie antwortete: »Es bedeutet, dass Gedanken nur die Macht haben, die wir ihnen geben. In Ihrem Geist sind Sie selbst der einzige Denker, und Sie allein entscheiden, ob ein Gedanke wahr ist oder nicht.«

Es gibt ein Louise-Hay-Prinzip, das ich besonders mag: Wir haben es immer nur mit Gedanken zu tun, und Gedanken kann man ändern. Wenn wir leiden, geschieht das fast immer, weil wir auf unsere Gedanken bezüglich einer Erfahrung reagieren. Der Schmerz ist selbstgemacht. Er ist ein Signal, dass wir aufgrund eines psychologischen Vorgangs leiden. Den Ausweg aus dem Leiden finden wir, indem wir Freundschaft mit unserem Bewusstsein schließen und uns daran erinnern, dass wir selbst die Denker unserer Gedanken sind. Glücklichsein ist immer nur einen Gedanken entfernt.

24. Januar

Ich bin es wert,
von mir geliebt zu werden

1. Stellen Sie sich vor Ihren Badezimmerspiegel.
2. Schauen Sie sich in die Augen.
3. Sprechen Sie folgende Affirmation: *[Ihr Name], ich liebe dich. Ich liebe dich wirklich.*
4. Nehmen Sie sich die Zeit, diese Affirmation noch zwei- oder dreimal zu wiederholen: *[Ihr Name], ich liebe dich wirklich.*
5. Wiederholen Sie diese Affirmation immer wieder. Ich möchte, dass Sie es schaffen, sie mindestens hundertmal während des Tages laut oder in Gedanken zu sagen. Ja, Sie haben richtig gelesen: hundertmal am Tag. Ich weiß, das scheint viel zu sein, aber ganz ehrlich: Wenn Sie den Bogen erst einmal heraus haben, ist das ganz leicht.
6. Wiederholen Sie die Affirmation jedes Mal, wenn Sie an einem Spiegel vorbeikommen oder Ihr Gesicht sich in einer Glasscheibe spiegelt: *[Ihr Name], ich liebe dich. Ich liebe dich wirklich.*

25. Januar

Ich liebe und akzeptiere mich genau so, wie ich bin

Ich liebe und akzeptiere mich genau so, wie ich bin. Ich sorge gut für mich, bin voller Selbstvertrauen und akzeptiere mich in jeder Situation. Ich lege meine Hand auf mein Herz und fühle die Liebe in mir. Ich weiß, ich kann mich so akzeptieren, wie ich bin, hier und jetzt. Ich akzeptiere meinen Körper, mein Gewicht, meine Größe, mein Aussehen, meine Sexualität und meine Erfahrungen. Ich akzeptiere alles, was ich für mich erschaffen habe – meine Vergangenheit und meine Gegenwart. Ich bin bereit, meine Zukunft geschehen zu lassen. Ich bin ein göttlicher, wunderbarer Ausdruck des Lebens und verdiene nur das Beste. Ich akzeptiere das jetzt für mich. Ich akzeptiere Wunder. Ich akzeptiere Heilung. Ich akzeptiere Fülle, und vor allem akzeptiere ich mich selbst. Und so sei es.

26. Januar

Das Leben liebt mich und alles, was ich brauche, wird zu jeder Zeit zu mir kommen

Die Macht, die mich erschuf, hat mich mit allem versorgt, was ich zum Leben brauche. Es liegt an mir, dieses Geschenk zu akzeptieren und mich seiner würdig zu erweisen. Was ich jetzt besitze, ist in meinem Leben, weil ich es zuvor akzeptiert habe. Wenn ich mehr oder weniger von dem will, was ich schon habe, oder wenn ich etwas anderes will, bekomme ich es nicht, indem ich jammere und klage.

Ich kann es nur bekommen, wenn ich mein Bewusstsein erweitere. Daher heiße ich nun alle Rechnungen liebevoll willkommen und bezahle sie in dankbarer Freude, im sicheren Wissen, dass das, was ich gebe, vielfach vermehrt zu mir zurückkehrt. Ich entwickle positive Gefühle im Umgang mit Rechnungen. Tatsächlich sind sie etwas ganz Wunderbares. Sie bedeuten nämlich, dass andere Leute mir genug Vertrauen entgegenbringen, um mir ihre Waren oder Dienstleistungen zu überlassen in der Erwartung, das ihnen zustehende Geld von mir auch wirklich zu bekommen.

27. Januar

Die Eine Unendliche Intelligenz sagt
immer JA zu mir

Ich weiß, dass ich eins mit allem Leben bin. Ich bin von unendlicher Weisheit umgeben und erfüllt. Daher verlasse ich mich hundertprozentig darauf, dass das Universum mich in jeder Hinsicht unterstützt. Alles, was ich jemals benötigen könnte, ist jederzeit für mich verfügbar. Auf diesem Planeten gibt es mehr Nahrung, als ich je essen könnte. Es gibt mehr Geld, als ich je ausgeben könnte, und mehr Menschen, als ich je treffen könnte. Es gibt mehr Liebe, als ich je erfahren kann, und mehr Freude, als ich mir vorstellen kann.

Die Eine Unendliche Intelligenz sagt immer JA zu mir. Ganz gleich, was ich glaube, denke oder sage, das Universum sagt immer Ja dazu. Ich verschwende keine Zeit mit negativem Denken oder negativen Themen. Ich entscheide mich dafür, mich selbst und das Leben auf möglichst positive Weise zu sehen. Ich sage Ja zu Wachstum und Wohlstand. Ich sage Ja zu allem Guten. Ich bin ein positiver Mensch in einem positiven Universum. Ich bin dankbar, eins mit der Universalen Weisheit zu sein und immer von der Universalen Macht beschützt und unterstützt zu werden.

28. Januar

Ich erschaffe liebevoll vollkommene Gesundheit für mich

Ich bin eins mit dem Leben, und die Ganzheit des Lebens liebt und unterstützt mich. Daher beanspruche ich für mich vollkommene, blühende Gesundheit, und zwar jederzeit. Mein Körper weiß, wie er sich gesund erhalten kann, und ich arbeite mit ihm zusammen, indem ich ihn mit gesunder Nahrung und gesunden Getränken versorge und ihm gesunde Bewegung verschaffe, die mir Freude macht. Mein Körper liebt mich, und ich liebe und achte meinen kostbaren Körper. Ich bin nicht meine Eltern und entscheide mich nicht dafür, ihre Krankheiten erneut zu erschaffen. Ich bin mein eigenes, einzigartiges Selbst, und ich bewege mich gesund, glücklich und heil durchs Leben. Das ist die Wahrheit meines Seins, und ich akzeptiere sie jetzt. Alles ist gut in meinem Körper.

29. Januar

Ich funkele und strahle,
wo immer ich bin

Mein Körper ist perfekt für mich, so wie er ist. Mein Körpergewicht ist auch perfekt. Ich bin genau da, wo ich sein will. Ich bin schön und jeden Tag werde ich anziehender. Es fiel mir schwer, dieses Konzept für mich selbst zu akzeptieren. Aber das ändert sich jetzt, weil ich anfange mich selbst wie jemanden zu behandeln, der tief geliebt wird. Ich lerne mich selbst mit gesunden kleinen Dingen zu verwöhnen. Kleine Geschenke der Liebe an mich selbst nähren mich – Dinge zu tun, die ich gerne tue, wie eine Ruhezeit, ein Spaziergang in der Natur, ein heißes Bad, alles, was mir wirklich Freude bereitet. Ich genieße es, etwas für mich selbst zu tun. Ich glaube, dass es in Ordnung ist, mich selbst zu lieben und mein bester Freund oder meine beste Freundin zu sein. Ich weiß, dass mein Körper von Sternenlicht erfüllt ist und ich funkele und strahle, wo immer ich hingehe.

30. Januar

**Was immer ich auch zu mir sage,
ich sage es liebevoll**

1. Schauen Sie sich in einem Spiegel in die Augen.
2. Sprechen Sie die Affirmation: *Alles, was ich zu mir selbst sage, sage ich mit Liebe.*
3. Wiederholen Sie mehrmals: *Alles, was ich vor diesem Spiegel zu mir selbst sage, sage ich mit Liebe.*
4. Gibt es einen Satz aus Ihrer Kindheit, der Ihnen im Gedächtnis haften geblieben ist? Vielleicht »Du bist dumm«, »Du bist nicht gut genug« oder dergleichen. Formulieren Sie diese negativen Aussagen zu positiven Affirmationen um: *Ich bin klug. Ich bin intelligenter, als ich es mir selbst zutraue. Ich bin ein Genie und sprühe vor Kreativität. Ich bin ein wunderbarer Mensch. Ich bin liebenswert.*
5. Wählen Sie eine oder zwei dieser Affirmationen und sprechen Sie sie mehrfach hintereinander laut aus, bis Sie sich mit ihnen wohlfühlen.
6. Wiederholen Sie diese liebevollen Affirmationen jedes Mal, wenn Sie an einem Spiegel vorbeikommen oder Ihr Gesicht sich in einer Glasscheibe spiegelt.

31. Januar

Ich höre den Botschaften
meines Körpers liebevoll zu

Finden wir heraus, wie wirkungsvoll es ist, Affirmationen aufzuschreiben! Wenn wir Affirmationen schreiben, kann das ihre Wirksamkeit erheblich verstärken. Schreiben Sie eine positive Affirmation zum Thema Gesundheit fünfundzwanzig Mal. Formulieren Sie eine eigene Affirmation oder verwenden Sie eine der nachfolgenden:

- *Meine Heilung ist bereits im Gange.*
- *Liebevoll höre ich auf die Botschaften meines Körpers.*
- *Meine Gesundheit ist jetzt blühend, vital und dynamisch.*
- *Ich bin dankbar für meine vollkommene Gesundheit.*
- *Ich verdiene es, gesund zu sein.*

1. Februar

Ich öffne mich für
meine innere Weisheit

- *In der Unendlichkeit des Lebens, dort, wo ich bin, ist alles heil und vollkommen.*
- *Ich glaube an eine Macht, die viel größer ist als ich und die mich jeden Moment des Tages durchströmt.*
- *Ich öffne mich der darin enthaltenen Weisheit, wissend, dass es nur eine Intelligenz in diesem Universum gibt. Von dieser Intelligenz kommen alle Antworten, alle Lösungen, alle Heilungen, alle neuen Schöpfungen.*
- *Ich vertraue dieser Macht und Intelligenz, wissend, dass mir offenbart wird, was immer ich wissen muss, und dass alles, was ich benötige, zum richtigen Zeitpunkt, am richtigen Ort und in richtiger Folge zu mir kommt.*
- *Alles ist gut in meiner Welt.*

2. Februar

Ich liebe, ich bin liebenswert
und ich werde geliebt

Ich glaube, dass wir alle uns bewusst dafür entscheiden, uns auf diesem Planeten zu einer bestimmten Zeit an einem bestimmten Ort zu inkarnieren. Wir haben uns entschieden herzukommen, um eine bestimmte Lektion zu lernen, die uns in unserer spirituellen Evolution weiterbringt.

Eine Möglichkeit, zuzulassen, dass der Lebensprozess sich in Ihnen auf eine positive, gesunde Weise entfaltet, besteht darin, Ihre eigenen, persönlichen Wahrheiten auszusprechen. Lösen Sie sich von den einengenden Glaubenssätzen, die Sie von der Erfüllung Ihrer Wünsche trennen. Erklären Sie, dass alle negativen Gedankenmuster aus Ihrem Bewusstsein gelöscht werden. Lösen Sie sich von Ihren Ängsten und Sorgen. Ich glaube jetzt schon seit langer Zeit an die folgenden Ideen, und sie haben mir gute Dienste geleistet:

- *Alles, was ich wissen muss, wird mir jederzeit enthüllt.*
- *Alles, was ich brauche, kommt zur rechten Zeit zu mir.*
- *Das Leben ist eine Freude und voller Liebe.*
- *Ich bin liebenswert, ich liebe und werde geliebt.*
- *Ich bin gesund und voller Energie.*
- *Ich gedeihe auf allen meinen Wegen.*
- *Ich bin bereit, zu wachsen und mich zu verändern.*

3. Februar

Mein Höheres Selbst ist immun
gegen Manipulation und Schuldgefühle
von Robert Holden

»Wer sich minderwertig fühlt und sich mit Selbstvorwürfen quält, steckt in einer Geschichte fest, die niemandem nützt.« Als ich Louise frage, ob Schuld irgendeinen positiven Zweck hat, antwortet sie: »Schuldgefühle haben nur eine einzige positive Funktion: Sie weisen uns darauf hin, dass wir vergessen haben, wer wir wirklich sind, und dass es Zeit ist, sich wieder daran zu erinnern. Sie vermögen nichts zu heilen.«

»Erklären Sie das bitte«, bitte ich sie.

»Wenn Sie sich schuldig fühlen wegen etwas, das Sie selbst getan haben, oder anderen Vorwürfe machen wegen etwas, das sie getan haben, lässt das die Vergangenheit nicht verschwinden, wird sie nicht besser.«

»Wollen Sie damit sagen, dass wir uns niemals schuldig fühlen sollten?«

»Nein«, antwortet Louise. »Ich sage, wir sollen Schuldgefühle oder Minderwertigkeitsgefühle als Zeichen begreifen, dass wir Heilung benötigen.«

»Und wie lassen sich Schuldgefühle heilen, Louise?«

»Durch Vergebung.«

4. Februar

Meine Arbeit bedeutet,
das zu tun, was ich liebe

Ich vertraue darauf, dass die Göttliche Intelligenz meine Geschäfte lenkt. Ob ich ein eigenes Geschäft besitze oder nicht, immer bin ich Instrument dieser Göttlichen Intelligenz. Es gibt nur Eine Intelligenz, und diese Intelligenz hat in der Geschichte unseres Sonnensystems eine beeindruckende Erfolgsbilanz vorzuweisen. Seit Millionen Jahren lenkt sie die Planeten sicher auf geordneten und harmonischen Bahnen. Ich akzeptiere diese Intelligenz bereitwillig als meinen Geschäftspartner. Es gelingt mir mühelos, in Zusammenarbeit mit dieser Machtvollen Intelligenz meine Energien in die richtigen Bahnen zu lenken. Diese Intelligenz schenkt mir alle Antworten, alle neuen Ideen und Einfälle, die meinen Beruf oder mein Geschäft segens- und erfolgreich machen.

5. Februar

Ich vertraue darauf,
dass mein Leben richtig läuft

Nachdem ich einmal meinen Fuß auf den spirituellen Pfad gesetzt hatte, schien es mir von Anfang an, dass ich keine Kontrolle über die Dinge hatte, aber dass eine solche Kontrolle auch gar nicht notwendig war. Das Leben hat mir immer genau das gebracht, was ich gerade brauche. Ich habe auf das reagiert, was sich zeigte. Sehr oft werde ich gefragt, wie ich Hay House gegründet habe. Die Leute möchten jede Einzelheit darüber wissen, von dem Tag, an dem ich anfing, bis heute. Meine Antwort ist immer die gleiche: Ich bin ans Telefon gegangen und habe die Post geöffnet. Ich habe immer das getan, was gerade zu tun war. So habe ich gelebt. Es war, als ob das Leben sich um alles kümmerte, immer der richtige Schritt zur rechten Zeit. Am Anfang bestand der Verlag nur aus mir und meiner damals neunzigjährigen Mutter, die sehr gut darin war, Kuverts zuzukleben und Briefmarken anzufeuchten, und dann wuchs er nach und nach.

6. Februar

Jeden Tag ergießt sich auf überraschende Weise Fülle in mein Leben

Als ich das erste Mal von der Vorstellung »Die Fülle des Universums ist für jeden vorhanden« hörte, musste ich lachen. »Sieh dir all die armen Leute an«, sagte ich zu mir. »Sieh dir deine eigene offensichtliche Armut an.« Es ärgerte mich, wenn ich hörte: »Deine Armut ist nur eine Überzeugung in deinem Bewusstsein.« Ich brauchte viele Jahre, bis ich einsah und akzeptierte, dass ich allein für meinen fehlenden Wohlstand verantwortlich bin. Nach meiner Überzeugung war ich *minderwertig* und *verdiente nichts Gutes*. Ich war außerdem davon überzeugt, dass *es sehr schwer ist, zu Geld zu kommen,* und ich *keine Begabung oder Fähigkeiten besitze*. Das alles bewirkte, dass ich in einem Armuts-Denkmuster feststeckte.

Es ist die einfachste Sache der Welt, Geld zu manifestieren! Wie reagieren Sie auf diese Behauptung? Sind Sie drauf und dran, dieses Buch durchs Zimmer zu werfen? Wenn Sie auf diese Weise reagieren, gut! Ich habe etwas tief in Ihnen berührt, genau den Widerstandspunkt gegen die Wahrheit. Daran muss gearbeitet werden. Es ist für Sie an der Zeit, sich für die Möglichkeit zu öffnen, dass Geld und alles Gute im Leben endlich in Ihr Leben strömen.

7. Februar

Ich vertraue meiner inneren Weisheit

Auf seine innere Führung zu hören und ihr zu folgen ist der beste Weg zu Gesundheit und Glücklichsein. Denken Sie daran, dass der entscheidende Schritt zur Gesundheit bei Ihnen selbst liegt. Wie gut Ihr Immunsystem funktioniert, hängt davon ab, wie gut Sie für sich selbst sorgen. Ihre Zellen orientieren sich an dem, was Sie denken und glauben. Affirmieren Sie:

- *Liebevoll sorge ich für mein Inneres Kind.*
- *Ich vertraue meiner inneren Weisheit. Ich sage Nein, wenn ich Nein sagen möchte, und Ja, wenn ich Ja sagen möchte.*
- *Ich werde den ganzen Tag über sicher geführt, sodass ich die richtigen Entscheidungen treffe. Göttliche Intelligenz führt mich und enthüllt mir, was das Richtige für mich ist.*
- *Während ich durch den Tag gehe, höre ich auf meine innere Führung. Meine Intuition ist immer auf meiner Seite. Ich kann mich stets auf sie verlassen. Ich bin sicher und geborgen.*
- *Ich stehe zu mir und meinen Bedürfnissen. Ich äußere meine Wünsche klar und aufrichtig. Ich beanspruche meine Macht.*

8. Februar

Das Leben liebt und unterstützt mich

Wenn Menschen mit einem Problem zu mir kommen, interessiert es mich nicht, was es ist – instabile Gesundheit, Geldmangel, unbefriedigende Beziehungen oder unterdrückte Kreativität. Es gibt nur eine Sache, an der ich immer arbeite, und das ist *die Selbstliebe.*

Wenn wir uns *genau so* lieben und akzeptieren, *wie wir sind*, funktioniert einfach alles im Leben.

Es ist, als ob überall kleine Wunder geschehen. Unsere Gesundheit bessert sich, wir kommen zu mehr Geld, unsere Beziehungen werden erfüllter und wir fangen an, uns auf erfüllende Weise kreativ auszudrücken. Und all dies manifestiert sich dann fast wie von selbst, auch ohne unser angestrengtes Bemühen.

9. Februar

Mein Tag beginnt und endet mit Dankbarkeit
von Robert Holden

Wissen Sie, was Louise Hay morgens nach dem Aufwachen als Erstes tut? »Wenn ich aufwache, noch bevor ich die Augen öffne, danke ich meinem Bett für den guten Nachtschlaf«, sagt Louise.

Kennen Sie noch jemanden, der das tut?

»Louise, Sie sind der einzige Mensch, den ich kenne, der sich bei seinem Bett für die gute Nacht bedankt«, sage ich.

»Nun, dann freut es mich für Sie, dass Sie endlich jemanden kennengelernt haben, der das tut«, erwidert sie.

»Aber es ist nicht gerade normal, oder?«, scherze ich.

»Ich bin nicht daran interessiert, normal zu sein«, entgegnet sie.

»Wann haben Sie denn begonnen, sich bei Ihrem Bett für den guten Schlaf zu bedanken? War es vor dreißig oder vor vierzig Jahren?«, frage ich.

»Eines Tages wachte ich auf und dachte: *Oh, Scheiße! Wieder ein neuer Tag!*«, sagt sie und lacht herzlich.

»Na, das ist ja eine tolle Affirmation!«

»Ja, und so beschissen wurde der Tag dann auch!«, sagt sie.

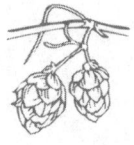

10. Februar

Ich liebe die Menschen in meiner Familie und sie lieben mich

Kinder sind nicht der Besitz ihrer Eltern; sie sind Geschenke des Universums. Sie sind strahlende, individuelle Geister, alte Seelen, die hierherkommen, um wieder eine körperliche Erfahrung zu durchleben. Sie haben sich ihre Eltern ausgesucht, um an ihnen zu lernen. Sie sind hier, um uns vieles zu lehren, wenn wir uns öffnen, von ihnen zu lernen. Kinder sind eine Herausforderung, weil sie oft eine andere Art haben, das Leben zu sehen. Eltern bestehen immer wieder darauf, ihnen alte, überholte Vorstellungen vermitteln zu wollen, von denen die Kinder instinktiv wissen, dass sie nicht richtig für sie sind. Es ist die Pflicht der Eltern, für diese Seelen einen beschütztes und fürsorgliches Heim zu schaffen, damit sie ihre Persönlichkeit umfassend entwickeln können. Wir müssen begreifen, dass jedes Kind, das auf diesen Planeten kommt, ein Heiler ist und wunderbare Dinge vollbringen kann für die Menschheit, wenn wir es nur ermutigen. Wenn wir das Kind aber in eine Form zwingen wollen, die wir schon von unseren Großeltern übernommen haben, dann schaden wir dem Kind und wir schaden unserer Gesellschaft.

11. Februar

Ich segne mit Liebe, was gerade entsteht
von Cheryl Richardson

»Das stärkste Hilfsmittel, das ich anzubieten habe, ist die Macht des liebevollen Segnens. Damit lässt sich jede Situation positiv verändern«, sagt Louise. »Unabhängig davon, wo Sie arbeiten oder wie Sie sich dort fühlen, segnen Sie Ihren Arbeitsplatz liebevoll. Das meine ich ganz wörtlich. Denken Sie nicht bloß vage positive Gedanken. Sagen Sie: ›Ich segne diese Arbeit liebevoll.‹ Suchen Sie sich einen Ort, wo Sie diese Affirmation laut aussprechen können – wenn Sie der Liebe Ihre Stimme leihen, hat das eine enorm kraftvolle Wirkung. Und belassen Sie es nicht dabei. Segnen Sie alles an Ihrer Arbeitsstelle liebevoll: die Ausrüstung, die Möbel, die Maschinen, die Produkte, die Kunden, die Menschen, mit denen und für die Sie arbeiten, und alles, was noch mit Ihrer Arbeit in Zusammenhang steht. Das bewirkt wahre Wunder.«

12. Februar

In meiner Welt erlaube ich nur freundliche und liebevolle Menschen

Für die meisten von uns ist das Ende einer Beziehung ein schwieriger Prozess. Wir haben die Macht oft der anderen Person gegeben, weil wir glauben, dass sie oder er die Quelle der Liebe ist, die wir empfinden.

Wenn diese Person uns dann verlässt, sind wir am Boden zerstört. Wir haben vergessen, dass die Liebe in uns ist. Wir haben die Macht, unsere Gefühle selbst zu wählen. Denken Sie daran, keine Person, kein Ort, kein Ding hat Macht über uns. Segne Sie sie in Liebe und lassen Sie los.

Einige von uns sind so ausgehungert nach Liebe, dass sie selbst eine schlechte Beziehung ertragen, nur um mit jemandem – jedem – zusammen zu sein. Wir alle müssen so viel Selbstliebe entwickeln, dass wir nur Menschen anziehen, die zu unserem Besten beitragen.

Wir müssen alle jede Form des Missbrauches an uns ablehnen. Ihn zu akzeptieren sagt dem Universum nur, dass wir glauben, wir verdienen es, und als Ergebnis schickt es uns mehr davon. Affirmieren Sie:

- *Ich akzeptiere nur freundliche und liebevolle Menschen in meiner Welt.*

13. Februar

Das Leben liebt mich bedingungslos, denn Liebe ist immer bedingungslos

Setzen Sie sich bequem hin. Schauen Sie in den Spiegel. Atmen Sie tief ein. Sagen Sie zu sich: *Das Leben liebt mich.* Atmen Sie dann aus.

Beachten Sie, dass der Satz *Das Leben liebt mich* aus nur vier Wörtern besteht. Mehr nicht. Es heißt nicht: Das Leben liebt mich, weil ... ich ein guter Mensch bin oder weil ich so fleißig bin oder weil ich gerade eine Gehaltserhöhung bekommen habe. Es heißt auch nicht: Das Leben wird mich lieben, wenn ... ich fünf Kilo abnehme oder mich vom Krebs befreie oder einen Partner finde. *Das Leben liebt dich* bedeutet: bedingungslose Liebe.

Es geht bei dieser Übung nicht darum, dass Sie sich selbst liebenswert machen. Sie sind es bereits! Jetzt sind Sie eine heilige Ausdrucksform der Liebe. Es geht nicht darum, dass Sie sich wertvoll machen. Sie sind bereits wertvoll. Es geht nicht darum, sich selbst zu bessern, sondern sich zu akzeptieren.

Es geht nicht darum, sich zu ändern, sondern Ihre Meinung über sich selbst zu ändern. Und es geht auch nicht darum, sich neu zu erfinden, sondern einfach Ihr wahres Selbst zu leben.

14. Februar

 Ich bin sehr dankbar für die Liebe in meinem Leben – ich finde sie überall

Von Zeit zu Zeit frage ich die, die ich liebe, wie ich sie noch mehr lieben kann.
♥ Ich entscheide mich dafür, klar zu sehen, mit den Augen der Liebe. Ich liebe, was ich sehe. ♥ Ich ziehe jetzt Liebe und Romantik in mein Leben, und öffne mich dankbar dafür.
♥ Die Liebe wartet hinter jeder Wegbiegung auf mich, und Freude erfüllt meine ganze Welt. ♥ Ich freue mich an der Liebe, die mir jeden Tag begegnet. ♥ Es fühlt sich gut an, in den Spiegel zu schauen und zu sagen: »Ich liebe dich. Ich liebe dich wirklich.« ♥ Ich verdiene jetzt Liebe, Romantik, Freude und alle Segnungen des Lebens. ♥ Ich bin von Liebe umgeben. Alles ist gut. ♥ Ich lebe in einer frohen, glücklichen Beziehung mit jemandem, der mich aufrichtig liebt.
♥ Ich bin schön, und alle lieben mich.
Wohin ich auch gehe, überall begegnet mir die Liebe. ♥ Ich ziehe nur Menschen in mein Leben, die mich liebevoll behandeln. ♥ Ich bin dankbar für die viele Liebe in meinem Leben. Ich finde sie überall.

15. Februar

Ich liebe mich selbst und
meine Sexualität

Oft setzen die Leute Sex mit Liebe gleich. Sie müssen ineinander verliebt sein, um Sex zu haben. Viele von uns wuchsen in dem Glauben auf, Sex außerhalb der Ehe sei Sünde und habe der Fortpflanzung und nicht der Freude zu dienen. Die meisten unserer Glaubensvorstellungen über Sex lassen sich bis in unsere Kindheit und zu unseren Ideen über Gott und Religion zurückverfolgen. Viele von uns wuchsen mit jenem Konzept auf, das ich ›Mamas Gott‹ nenne, mit dem also, was einem die Mutter über Gott beibrachte, über einen alten Mann mit Bart, der auf einer Wolke sitzt, den Leuten auf die Genitalien starrt und darauf wartet, dass jemand sündigt.

Denken Sie einen Moment über die ungeheure Größe des Universums nach. Wie vollkommen das alles ist! Denken Sie an die Größe der Intelligenz, die das alles erschaffen hat. Ich kann mir einfach nicht vorstellen, dass diese Göttliche Intelligenz einem prüden alten Mann ähneln soll, der *meine* Genitalien überwacht.

Als Kleinkinder hingegen wussten wir, wie perfekt unsere Körper sind, und wir liebten unsere Sexualität.

16. Februar

Ich wähle Liebe statt Angst

In jeder Lage, glaube ich, haben wir die Wahl zwischen Angst und Liebe. Wir erleben Angst vor Veränderung, Angst, dass sich nichts ändert, Angst vor der Zukunft und die Angst, eine Chance zu nutzen. Wir haben Angst vor Nähe und Angst davor, allein zu sein. Wir haben Angst, den Menschen zu sagen, wer wir sind und was wir brauchen. Und wir haben Angst, die Vergangenheit loszulassen. Am anderen Ende des Spektrums haben wir die Liebe. Liebe ist das Wunder, auf das wir alle warten. Uns selbst zu lieben wirkt Wunder in unserem Leben. Ich spreche nicht von Eitelkeit oder Überheblichkeit, denn das ist keine Liebe. Das ist Angst. Ich spreche davon, uns selbst mit großem Respekt zu begegnen und mit Dankbarkeit für unseren Körper und unseren Geist.

17. Februar

Ich bin bereit, jedem zu vergeben, um mich selbst zu befreien

Auf welchem spirituellen Pfad Sie sich auch bewegen, stets werden Sie feststellen, dass Vergebung von enormer Wichtigkeit ist, besonders wenn eine Krankheit im Spiel ist. Wenn wir krank sind, sollten wir uns unbedingt darüber klar werden, welche Menschen in unserer Umgebung unserer Vergebung bedürfen. Und meist ist der Mensch, von dem wir glauben, dass wir ihm niemals verzeihen können, derjenige, der unserer Vergebung am meisten bedarf. Wenn wir anderen nicht vergeben, schadet das der betreffenden Person nicht im Geringsten, uns selbst dafür aber umso mehr. Das Problem macht uns zu schaffen, nicht der anderen Person.

Wenn Sie sich verletzt fühlen, liegt das daran, dass Sie sich selbst nicht vergeben können. Bejahen Sie, dass Sie bereit sind, allen Menschen voll und ganz zu vergeben. Ich bin bereit, mich von der Vergangenheit zu befreien. Ich bin bereit, allen zu vergeben, die mich je verletzt haben, und ich vergebe mir selbst, dass ich andere verletzt habe. Wenn Sie an jemanden denken, der Sie irgendwann in Ihrem Leben einmal verletzt hat, sollten Sie diesen Menschen mit Liebe segnen, ihn freigeben und den Gedanken fallen lassen.

18. Februar

Ich lasse meine Wut
hinter mir und befreie mich

Schlucken Sie Ihren Ärger nicht herunter, denn dann setzt er sich in Ihrem Körper fest. Wenn Sie wütend sind, sollten Sie sich körperlich abreagieren. Es gibt verschiedene Methoden, wie Sie sich auf positive Art von diesen Gefühlen befreien können. Sie können im Auto, bei geschlossenen Fenstern, laut schreien. Sie können auf eine Matratze oder Kissen eindreschen. Sie können Lärm machen und, ganz für sich, alles laut sagen, was Sie sagen wollen. Sie können in ein Kissen schreien. Sie können joggen oder bei anderen Sportarten, zum Beispiel Tennis, Energie freisetzen. Schlagen oder treten Sie mindestens einmal pro Woche auf ihre Matratze oder Kissen ein – ob Sie gerade wütend sind oder nicht … einfach um physische Spannungen abzubauen, die Sie in Ihrem Körper aufgestaut haben!

19. Februar

Ich bin empfänglich und offen für die Heilung, die ich brauche

Sehen Sie, wie sich eine neue Tür öffnet zu einem Jahrzehnt großer Heilung für uns alle – einer Heilung, für die uns in der Vergangenheit die nötige Bewusstheit fehlte. Wir befinden uns in einem Lernprozess, bei dem wir entdecken, über welch unglaubliche innere Fähigkeiten wir verfügen. Und wir lernen, Verbindung zu jenem Teil von uns aufzunehmen, der die Antwort auf unsere Fragen kennt und uns zu unserem höchsten Wohl hinführen kann.

Sehen Sie, wie diese neue Tür sich weit öffnet, und imaginieren Sie, dass Sie sie durchschreiten und dahinter Heilung finden, und zwar auf vielfältige Weise, weil die Menschen verschieden sind, und deshalb Heilung für sie Unterschiedliches bedeuten kann. Manche von uns benötigen Heilung auf der körperlichen Ebene. Manche brauchen Heilung des Geistes. Also sind wir offen und empfänglich für die Formen der Heilung, die der einzelne Mensch gerade benötigt. Wir öffnen die Tür weit für persönliches Wachstum, und wir durchschreiten sie im sicheren Wissen, stets beschützt und geborgen zu sein. Und so sei es.

20. Februar

**Es fällt mir leicht,
Veränderungen vorzunehmen**

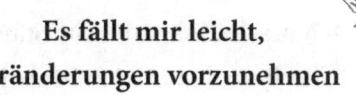

Sie sind viel mehr als Ihr Geist. Sie denken vielleicht, dass Ihr Geist den Ton angibt. Aber das kommt nur daher, dass Sie Ihren Geist geschult haben, so zu denken. Sie können dieses Werkzeug aber auch aus der Schule nehmen oder umschulen. Ihr Geist ist ein Werkzeug, das Sie auf jede gewünschte Art einsetzen können. Die Art, wie Sie Ihren Geist gerade benutzen, ist nur Gewohnheitssache. Gewohnheiten, alle Gewohnheiten, können verändert werden. Es genügt, dies zu wollen oder sogar nur zu wissen, dass es möglich ist. Beruhigen Sie für einen Moment das Geplapper Ihres Geistes und denken Sie ernsthaft über diese Vorstellung nach: *Ihr Geist ist ein Werkzeug. Sie haben die Wahl, ihn so zu gebrauchen, wie es Ihnen gefällt.*

Die Gedanken, für die Sie sich »entscheiden«, erzeugen die Erfahrungen, die Sie machen. Wenn Sie glauben, es sei hart oder schwierig, einen Gedanken oder eine Gewohnheit zu verändern, dann wird das für Sie auch so sein. Wenn Sie sich für den Gedanken entscheiden: »Es wird leichter für mich, Veränderungen vorzunehmen«, dann wird dieser Gedanke für Sie Wirklichkeit werden.

  # 21. Februar

Ich erschaffe wunderbare neue Glaubenssätze für mein Leben

Stellen Sie sich vor einen Spiegel. Atmen Sie tief ein und aus. Stellen Sie sich vor, dass Sie einen Knopf auf der Stirn drücken, worauf eine CD mit Ihren negativen Glaubenssätzen ausgeworfen wird. Sagen Sie zu sich: *Jetzt erstellen wir eine neue CD mit positiven Vorstellungen und Affirmationen.* Sprechen Sie diese Affirmationen laut:

- *Ich bin bereit, loszulassen.*
- *Ich lasse die alten, negativen Vorstellungen hinter mir.*
- *Ich löse mich von aller Wut und allen Schuldgefühlen.*
- *Ich löse mich von aller Traurigkeit.*
- *Ich löse mich von negativen Glaubenssätzen.*
- *Ich bin im Frieden mit mir selbst.*
- *Ich bin in Harmonie mit dem Leben.*
- *Ich bin sicher und geborgen.*

Sind Sie mit Schwierigkeiten konfrontiert, nehmen Sie Ihren Taschenspiegel und wiederholen Sie die Affirmationen, sodass Sie zu einem festen Bestandteil Ihres Alltags werden.

22. Februar

Ich entscheide mich, zu lieben und Spaß zu haben

Wenn Ihr Leben durch Sorge und Angst beeinträchtigt ist, haben Sie möglicherweise Ihr Inneres Kind vernachlässigt. Überlegen Sie, wie Sie wieder Kontakt zu ihm aufnehmen können. Gibt es eine Aktivität, die Ihnen wirklich Spaß macht? Etwas, das Sie *ganz für sich* tun?

Schreiben Sie 15 Möglichkeiten auf, wie Sie Spaß mit Ihrem Inneren Kind erleben können.

Vielleicht möchten Sie ein gutes Buch lesen, ins Kino gehen, gärtnern, Tagebuch führen oder ein heißes Bad nehmen. Wie wäre es mit einigen »kindischen« Aktivitäten? Denken Sie wirklich darüber nach. Sie könnten am Strand entlanglaufen, sich auf eine Schaukel setzen und schaukeln, mit Buntstiften ein Bild malen oder auf einen Baum klettern. Wenn Sie Ihre Liste zusammengestellt haben, sollten Sie jeden Tag wenigstens eine dieser Aktivitäten ausprobieren. Lassen Sie die Heilung beginnen!

Schauen Sie, was Sie alles an fröhlichen Aktivitäten entdecken! Es gibt so viele Freuden, die Sie mit Ihrem Inneren Kind erleben können! Fühlen Sie, wie die Beziehung zwischen Ihnen beiden wieder heil und gesund wird.

23. Februar

Ich segne alle meine Freundschaften mit Liebe

Wir können ohne eine Partnerschaft oder eine Liebesbeziehung leben und sogar ohne unsere ursprüngliche Familie leben, aber die meisten von uns können ohne Freunde nicht glücklich sein. Unsere Eltern wählen wir schon vor unserer Geburt aus, unsere Freunde aber auf einer viel bewussteren Ebene. Freunde können Erweiterung oder Ersatz unserer Familie sein. Die meisten von uns wünschen sich, ihre Erfahrungen mit anderen teilen zu können. Wir lernen nicht nur etwas über andere durch Freundschaften, sondern auch über uns selbst. Die Freundschaftsbeziehungen sind ein Spiegel unseres Selbstwertgefühls. Sie bieten uns die ideale Möglichkeit, einen Blick auf uns selbst zu werfen und zu sehen, wo wir noch wachsen müssen.

Wenn die Freundschaft schwierig wird, ist es Zeit für einen mentalen Hausputz. Seinen Geist nach einer lebenslangen Speicherung negativer Gedankenmuster zu reinigen ist so, als wenn Sie nach jahrelangem Verzehr von Junkfood mit einer gesunden Diät anfangen. Währenddessen sondert der Körper eingelagerte Gifte ab, und Sie fühlen sich in den ersten Tagen vielleicht schlecht. Aber Sie können es! Ich weiß, dass Sie es können!

24. Februar

Ich werde vom Universum geliebt

Wir alle sind geliebte Kinder des Universums, und doch geschehen Kindesmisshandlungen und andere schreckliche Dinge. Es heißt, dass dreißig Prozent unserer Bevölkerung als Kind misshandelt wurden. Das ist nichts Neues. Doch heute sind wir an einem Punkt angelangt, wo wir anfangen, uns der Dinge bewusst zu werden, die wir früher hinter Mauern des Schweigens verbargen. Diese Mauern fallen jetzt, wodurch es möglich wird, Veränderungen herbeizuführen. Bewusstheit ist der erste Schritt für Veränderungen. Bei denjenigen unter uns, die eine sehr schwere Kindheit hatten, sind die Schutzwälle dick und stark. Doch hinter diesen Schutzwällen wartet in jedem von uns ein kleines Kind darauf, beachtet, geliebt und so, wie es ist, akzeptiert zu werden – ohne dass man es in äußere Normen presst.

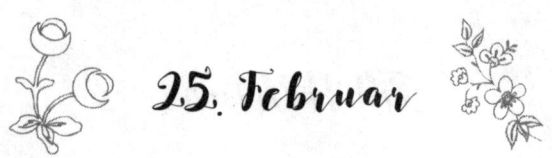

25. Februar

Ich weiß, das Leben unterstützt mich immer
von Robert Holden

Zu den Lieblingsbüchern meiner Tochter Bo gehören zwei Kinderbücher von Louise Hay: Das eine heißt *Ich bin, was ich denke.* Darin wird Kindern die Macht der Affirmationen vermittelt. Das andere heißt *Lulu und die kleine Ameise.* Die Abenteuergeschichten mit der kleinen Lulu helfen Kindern, Selbstvertrauen zu entwickeln und kreativ zu sein.

»Lulu ist das Mädchen, das ich in meiner Kindheit gerne gewesen wäre«, sagt Louise zu diesen Büchern. »Sie weiß, dass sie liebenswert ist und dass das Leben sie liebt.« Lulu und Bo sind etwa im gleichen Alter und beide blond. Beide haben einen kleinen Bruder. Manchmal fürchten sie sich. Manchmal erleben sie etwas Schmerzhaftes oder Trauriges. Und das Leben lehrt sie, auf ihr Herz zu hören und mutig zu sein. In einem von Lulus Liedern gibt es folgenden Vers:

Du kannst sein, was du sein willst,
du kannst tun, was du tun willst,
du kannst mutig du selbst sein,
denn das Leben lässt dich nie allein!

26. Februar

Ich lebe jetzt mit Liebe, Licht und Freude

Atmen Sie tief ein und wieder aus. Entspannen Sie dabei Ihre Kopfhaut, Ihre Stirn und Ihr Gesicht, Ihre Zunge, Ihren Hals und Ihre Schultern. (Sie können das Buch mit entspannten Armen und Händen halten.) Entspannen Sie Ihren Rücken, Ihren Bauch und Ihr Becken. Atmen Sie ruhig, während Sie Ihre Beine und Füße entspannen.

Findet eine große Veränderung in Ihrem Körper statt, seit Sie mit dieser Übung begonnen haben? Nehmen Sie wahr, wie viel Anspannung Sie im Körper festgehalten hatten? Wenn Sie Ihren Körper auf diese Weise steuern können, dann gelingt Ihnen das auch mit Ihrem Geist. Sagen Sie in dieser entspannten, bequemen Haltung zu sich selbst:

- *Ich bin bereit, etwas hinter mir zu lassen.*
- *Ich befreie mich von jeder Angst.*
- *Ich befreie mich von jeder Schuld.*
- *Ich lasse alle früheren Begrenzungen hinter mir.*
- *Ich bin in Frieden mit dem Leben.*

27. Februar

**Ich weiß, dass mich alte negative Muster
nicht länger einschränken und lasse sie
mit Leichtigkeit zurück**

Wie haben Sie als Kind Liebe erlebt? Haben Sie erlebt, wie Ihre Eltern einander Liebe und Zuneigung schenkten? Wurden Sie oft umarmt? Oder pflegte man in Ihrer Familie Liebe durch Schreien, Weinen, Türenschlagen, Manipulation, Kontrolle, beleidigtes Schweigen oder Rache auszudrücken? Wenn das bei Ihnen so war, werden Sie als Erwachsener dazu neigen, ähnliche Erfahrungen zu suchen. Sie werden dann immer wieder auf Menschen treffen, die Sie in den entsprechenden Glaubenssätzen bestärken. Wenn Sie als Kind nach Liebe suchten, aber immer nur verletzt wurden, dann werden Sie als Erwachsener Schmerz finden statt Liebe … es sei denn, Sie lassen Ihre alten familiären Muster hinter sich und lernen, Ihr Denken zu verändern.

28. Februar

 Ich liebe meine Kinder und sie lieben mich

- *Ich rede klar und offen mit meinen Kindern.*
- *Meine Kinder stehen unter göttlichem Schutz.*
- *Ich habe eine liebevolle, harmonische, fröhliche und gesunde Familie.*
- *Meine Kinder sind sicher und beschützt, wo immer sie gerade sind.*
- *Ich habe eine liebevolle und friedliche Beziehung zu meinen Kindern.*
- *Meine Kinder lieben sich selbst und werden starke Persönlichkeiten.*
- *Ich akzeptiere die Einzigartigkeit meiner Kinder und freue mich darüber.*
- *Ich erlaube meinen Kindern, frei und ungezwungen zu reden.*
- *Ich liebe meine Kinder und sie lieben mich.*
- *Wir sind alle Teile einer liebenden Familie.*

29. Februar

Mein Zuhause ist ein wundervoller Ort

Schauen Sie sich Ihr Zuhause an. Ist es ein Ort, wo Sie wirklich gerne leben wollen? Ist es behaglich und von Freude erfüllt, oder ist es mit Dingen vollgestopft, schmuddelig und ewig unaufgeräumt? Wenn Sie sich in Ihrem Heim nicht wohlfühlen, werden Sie niemals Freude daran haben. Es ist ein Spiegelbild Ihrer selbst. In welchem Zustand ist es? Räumen Sie Ihre Schränke und Ihren Kühlschrank aus. Nehmen Sie alle Kleidungsstücke, die Sie seit Jahren nicht getragen haben, und verkaufen, verschenken oder verbrennen Sie sie. Befreien Sie sich von dem alten, unbenutzt herumliegenden Kram. So schaffen Sie Raum für Neues. Wenn Sie Altes aufgeben, sagen Sie: »Ich räume jetzt die Schränke meines Geistes auf.« Machen Sie mit Ihrem Kühlschrank das Gleiche. Werfen Sie alles weg, was schon lange herumsteht oder dessen Verfallsdatum überschritten ist.

Menschen mit überfüllten, unaufgeräumten Schränken und Kühlschränken neigen zu unklarem, negativen Denken. Machen Sie Ihr Zuhause zu einem wundervollen Ort.

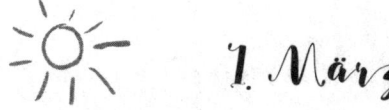

1. März

**Ich stehe immer unter göttlichem
Schutz und werde geführt**

- *In der Unendlichkeit des Lebens, dort, wo ich bin,
  ist alles heil und vollkommen.*
- *Ich werde immer göttlich geschützt und geführt.*
- *Ich kann getrost in mein Inneres schauen.*
- *Ich kann getrost der Vergangenheit gegenübertreten.*
- *Ich kann getrost meine Lebensanschauung erweitern.*
- *Ich bin weit mehr als meine Persönlichkeit – Vergangenheit, Gegenwart oder Zukunft.*
- *Ich entscheide mich jetzt, mich über meine Persönlichkeitsprobleme zu erheben, um die Großartigkeit meines Seins zu erkennen.*
- *Ich bin völlig willens, Selbstliebe zu erlernen. Alles ist gut in meiner Welt.*

2. März

**Ich bin auf diesen Planeten gekommen,
um zu lernen, mich mehr zu lieben und diese Liebe
mit anderen zu teilen**

Gegenwärtig finden enorme individuelle und weltweite Veränderungen statt. Ich glaube, dass alle, die in dieser Zeit leben, sich bewusst dafür entschieden haben, jetzt hier zu sein und an diesen Veränderungen teilzuhaben; wir sind hier, um die Welt von der alten Lebensweise zu einer liebevolleren und friedlicheren Existenz zu führen. Im Fische-Zeitalter suchten wir »dort draußen« nach einem Erlösen: »Erlöse mich. Erlöse mich. Bitte sorge für mich.« Jetzt sind wir auf dem Weg ins Wassermann-Zeitalter, und wir lernen, unseren Erlöser in uns selbst zu finden. Wir selbst sind die Kraft, nach der wir gesucht haben. Wir sind selbst für unser Leben verantwortlich.

Wenn Sie heute nicht bereit sind, sich selbst zu lieben, dann werden Sie sich auch morgen nicht lieben, denn die Entschuldigung, die Sie heute benutzen, werden Sie auch morgen noch haben. Vielleicht werden Sie diese Entschuldigung auch noch in zwanzig Jahren benutzen und sich sogar noch, wenn Sie dieses Leben verlassen, an dieser Entschuldigung festklammern. Heute ist der Tag, an dem Sie sich selbst ohne jede Erwartung voll und ganz lieben können.

3. März

Alles entwickelt sich zu meinem Besten

Sie können das Leben in jeder Situation um Hilfe bitten. Das Leben liebt Sie und ist immer für Sie da. Schauen Sie in den Spiegel und fragen Sie das Leben: »Was brauche ich?« Lauschen Sie auf eine Antwort, ein Gefühl oder eine andere Botschaft. Wenn Sie keine unmittelbare Antwort erhalten, vertrauen Sie darauf, dass sie zu einem späteren Zeitpunkt kommen wird. Und affirmieren Sie:

- *Das Leben liebt mich.*
- *Ich vertraue darauf, dass die Dinge sich wunderbar entwickeln.*
- *Ich beobachte voller Freude, wie das Leben mich überreich versorgt.*
- *Ich weiß, dass mich auf allen Wegen nur Gutes erwartet.*
- *Alles ist gut. Alles entfaltet sich zu meinem höchsten Wohl.*
- *Aus dieser Situation entsteht nur Gutes. Ich bin sicher und geborgen.*

4. März

Ich bin gesegnet
von Robert Holden

Louise beginnt ihren Tag mit Dankbarkeit. »Es ist wunderbar, so in den Tag zu starten«, sagt sie. Überall hat sie Erinnerungshilfen angebracht. Unter dem Spiegel in ihrer Küche hängt ein Schild, auf dem mit goldenen Buchstaben steht: *Wofür bist du heute dankbar?*

»Louise, ich habe Sie beobachtet!«, sage ich. »Und ich sehe, dass Sie einen ständigen Dialog mit dem Leben führen.«

»Tue ich das?«, fragt sie.

»Ja. Sie sprechen mit Ihrem Bett, mit Ihrem Spiegel, mit Ihrer Teetasse und Ihrer Müslischale, mit Ihrem Computer, mit Ihrem Auto, mit Ihrer Kleidung, mit allem.«

»Ja, das ist wahr«, sagt sie stolz.

»Und fast immer sagen Sie ›Danke‹.«

»Nun, ich bin dankbar, dass mein Auto zuverlässig funktioniert, dass mein Computer mir den Kontakt zu meinen Freunden ermöglicht und dass meine Kleidung so angenehm zu tragen ist«, sagt sie.

»Ich glaube, Sie leben ein zauberhaftes Leben«, sage ich.

»Ich fühle mich gesegnet.«

5. März

**Ich vergebe mir, dass ich mich
selbst immer wieder kritisiert
habe und löse mich jetzt
von aller Selbstkritik**

Die meisten von uns haben die schwer zu überwindende Gewohnheit zu verurteilen und zu kritisieren. Sie zu überwinden ist aber die wichtigste Aufgabe überhaupt. Wir werden niemals fähig sein, wirklich uns selbst zu lieben, wenn wir uns nicht von dem Zwang verabschieden, das Leben schlecht zu denken.

Je mehr ich mich selbst liebe und anerkenne, desto wertvoller fühle ich mich. Ein gesundes Selbstwertgefühl ist etwas sehr Wohltuendes. Es bewirkt, dass ich offen für positive Entwicklungen bin und Chancen erkenne, die ich früher gar nicht bemerkt habe. Es bewirkt, dass mein Leben sich in neuen, interessanten Bahnen bewegt.

Vielleicht wurde Ihnen eingeredet, dass man sich nur weiterentwickeln und verändern kann, wenn man sich kritisiert. Da bin ich völlig anderer Meinung! Ich denke, dass Kritik uns innerlich verkümmern lässt. Sie bestärkt uns in dem Glauben, »nicht gut genug« zu sein. Sie bringt ganz sicher nicht das Beste in uns zum Vorschein.

6. März

So, wie ich bin, bin ich vollkommen

Sie sind genau richtig. Sie müssen niemandem etwas beweisen. Sie sind der vollkommene Ausdruck der Ganzheit des Lebens. In der Unendlichkeit des Lebens haben Sie viele Identitäten, jede ein vollkommener Ausdruck dieser jeweiligen Inkarnation. Seien Sie damit zufrieden, wer und was Sie in diesem Leben sind. Versuchen Sie nicht, jemand anderes zu sein, denn das ist nicht die Ausdrucksform, die Sie für diese Lebenszeit gewählt haben. So, wie Sie sind, sind Sie vollkommen. Sie sind eins mit allem Leben.

Es ist nicht notwendig, besser sein zu wollen. Alles, was Sie tun müssen, ist, sich heute mehr zu lieben als gestern und sich selbst als einen Menschen zu behandeln, der geliebt wird. Liebe ist die Nahrung, die Menschen brauchen, um ihre Großartigkeit zu entfalten. Wenn Sie lernen, sich selbst mehr zu lieben, werden Sie lernen, alle anderen auch mehr zu lieben.

Gemeinsam nähren wir liebevoll eine von Tag zu Tag schöner werdende Welt. Wir alle werden geheilt und der Planet wird geheilt.

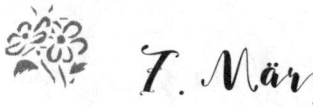 

7. März

Ich segne die Welt mit Liebe

Die Gemeinschaft der menschlichen Wesen auf dem Planeten Erde öffnet sich gegenwärtig auf eine nie gekannte Weise. Neue Ebenen der Spiritualität verbinden uns. Auf der seelischen Ebene lernen wir, dass wir alle eins sind. Es gibt einen Grund dafür, dass ich mich zu einer Inkarnation in dieser Zeit entschlossen habe. Ich glaube, dass wir uns auf einer tiefen Ebene alle dafür entschieden haben, bei der Heilung des Planeten mitzuwirken. Ich bin mir bewusst, dass jeder Gedanke, den ich denke, von mir ausstrahlt und eine Verbindung zu gleichgesinnten Menschen herstellt, die Ähnliches denken. Ich kann nicht zu neuen Ebenen des Bewusstseins gelangen, solange ich mich an alten Überzeugungen, Vorurteilen, Schuldgefühlen und Ängsten festklammere. Wenn ich bedingungslos liebe und mich selbst und andere achte und respektiere, kann die Heilung des ganzen Planeten beginnen.

8. März

Ich liebe und unterstütze die Frauen in meinem Leben

Heute feiern wir den Weltfrauentag. Wählen Sie Affirmationen, die einer Frau Kraft geben oder geben Sie die folgenden Affirmationen sich selbst oder den Frauen in Ihrem Leben als Geschenk:

- *Ich liebe es, eine Frau zu sein.*
- *Ich sehe in mir ein großartiges Geschöpf.*
- *Ich liebe und wertschätze mich.*
- *Ich bin eine kraftvolle Frau, die unendlichen Respekt und Liebe verdient.*
- *Ich bin schön und weise.*
- *Ich bin frei, alles zu sein, was ich will.*
- *Ich gehöre niemandem, ich bin frei.*
- *Ich entschließe mich zu lieben und Freude zu haben.*
- *Ich liebe und unterstütze die Frauen in meinem Leben.*
- *Ich bin in Sicherheit und alles ist gut in meiner Welt.*

9. März

Ich erschaffe mir mein Leben gemeinsam
mit meinem Höheren Selbst

Die Kreativität des Universums fließt den ganzen Tag durch mich. Um an ihr teilzuhaben, muss ich mir lediglich bewusst werden, dass ich ein Teil von ihr bin. Es ist leicht, Kreativität zu erkennen, wenn sie in Form eines Gemäldes, eines Romans, eines Films, eines neuen Weines oder einer neuen Geschäftsidee in Erscheinung tritt. Doch in jedem Moment bin ich Schöpfer meines gesamten Lebens – von der simplen, sich ständig vollziehenden Neubildung von Zellen in meinem Körper bis hin zu meinen emotionalen Reaktionen, meiner Berufswahl, dem Zustand meines Bankkontos, meinen zwischenmenschlichen Beziehungen und meiner Einstellung zu mir selbst. Eine meiner machtvollsten Gaben ist meine Vorstellungskraft. Ich nutze sie, um mir Gutes für mich selbst und meine Mitmenschen vorzustellen. Friedvoll erschaffe ich gemeinsam mit meinem Höheren Selbst meine Welt.

10. März

Ich bin umgeben von guten Autofahrern
von Cheryl Richardson

»Behandeln Sie Ihr Auto wie einen guten Freund. Reden Sie auf freundliche Weise mit ihm. Ich sage oft: ›Schön, dich zu sehen. Wir machen zusammen eine schöne Fahrt zum Büro.‹ Geben Sie Ihrem Auto einen Namen. Und wenn Sie das Haus verlassen, affirmieren Sie: *Ich bin stets von guten Autofahrern umgeben, und ich strahle bewusst Liebe auf alle Autos in meiner Umgebung aus. Es ist ein gutes Gefühl, dass überall Liebe ist, wo ich auf den Straßen unterwegs bin.*« Louise erwähnt weitere Affirmationen, die man beim Autofahren anwenden kann, die ich mir notierte:

- *Meine Fahrt verläuft leicht und mühelos.*
- *Meine Fahrt ist angenehm, und ich komme früher an als erwartet.*
- *Ich fühle mich in meinem Auto wohl.*
- *Ich weiß, dass dies eine wunderschöne Fahrt ins Büro wird* [oder in die Schule, zum Einkaufen etc.].
- *Ich segne mein Auto liebevoll.*
- *Ich sende allen Menschen, die mit mir auf den Straßen unterwegs sind, meine Liebe.*

11. März

Ich weiß, wie ich auf mich aufpasse

Wenn ich Schmerzen oder Unbehagen verspüre, beruhige ich mich zuerst einmal. Ich vertraue darauf, dass meine Höhere Kraft mich wissen lässt, welche Veränderungen in meinem Leben nötig sind, um die körperlichen Beschwerden zu beseitigen. In diesen Entspannungsübungen visualisiere ich, dass ich mich an einem wunderschönen Ort draußen in der Natur befinde, wo überall meine Lieblingsblumen blühen. Ich fühle und rieche die süße, warme Luft, die sanft mein Gesicht streift. Ich konzentriere mich darauf, jeden Muskel meines Körpers zu entspannen.

Wenn ich mich völlig entspannt fühle, frage ich meine Innere Weisheit: »Wie habe ich dieses Problem verursacht? Was muss ich wissen? In welchen Bereichen meines Lebens sind Veränderungen nötig?« Dann lasse ich die Antworten frei hervorströmen. Die Antworten kommen vielleicht nicht sofort, aber ich weiß, dass sie mir bald darauf enthüllt werden. Ich weiß, dass alle nötigen Veränderungen genau richtig für mich sind, und dass ich stets sicher und geborgen bin, was auch immer mir im Leben begegnen mag.

12. März

Ich lasse allen Schmerz und allen Groll los

Eine bewährte Übung von Emmet Fox, die immer funktioniert, zeigt, wie man Verbitterung abbauen kann. Er empfiehlt, ruhig zu sitzen, die Augen zu schließen und den Körper zu entspannen. Dann stellen Sie sich vor, Sie säßen in einem verdunkelten Theater. Vor Ihnen befindet sich die kleine Bühne. Auf diese Bühne setzen Sie die Person, gegenüber der Sie den ärgsten Groll empfinden. Diese Person kann aus der Vergangenheit oder aus der Gegenwart sein. Sie kann tot oder am Leben sein. Wenn Sie diese Person deutlich sehen, stellen Sie sich bildlich vor, dass ihr Gutes widerfährt. Dinge, die ihr viel bedeuten. Sehen Sie sie lächelnd und glücklich. Halten Sie dieses Bild für ein paar Minuten fest, dann lassen Sie es verblassen. Ich möchte einen weiteren Schritt hinzufügen. Nachdem die Person die Bühne verlassen hat, setzen Sie sich selbst dorthin. Schauen Sie, was Ihnen Gutes widerfährt. Sehen Sie sich lächelnd und glücklich. Seien Sie sich bewusst, dass der Überfluss des Universums für uns alle frei zugänglich ist.

13. März

Ich löse mich mit Leichtigkeit von
der Vergangenheit und vertraue dem Leben

In der Vergangenheit eines jeden Menschen finden sich schmerzhafte Erfahrungen. Es gibt nur einen Weg, wie wir unsere Vergangenheit überleben können: durch Vergeben und Verzeihen. Ohne Vergebung bleiben wir an sie gebunden, weil wir uns nicht vorwärtsbewegen. Die Gegenwart kann keinen Trost spenden, solange wir nicht in ihr angekommen sind. Wir denken, die Zukunft würde uns immer das Gleiche bescheren, weil wir nur die Vergangenheit schauen. Die Vergangenheit ist längst vorbei, in unserem Denken lebt sie weiter. Deshalb leiden wir.

Solange Sie nicht vergeben, werden Sie Ihre Zukunft der Vergangenheit opfern. Durch Vergebung lernen Sie, dass Ihr wahres Sein nichts mit dem zu tun hat, was in Ihrer Vergangenheit geschah. Ihre Erfahrungen können einen starken Einfluss auf Sie ausüben, definieren Sie aber nicht. Das, was Sie einem anderen Menschen angetan haben oder was Ihnen von anderen angetan wurde, ist nicht das Ende Ihrer Geschichte. Sagen Sie: »Ich bin nicht meine Vergangenheit« und »Ich bin bereit, das, was in meiner Vergangenheit geschah, zu vergeben« – und beginnen Sie ein neues Kapitel.

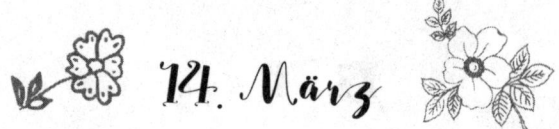

14. März

Ich nehme mir meine Kraft und erschaffe liebevoll meine eigene Realität

- *Ich lebe jetzt in grenzenloser Liebe und Freude und im Licht. Alles ist gut in meiner Welt.*
- *Ich gehe in meine Kraft und erschaffe liebevoll meine eigene Realität.*
- *Mein Verständnis wächst ständig.*
- *Ich bin schön und alle lieben mich.*
- *Ich bin dabei, mich positiv zu verändern.*
- *Ich liebe mich und erkenne mich an.*
- *Ich vertraue dem Leben und bin sicher.*
- *Ich akzeptiere meine Einzigartigkeit.*
- *Ich kann gefahrlos nach innen sehen.*
- *Das Leben ist auf meiner Seite.*

15. März

Ich entscheide mich, alles mit Liebe zu betrachten, und ich liebe, was ich sehe

1. Stellen Sie sich vor Ihren Badezimmerspiegel.
2. Schauen Sie sich in die Augen.
3. Sprechen Sie folgende Affirmation: *Ich liebe und wertschätze mich.*
4. Sagen Sie das immer wieder: *Ich liebe und wertschätze mich.*
5. Wiederholen Sie diese Affirmation wenigstens hundertmal am Tag. Ja, Sie haben richtig gelesen: hundertmal am Tag. Machen Sie *Ich liebe und wertschätze mich* zu Ihrem Mantra.
6. Wiederholen Sie die Affirmation jedes Mal, wenn Sie an einem Spiegel vorbeikommen oder sich in einer Fensterscheibe spiegeln.

Diese Übung habe ich im Lauf der Jahre Hunderten von Menschen empfohlen. Die Resultate sind phänomenal, wenn man beharrlich übt. Denken Sie daran, dass es nicht genügt, sich theoretisch mit der Spiegelarbeit zu beschäftigen. Sie müssen sie praktisch anwenden. Dann wird sie Ihr Leben verändern.

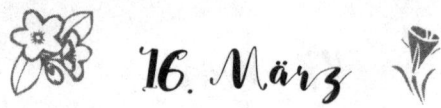

16. März

Ich akzeptiere Gesundheit als meinen natürlichen Zustand

- *In der Unendlichkeit des Lebens, dort, wo ich bin, ist alles heil und vollkommen.*
- *Ich betrachte meinen Körper als meinen guten Freund.*
- *Jede Zelle meines Körpers besitzt Göttliche Intelligenz.*
- *Ich höre dem, was sie sagt, zu und weiß, dass ihr Ratschlag triftig ist.*
- *Ich bin immer sicher, göttlich beschützt und geführt.*
- *Ich entscheide mich, gesund und frei zu sein. Alles ist gut in meiner Welt.*

17. März

Mein Geist ist ein Garten voller wunderbarer Gedanken

Stellen Sie sich Ihr Bewusstsein wie einen Garten vor. Am Anfang ist dieser Garten ganz verwildert und zugewuchert. Möglicherweise finden Sie eine Menge Selbsthass-Gestrüpp vor, und überall liegen Steine der Verzweiflung, des Zorns und der Sorge herum. Ein alter Baum, Furcht genannt, muss zurechtgestutzt werden. Wenn Sie etwas von dem ganzen Unkraut weggeschafft haben und der Boden gut bereitet ist, können Sie neue Saat ausbringen oder kleine Pflänzchen der Freude und des Wohlstandes einpflanzen. Die Sonne scheint auf die Pflänzchen, Sie gießen und düngen sie und widmen ihnen Ihre liebevolle Aufmerksamkeit.

Anfangs scheint nicht viel zu geschehen. Doch Sie lassen sich nicht beirren und kümmern sich liebevoll um Ihren Garten. Wenn Sie Geduld haben, wird der Garten schließlich blühen und gedeihen. Genauso ist es mit Ihrem Bewusstsein – Sie selbst wählen die Gedanken aus, die Sie gerne nähren möchten. Und wenn Sie Geduld haben, werden sie wachsen, und es wird ein Garten der Erfahrungen entstehen, der Ihren Wünschen entspricht.

18. März

Mein Leben entwickelt sich wunderbar, und ich habe inneren Frieden gefunden

Heute ist die einzige Möglichkeit, den heutigen Tag zu erleben, die Sie je haben werden. Bleiben Sie ganz im Jetzt und genießen Sie jeden Augenblick. Lassen Sie den Tag nicht frustriert an sich vorbeiziehen oder Sie werden viel Spaß und Freude verpassen. Nehmen Sie sich vor, Ihre Dankbarkeit einen Monat lang bei jeder Gelegenheit zum Ausdruck zu bringen. Das Leben liebt die Dankbaren und gibt ihnen noch mehr, für das sie dankbar sein können. Affirmieren Sie:

- *Mein Leben entfaltet sich auf wundervolle Weise. Ich bin friedvoll.*

19. März

Wohin ich auch schaue, sehe ich Schönheit

Schönheit ist überall. Natürliche Schönheit leuchtet aus jeder kleinen Blume, sie offenbart sich im auf dem Wasser glitzernden Sonnenlicht und in der stillen Kraft alter Bäume. Die Natur begeistert, verjüngt und erfrischt mich. In den einfachsten Dingen des Lebens finde ich Entspannung, Freude und Heilung. Wenn ich die Natur in einem liebevollen Licht sehe, fällt es mir leicht, auch mich selbst in einem solchen Licht zu sehen. Ich bin Teil der Natur; daher bin auch ich auf meine einzigartige Weise schön. Wohin ich auch blicke, sehe ich Schönheit.

- *Heute schwinge ich in Resonanz mit aller Schönheit des Lebens.*

20. März

Ich bin eine wunderschöne, einzigartige Seele

Teil der Selbstakzeptanz ist es, sich von der Meinung anderer frei zu machen. Sagte Ihnen dauernd jemand: »Sie sind ein lilafarbenes Lama, glauben Sie mir! Sie sind ein lilafarbenes Lama!«, würden Sie ihn entweder auslachen, sich belästigt fühlen oder denken, er sei verrückt. Es wäre höchst unwahrscheinlich, dass Sie glaubten, er hätte recht. Vieles von dem jedoch, was wir über uns glauben, ist ebenso abwegig. Machen Sie Ihr Selbstwertgefühl vom Erscheinungsbild Ihres Körpers abhängig, ist das Ihre Art zu glauben, Sie seien ein lilafarbenes Lama. Oft betrachten wir gerade das an uns als »falsch«, was in Wahrheit Ausdruck unserer Individualität ist: unsere Einzigartigkeit und das Besondere an uns. Natur wiederholt sich nicht. Seit es Leben auf diesem Planeten gibt, gab es keine zwei identischen Schneeflocken oder Regentropfen. Unsere Fingerabdrücke unterscheiden sich und wir unterscheiden uns voneinander. Und genau so soll es sein. Wenn wir das akzeptieren, gibt es kein Vergleichen. Wenn wir versuchen, so zu sein wie die anderen, verkümmert unsere Seele. Wir sind auf diesen Planeten gekommen, um unser individuelles Sein zum Ausdruck zu bringen.

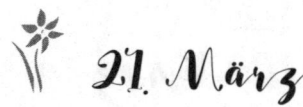

21. März

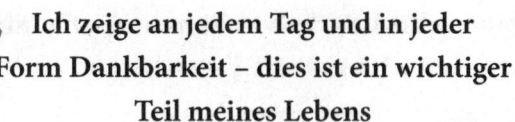

Ich zeige an jedem Tag und in jeder Form Dankbarkeit – dies ist ein wichtiger Teil meines Lebens

von Robert Holden

»Wissen Sie, was ich abends vor dem Einschlafen als Letztes tue?«, fragt mich Louise augenzwinkernd.

»Was denn?«

»Ich gehe mit Tausenden von Menschen auf der ganzen Welt ins Bett.«

»Wie geht denn das?«

»Die Leute nehmen mich mit ins Bett! Sie laden mich herunter, und dann können wir im Bett vor dem Einschlafen zusammen meditieren.«

»Louise, Sie haben es faustdick hinter den Ohren!«

»Und wissen Sie, was ich vor dem Einschlafen noch tue?«

»Keine Ahnung.«

»Ich lasse den Tag Revue passieren, segne jede Erfahrung und danke dem Leben dafür.«

»Tun Sie das im Bett?«

»Ja, meistens. Gestern Abend klappte ich meinen Taschenspiegel auf – das ist der mit der Aufschrift *Das Leben liebt dich*, den Sie mir geschenkt haben – und ich bedankte mich laut vor dem Spiegel.«

22. März

**Ich bin nachsichtig, liebevoll, freundlich und gütig
und ich weiß, das Leben liebt mich**

mit Robert Holden

»Durch Vergebung lernte ich, dass meine Vergangenheit vorbei ist, statt sie ändern zu wollen«, sagt Louise. »Durch Vergebung konnte ich sie nutzen, um mich weiterzuentwickeln und Verantwortung für mein Leben in der Gegenwart zu übernehmen.« Es kommt letztlich nicht darauf an, was in Ihrer Vergangenheit geschah, sondern was Sie in der Gegenwart damit anfangen. »Der gegenwärtige Augenblick ist unser Kraftpunkt«, sagt Louise. »Nur im Jetzt können wir schöpferisch sein.« Durch Vergebung ändern Sie Ihre Beziehung zur Vergangenheit, und dadurch ändert sich auch Ihr Verhältnis zu Gegenwart und Zukunft. Im gegenwärtigen Augenblick lösen wir uns von der Vergangenheit. Im gegenwärtigen Augenblick gibt es keine Furcht. Im gegenwärtigen Augenblick gibt es keine Schuldgefühle. Im gegenwärtigen Augenblick können wir die Bedeutung der Vergangenheit auflösen. Im gegenwärtigen Augenblick wird eine neue Zukunft geboren. Vergebung erinnert uns an die Grundwahrheit: Ich bin liebenswert. Durch Vergebung lassen wir zu, dass das Leben uns liebt. Durch Vergebung können wir zur liebevollen Präsenz für die Menschen in unserem Leben werden.

 **23. März**

 ### Ich streiche das Wort »sollte« aus meinem Vokabular

Die meisten von uns haben alberne Vorstellungen davon, wer wir sind, und viele starre Regeln, nach denen das Leben angeblich gelebt werden sollte. Entfernen wir das Wort »sollte« für alle Zeit aus unserem Vokabular.

»Sollte« ist ein Wort, das uns zu Gefangenen macht. Jedes Mal, wenn wir das Wort »sollte« benutzen, ist es ein Vorwurf an uns selbst oder andere. Tatsächlich sagen wir damit: Ich bin nicht gut genug. Oder: Du bist nicht gut genug.

Was können Sie ab jetzt aus Ihrer Sollte-Liste streichen? Ersetzen Sie das Wort »sollte« durch das Wort »könnte«.

»Könnte« sagt Ihnen, dass Sie eine Wahl haben, und wählen zu können bedeutet – Freiheit!

Alles, was wir im Leben tun, beruht auf einer Wahl, die wir getroffen haben. Es gibt wirklich nichts, was wir tun müssen.

Wir haben immer eine Wahl.

24. März

**Was auch immer ich wissen muss, erfahre ich
genau zum richtigen Zeitpunkt**

Ich weiß, dass eine Kraft, die viel größer ist als ich selbst,
mich ständig durchströmt. Und wann immer ich will,
kann ich mich dieser Kraft öffnen und empfangen, was
ich brauche. Das gilt für jeden Menschen. Wir alle lernen
heute, dass es ungefährlich ist, in unser Inneres zu schau-
en. Wir können gefahrlos unsere Sicht des Lebens erweitern. Wenn die Dinge sich in manchen Bereichen nicht so
entwickeln, wie ich es erwarte, bedeutet das nicht, dass ich
böse oder schlecht bin. Es ist vielmehr ein Signal, dass die
Göttliche Führung mich in eine andere Richtung lenken
will. Wenn das geschieht, ziehe ich mich an einen ruhigen
Ort zurück, entspanne mich und nehme Verbindung mit
meiner inneren Intelligenz auf. Ich bejahe, dass die Göttliche Weisheit unerschöpflich ist und mir jederzeit zur
Verfügung steht und dass alles, was ich wissen muss, mir
zur rechten Zeit und am rechten Ort offenbart wird.

25. März

Ich spreche mit mir selbst immer freundlich und liebevoll

Ich erinnere mich gut an meinen ersten Vortrag. Als ich das Podium verließ, sagte ich sofort zu mir: »Louise, du warst toll. Du warst absolut fantastisch fürs erste Mal. Beim fünften oder sechsten Mal wirst du ein Profi sein.« Ein paar Stunden später sagte ich zu mir: »Ich meine, dass wir ein paar Dinge ändern können. Lass uns dies oder jenes hinzufügen.« Ich lehnte jede Art von Selbstkritik ab. Wenn ich das Podium verlassen und angefangen hätte, mich zu kritisieren: »Oh, du warst furchtbar. Du hast Fehler gemacht!«, dann hätte ich vor dem nächsten Vortrag Angst gehabt. So aber wurde der zweite besser als der erste, und etwa ab dem sechsten fühlte ich mich tatsächlich wie ein Profi.

26. März

Ich löse mich ganz von dem Wort »sollen«
und schenke mir Freiheit

Gerade eben habe ich gesagt, dass »sollen« eines der schädlichsten Worte in unserer Sprache ist. Jedes Mal, wenn wir es benutzen, sagen wir damit eigentlich, dass wir etwas falsch machen, gemacht haben oder machen werden. Lassen Sie uns das Wort »sollen« nun aber wirklich aus unserem Vokabular streichen und es durch das Wort »können« ersetzen! Dieses Wort gibt uns eine Wahlmöglichkeit, und damit befreit es uns von Selbstverurteilung und Kritik.

Zählen Sie fünf Dinge auf, die Sie tun sollen oder sollten.

Ersetzen Sie dann »ich soll« durch »ich kann«.

Fragen Sie sich nun: »Und warum tue ich es nicht?«

Womöglich finden Sie dabei heraus, dass Sie sich seit Jahren wegen etwas kritisieren, das Sie in Wahrheit überhaupt nicht tun wollen, oder wegen etwas, von dem andere Ihnen eingeredet haben, dass Sie es tun sollen.

Wie viele »ich sollte« können Sie aus Ihrer Liste streichen?

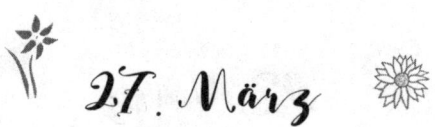

27. März

**Ich bin eins mit allem Leben,
und das Leben in seiner Ganzheit liebt
und unterstützt mich**

Wir leben in Partnerschaft mit der Göttlichen Intelligenz. Wir interessieren uns nicht für die negativen Aspekte der äußeren Geschäftswelt, denn sie haben nichts mit uns zu tun. Wir erwarten und erhalten positive Resultate. Wir ziehen nur Klienten und andere berufliche Partner in unser Leben, die integer und ehrlich sind.

Alles, was wir tun, geschieht auf die positive Art. Wir sind stets dankbar für die guten Gelegenheiten, die sich uns bieten, um diesem Planeten und allen Menschen zu helfen. Wir wenden uns nach innen und nehmen Verbindung zu unserer höheren Intelligenz auf. Stets werden wir so geführt, dass alles, was wir tun, dem höchsten Wohl aller Beteiligten dient. Wir sind alle gesund und glücklich. Alles entfaltet sich in Harmonie und gemäß göttlicher rechter Ordnung. Alles ist gut. Wir wissen, dass dies für uns wahr ist.

28. März

**Ich habe nichts zu befürchten,
wenn ich meinen inneren Kritiker loslasse
und mich der Liebe zuwende**

1. Setzen Sie sich an einem ruhigen Ort, wo Sie ungestört sind, vor einen Spiegel.
2. Schauen Sie in den Spiegel. Blicken Sie sich in die Augen. Falls Ihnen das immer noch Unbehagen bereitet, konzentrieren Sie sich stattdessen auf Ihren Mund oder Ihre Nase. Sprechen Sie mit Ihrem Inneren Kind. Ihr Inneres Kind möchte gedeihen und sich entfalten. Es braucht Liebe, Akzeptanz und Lob
3. Sprechen Sie jetzt folgende Affirmationen: Ich liebe dich. Ich liebe dich, und ich weiß, dass du stets dein Bestes gibst. So, wie du bist, bist du vollkommen. Ich schätze und achte dich.
4. Möglicherweise müssen Sie diese Übung mehrfach wiederholen, bis sich das Gefühl einstellt, dass Ihre innere Stimme weniger kritisch geworden ist. Tun Sie, was sich für Sie richtig anfühlt.

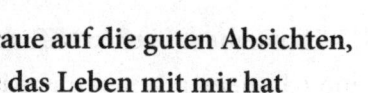

29. März

**Ich vertraue auf die guten Absichten,
die das Leben mit mir hat**

Vertrauen ist das, was wir lernen müssen, wenn wir unsere Ängste überwinden wollen. Das ist für viele von uns ein Sprung ins kalte Wasser, ein Vertrauensvorschuss.

Vertrauen Sie auf Ihre innere Kraft, die Sie mit dem Universum verbindet. Denken Sie daran, dass die Kraft, die Sie atmen lässt, auch die ist, die das Universum erschaffen hat. Sie sind eins mit dem Leben. Je mehr Sie sich selbst lieben und dem Leben vertrauen, desto mehr kann das Leben Sie lieben, unterstützen und führen.

Sie können Ihr Vertrauen auf das Unsichtbare setzen, statt nur der physischen, materiellen Welt zu vertrauen. Ich sage nicht, wir müssen selbst nichts tun, aber wenn wir Vertrauen haben, fällt das Leben so viel leichter. Wir müssen vertrauen, dass wir Hilfe haben und für uns gesorgt wird, auch wenn wir physisch keine Kontrolle darüber haben, was um uns herum geschieht.

30. März

Ich höre meinem Inneren Kind liebevoll zu

Wenn Sie zum ersten Mal mit Ihrem Inneren Kind reden, sollten Sie sich vor allem entschuldigen. Sagen Sie, dass es Ihnen leidtut, dass Sie in all den Jahren nicht mit ihm gesprochen haben oder dass Sie es so lange beschimpft und gescholten haben. Sagen Sie dem Inneren Kind, dass Sie die lange Zeit der Trennung wiedergutmachen möchten. Fragen Sie, wie Sie es glücklich machen können. Fragen Sie das Kind, wovor es sich ängstigt. Fragen Sie, wie Sie ihm helfen können und was es sich von Ihnen wünscht. Beginnen Sie mit einfachen Fragen; Sie werden Antwort erhalten. »Was kann ich tun, um dich glücklich zu machen? Was möchtest du heute gerne unternehmen?« Zum Beispiel könnten Sie zu dem Kind sagen: »Ich möchte heute gern joggen, was möchtest du tun?« Das Kind antwortet dann vielleicht: »An den Strand gehen.« Die Kommunikation hat begonnen. Seien Sie beharrlich. Auch wenn Sie täglich nur ein paar Minuten erübrigen können, um sich der kleinen Person in Ihnen zu widmen, wird Ihr Leben sich dadurch beträchtlich verbessern.

31. März

Durch Vergebung gelange ich zur Liebe

- *Die Tür meines Herzens öffnet sich nach innen.*

Durch Vergebung gelange ich zur Liebe. Weil ich mein Denken ändere, ändert sich meine Welt. Die Vergangenheit hat keine Macht über mich. Mit meinen jetzigen Gedanken erschaffe ich meine Zukunft. Ich weigere mich, noch länger Opfer zu sein. Ich beanspruche meine Macht. Ich mache mir die Freiheit von der Vergangenheit zum Geschenk. Voller Freude lebe ich im Jetzt. Kein Problem ist so groß, dass es sich nicht mit Liebe lösen ließe. Ich bin bereit, geheilt zu werden. Negative Muster werden mich nicht länger behindern und einschränken. Mit Leichtigkeit löse ich mich von ihnen. Ich vergebe mir selbst, und dadurch wird es leichter, auch anderen zu vergeben. Ich vergebe mir, dass ich nicht perfekt bin. Ich kann jetzt gefahrlos alle traumatischen Erfahrungen aus meiner Kindheit auflösen und mich für die Liebe öffnen. Ich vergebe allen Menschen in meiner Vergangenheit, die mir, nach meinem Empfinden, Unrecht zugefügt haben. Liebevoll lasse ich sie los. In meinem Leben erwarten mich nur positive Veränderungen.

- *Ich bin beschützt und geborgen.*

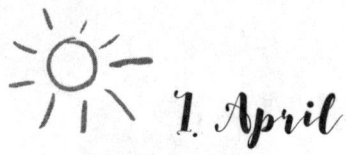 

1. April

 **Ich bin bereit, da anzufangen, wo ich gerade bin**

- *In der Unendlichkeit des Lebens, dort, wo ich bin, ist alles heil und vollkommen.*
- *Die Vergangenheit hat keine Macht über mich, weil ich willens bin, zu lernen und mich zu verändern.*
- *Ich betrachte die Vergangenheit als notwendig, mich dorthin zu bringen, wo ich heute stehe.*
- *Ich bin willens, dort, wo ich jetzt bin, mit dem Aufräumen der Zimmer meines geistigen Hauses zu beginnen.*
- *Ich weiß, dass es keine Rolle spielt, wo ich anfange, deshalb beginne ich mit den kleinsten und einfachsten Räumen; auf diese Weise sehe ich schnell Ergebnisse.*
- *Ich bin aufgeregt, mich mitten in diesem Abenteuer zu befinden, denn ich weiß, dass ich diese besondere Erfahrung niemals mehr erleben werde.*
- *Ich bin willens, mich selbst zu befreien. Alles ist gut in meiner Welt.*

2. April

Ich erlaube heute dem Leben, mich zu lieben

von Robert Holden

„*Das Leben liebt dich* ist weit mehr als nur eine wunderschöne Affirmation."

„Das will ich hoffen", sagt Louise. „*Das Leben liebt dich* ist eine Lebensphilosophie. Diese vier Worte sind Wegweiser, die uns ins Zentrum der Schöpfung führen, zu unserer liebevollen Verbundenheit und unserer wahren Natur. Sie zeigen uns, wer wir sind und wie wir ein wahrhaft gesegnetes Leben führen können."

„Und was bedeutet das für Sie, Louise?", frage ich.

„Das Leben liebt uns alle. Es liebt nicht nur Sie oder mich", erwidert sie.

„Also sind wir alle gemeint", sage ich.

„Das Leben liebt uns alle", wiederholt sie.

„Die Liebe meint alle, sonst wäre es keine Liebe", sage ich.

„Ja, und niemand bekommt spezielle Vergünstigungen", sagt Louise.

„In den Augen der Liebe sind wir alle gleich", sage ich.

„Ja, und niemand bleibt außen vor", sagt sie.

„Es gibt keine unheiligen Ausnahmen!", füge ich hinzu.

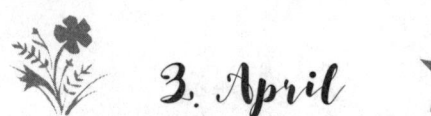

3. April

Ich umgebe mich mit einer Aura der Liebe

Krankheit hat zu tun mit einem Widerstand gegen den Strom der Lebenskraft in Teilen des Körpers und mit unserer fehlenden Bereitschaft zu verzeihen.

- *Ich vergebe mir dafür, dass ich meinen Körper in der Vergangenheit schlecht behandelt habe.*
- *Jetzt sorge ich so gut für mich selbst, dass ich mich mit allem versorge, was das Leben mir geben kann.*
- *Es ist mein Körper und es sind meine Gedanken und ich kontrolliere sie.*
- *Ich helfe meinem Körper, meinen Gedanken und meinem Geist, gesund zu leben, indem ich mich mit einer liebevollen Aura umgebe.*
- *Ich denke jetzt die friedlichen und lieben Gedanken, die eine harmonische Atmosphäre für die einzelnen Zellen meines Körpers erschaffen.*
- *Ich liebe jeden Teil meines Körpers.*
- *Das Leben ist gut, und ich genieße es zu leben.*

4. April

Ich bin mir selbst ein freundlicher und liebevoller Freund

- *Ich bin eins mit dem Leben, und das Leben liebt und unterstützt mich. Daher beanspruche ich für mich jederzeit emotionales Wohlbefinden.*
- *Ich bin mein eigener bester Freund, und ich genieße mein Leben mit mir selbst. Erfahrungen kommen und gehen, Menschen kommen und gehen, aber ich bin immer für mich da.*
- *Ich bin nicht meine Eltern oder deren Muster für emotionales Unglücklichsein.*
- *Ich wähle ausschließlich friedliche, freudige und inspirierende Gedanken.*
- *Ich bin mein eigenes, einzigartiges Selbst, und ich bewege mich gesund, glücklich und heil durchs Leben.*
- *Das ist die Wahrheit meines Seins, und ich akzeptiere sie jetzt.*
- *Alles ist gut in meinem Herzen und meinem Geist.*

5. April

Mein Einkommen wächst ständig

Ich lasse zu, dass mein Einkommen stetig wächst, ganz gleich, was in den Zeitungen steht oder was die Wirtschaftsexperten behaupten. Ich verdiene mehr und mehr Geld und es geht mir besser als in den Wirtschaftsprognosen vorhergesagt.

Ich kümmere mich nicht darum, was nach Meinung anderer Leute möglich ist und was nicht. Mit Leichtigkeit erziele ich ein höheres Einkommen als meine Eltern. Mein Gespür für finanzielle Dinge wird besser und besser, und ich bin immer offen für neue Ideen – neue Wege, intensiver, wohlhabender und schöner zu leben. Ich bin überreich mit Talenten und Fähigkeiten gesegnet, und es ist schön und befriedigend, die Welt an ihnen teilhaben zu lassen. Ich löse mich von dem Gefühl, kein Glück zu verdienen, und bin offen für ein mir bisher unbekanntes Maß an finanzieller Sicherheit.

6. April

**Aus der Situation, in der ich gerade bin,
wird nur Gutes entstehen**

Wenn wir uns unter Druck fühlen, ist es gut, sich nicht auf das Negative zu konzentrieren. Wir werden nie eine gute Lösung finden, solange wir nur die Hindernisse sehen. Atmen Sie tief durch. Entspannen Sie Ihre Schultern und Ihre Gesichtsmuskeln mit einem Lächeln. Übergeben Sie Ihre Situation ganz an das Universum. Affirmieren Sie:

- *Alles ist gut.*
- *Alles entwickelt sich zum Besten.*
- *Aus dieser Situation wird am Ende nur Gutes entstehen.*
- *Ich bin beschützt.*

Dann konzentrieren Sie sich auf das, was aus Ihrer Sicht die beste Lösung ist. Was ist das ideale Szenario? Schreiben Sie es auf und visualisieren Sie diese Lösung der Situation. Dann entspannen Sie sich und überlassen dem Universum, es so zu manifestieren.

7. April

**Meine Arbeit an mir selbst hat kein Ziel,
sondern ist ein lebenslanger Prozess –
ich will diesen Prozess genießen**

Meine eigene tägliche Arbeit verläuft ungefähr so: Mein erster Gedanke beim Aufwachen ist Dankbarkeit. Nach dem Duschen folgen etwa eine halbe Stunde Meditation, Affirmationen und Gebete. Danach ungefähr 15 Minuten Sport, normalerweise auf dem Trampolin. Manchmal mache ich um 6 Uhr morgens beim Fernsehaerobic mit.

Mein Frühstück besteht aus Obst, Fruchtsäften und Kräutertee. Ich danke Mutter Erde dafür, dass sie diese Nahrungsmittel für mich bereithält, und ich danke den Nahrungsmitteln dafür, dass sie ihr Leben hergeben, mich zu ernähren.

Vor dem Mittagessen stelle ich mich gerne vor den Spiegel und spreche einige Affirmationen laut, vielleicht singe ich sie sogar – ungefähr so:

- *Louise, du bist wunderbar, ich liebe dich.*
- *Heute ist einer der besten Tage deines Lebens.*
- *Alles entwickelt sich zu deinem höchsten Wohl.*
- *Alles, was du wissen musst, wird dir offenbart.*
- *Du bekommst alles, was du brauchst.*
- *Alles ist gut.*

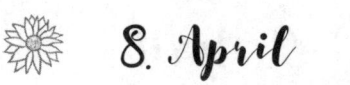 

8. April

Ich gebe mein Bestes, um zu helfen, eine liebevolle, harmonischere Welt zu erschaffen

Keine Seele ist jemals als Seele verletzt worden und braucht deshalb Erlösung. Nur unsere Persönlichkeiten sind es, die daran erinnert werden müssen, dass wir spirituelle Wesen sind, die eine menschliche Erfahrung machen, und nicht umgekehrt.

Wenn wir spirituell reifen, erkennen wir die Perfektion allen Lebens. Das Universum wartet lächelnd darauf, dass wir lernen: Bedingungslose Liebe ist der beste Weg zu leben und bringt uns Frieden, Kraft und Wohlstand jenseits unserer Vorstellungskraft.

Affirmieren Sie:

- *Ich gebe mein Bestes, eine liebevolle harmonische Welt zu erschaffen.*

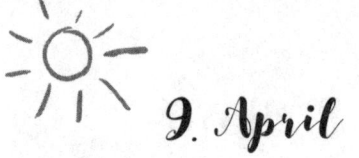

9. April

Ich bin liebenswert, und das Leben liebt mich

Wir empfehlen, diese Meditation sitzend vor einem Spiegel zu praktizieren, die Hände auf Ihrem Herz:
Ich bin liebenswert, und das Leben liebt mich.
Ich vergebe mir, dass ich immer wieder fürchtete, nicht liebenswert zu sein. *Ich bin liebenswert, und das Leben liebt mich.*
Ich vergebe mir, dass ich mich kritisierte und verurteilte. *Ich bin liebenswert, und das Leben liebt mich.*
Ich vergebe mir, dass ich glaubte, keine Liebe zu verdienen.
Ich bin liebenswert, und das Leben liebt mich.
Ich vergebe mir, dass ich mich kritisierte und mit Selbstvorwürfen quälte.
Ich bin liebenswert, und das Leben liebt mich.
Ich vergebe mir, dass ich mich selbst ablehnte und nicht an mich glaubte.
Ich bin liebenswert, und das Leben liebt mich.
Ich vergebe mir meine Fehler.
Ich bin liebenswert, und das Leben liebt mich.
Ich bitte um Vergebung, damit ich lernen und wachsen kann.
Ich bin liebenswert, und das Leben liebt mich.

10. April

Wenn ich Angst habe, öffne ich mein Herz und lasse die Angst durch Liebe auflösen

In jedem Augenblick habe ich die Möglichkeit, mich zwischen Angst und Liebe zu entscheiden. In Augenblicken der Angst erinnere ich mich an die Sonne. Sie scheint immer, auch wenn sie einmal von Wolken bedeckt ist. Wie die Sonne lässt die Eine Unbegrenzte Macht ihr Licht immer auf mich scheinen, auch wenn die Wolken der negativen Gedanken es manchmal verdecken.

Ich entscheide mich, an das Licht zu denken. Ich bin sicher in diesem Licht. Und wenn die Ängste kommen, dann erkenne ich in ihnen Wolken, die am Himmel vorbeiziehen, und lasse sie ihren Weg ziehen. Ich bin nicht diese Ängste. Ich bin beschützt, auch wenn ich mich nicht ständig verteidige und auf der Hut bin. Wenn ich mich fürchte, öffne ich mein Herz und lasse meine Ängste von der Liebe auflösen.

11. April

Wenn sich eine Tür schließt, öffnet sich eine andere

Das Leben ist eine Abfolge von sich schließenden und öffnenden Türen. Wir gehen darin von Zimmer zu Zimmer und machen unterschiedliche Erfahrungen. Viele von uns würden gerne die Türen zu alten, negativen Mustern schließen, zu Verhaltensweisen und Situationen, die uns nicht länger guttun. Viele von uns sind dabei, in ihrem Leben neue Türen zu wunderbaren neuen Erfahrungen zu öffnen – das können Lernerfahrungen und freudige Erfahrungen sein.

Das alles ist Teil des Lebens, und wir sollten uns immer wieder bewusst machen, dass wir stets sicher und geborgen sind. Das Leben ist ständiger Wandel. Von der ersten Tür, die wir öffnen, wenn wir auf diese Welt kommen, bis zur letzten Tür, die wir öffnen, wenn wir diese Welt wieder verlassen, sind wir behütet und in Sicherheit. Wir leben immer im Frieden mit unserem inneren Selbst. Wir sind geborgen und werden geliebt.

12. April

Ich bekunde ehrlich und auf positive Weise meine Gefühle

Wut ist eine natürliche und normale Emotion. Säuglinge werden wütend, drücken die Wut aus, und dann ist sie wieder vorbei. Viele von uns haben gelernt, dass man nicht nett wirkt, wenn man wütend ist. Wir lernen, unsere Wut herunterzuschlucken. Sie setzt sich in unserem Körper fest, in den Gelenken und Muskeln, und dann staut sie sich immer mehr an und wird zu Groll und Verbitterung. Unterdrückte Wut, die sich Schicht um Schicht ablagert, kann zu schmerzhaften Krankheiten wie Arthritis und sogar Krebs beitragen. Wir müssen alle unsere Emotionen anerkennen, auch die Wut, und positive Wege finden, diese Gefühle auszudrücken. Dafür müssen wir niemanden schlagen oder anschreien. Wir können einfach und deutlich sagen: »Das macht mich wütend«, oder: »Ich bin wütend über das, was du getan hast«. Wenn es nicht angemessen ist, den anderen das zu sagen, stehen uns immer noch viele andere Möglichkeiten offen: Wir können in ein Kissen schreien, auf einen Boxsack einschlagen, laufen, bei hochgekurbelten Fenstern im Auto brüllen und dergleichen mehr. Das alles sind gesunde Ventile, unsere Wut abzulassen, ohne uns selbst oder anderen zu schaden.

13. April

Ich bin bereit, zu lernen,
was das Leben mich lehren will

Wir sollten dankbar für die Lektionen sein, die das Leben für uns bereithält. Laufen Sie vor diesen Lektionen nicht davon. Sie sind Schätze, die uns geschenkt werden. Indem wir daraus lernen, verändert sich unser Leben zum Besseren. Ich freue mich von nun an jedes Mal, wenn ich wieder etwas mehr von meinen dunklen Seiten erkenne und verstehe. Ich weiß, dass dies eine Einladung ist, etwas hinter mir zu lassen, was meinem Glück im Weg steht. Ich sage: »Danke, dass mir dies gezeigt wird. So kann ich es heilen und weitergehen.« Ob also die Lektion in einem »Problem« besteht, das plötzlich auftaucht, oder in einem alten, negativen Muster in mir, von dem ich mich lösen sollte, in jedem Fall bin ich dankbar dafür und freue mich!

14. April

Ich befreie mich von allen zerstörerischen Ängsten und Zweifeln

Affirmationen, um die Angst loszulassen:

- *Ich akzeptiere mich und erschaffe Frieden in meinem Geist und meinem Herzen.*
- *Ich will meine Ängste loslassen.*
- *Ich lebe und bewege mich in einer beschützten Welt.*
- *Ich bin frei von allen destruktiven Ängsten und Zweifeln.*
- *Ich erhebe mich über die Gedanken, die mich zornig oder furchtsam sein lassen.*
- *Ich lasse die Vergangenheit los und vertraue dem Prozess des Lebens.*
- *Ich bin jetzt bereit, meine Großartigkeit anzuerkennen.*
- *Ich habe die Macht zu Veränderungen.*
- *Ich stehe immer unter göttlichem Schutz.*

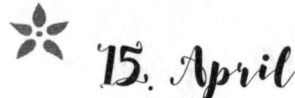

15. April

Ich laufe den wundervollen Erfahrungen
des Lebens freudig entgegen

Um ganze, heile Menschen werden zu können, müssen wir uns selbst in jeder Hinsicht akzeptieren. Öffnen Sie daher jetzt Ihr Herz weit für alle Teile Ihres Wesens: die Teile, die Sie lieben, ebenso wie die Teile, die Sie nicht lieben. Sie alle gehören zu Ihnen; Sie sind schön; wir alle sind schön. Wenn Ihnen vor Selbstliebe das Herz überfließt, können Sie anderen Menschen viel geben. Lassen Sie diese Liebe nun Ihre Umgebung erfüllen und zu allen Menschen ausstrahlen, die Sie lieben. Stellen Sie sich vor, dass diese geliebten Menschen im Zentrum des Zimmers stehen, in dem Sie meditieren, sodass sie die Liebe empfangen können, die aus Ihrem Herzen strömt.

Sehen Sie nun, wie die Inneren Kinder all dieser Menschen miteinander tanzen, vergnügt Purzelbäume schlagen und voller Freude ihrem Wesen Ausdruck verleihen. Lassen Sie Ihr eigenes Inneres Kind mit diesen Kindern spielen. Lassen Sie Ihr Kind tanzen. Stellen Sie sich vor, dass Ihr Inneres Kind sich sicher und frei fühlt. Lassen Sie es alles sein, was es schon immer sein wollte. Sie sind ein vollkommener, sich auf wunderbare Weise kreativ entfaltender Mensch. Alles ist gut in Ihrer Welt. Und so sei es.

16. April

Mein Leben fängt gerade erst an, und ich genieße es
von Robert Holden

»Was genau ist eine Affirmation?«, frage ich Louise erneut, weil sie immer eine neue, inspirierende Beschreibung dafür hat.

»Eine Affirmation ist ein Neuanfang. Ich habe gelernt, dass jeder Gedanke, den wir denken, und jedes Wort, das wir aussprechen, eine Affirmation ist. Sie bekräftigen, was wir für wahr halten und in unserem Leben erfahren. Wenn wir uns beklagen, ist das eine Affirmation. Dankbarkeit ist eine Affirmation. Welche Kleidung wir wählen, was wir essen, welchen Sport wir treiben und ob wir überhaupt etwas für unseren Körper tun – alles bekräftigt, was wir über das Leben glauben. In dem Moment, in dem Sie bewusst eine Affirmation anwenden, verlassen Sie die Opferrolle«, schreibt Louise in ihrem Buch *Herzensweisheiten*. »Sie sind nicht länger hilflos. Sie erkennen Ihre eigene Macht an.«

Affirmationen wecken Sie aus dem Schlaf der täglichen Unbewusstheit auf. Sie helfen Ihnen, Ihre Gedanken bewusst zu wählen, sich von einengenden Glaubenssätzen zu befreien, stärker in der Gegenwart zu leben und die Zukunft zu heilen. »Das, was Sie heute affirmieren, bereitet den Boden für neue zukünftige Erfahrungen«, sagt Louise.

17. April

**Ich vergebe jedem in meiner Vergangenheit
für alles, was ich als Unrecht empfinde –
ich lasse es liebevoll los**

Viele von uns schleppen jahrelang Groll mit sich herum. Wir empfinden als ungerecht, was jemand uns angetan hat und sitzen im Gefängnis der Selbstgerechtigkeit. Wir können recht haben. Aber wir können damit nicht glücklich sein. Ich höre Sie sagen: »Aber was man mir angetan hat, ist unverzeihlich!« Die Unwilligkeit zu verzeihen ist etwas, das wir uns selbst antun. Bitterkeit ist so, als ob wir jeden Tag einen Löffel voll Gift schlucken. Sie sammelt sich an und schadet uns. Es ist unmöglich, gesund und frei zu sein, solange wir uns an unsere Vergangenheit klammern. Das Geschehen ist lange vorbei. Vielleicht schon sehr lange. Lassen Sie es los. Befreien Sie sich davon. Verlassen Sie Ihr Gefängnis und treten Sie hinaus in den Sonnenschein des Lebens. Wenn die Verletzung aber in der Gegenwart fortbesteht, fragen Sie sich, warum Sie so wenig von sich selbst halten, dass Sie das noch immer zulassen. Verlieren Sie keine Zeit damit, es den anderen zu zeigen. Was wir aussenden, kommt immer wieder zu uns zurück. Also vergessen wir die Vergangenheit und arbeiten daran, uns in der Gegenwart zu lieben. Dann haben wir eine wundervolle Zukunft.

18. April

Mich selbst zu lieben ist
mein Zauberspruch

Jeden Tag fällt es mir leichter, in den Spiegel zu schauen und zu sagen: »Ich liebe dich genau so, wie du bist.« Mein Leben wird auch so besser, ohne dass ich dem Drang nachgebe, ständig alles Mögliche kontrollieren und reparieren zu müssen.

Früher war ich »reparier-süchtig«: Ich reparierte meine Beziehungen; ich reparierte meine Finanzen; ich reparierte die Schwierigkeiten im Job; ich versuchte, alles zu reparieren, was irgendwie nicht in Ordnung zu sein schien. Dann, eines Tages, entdeckte ich das magische Geheimnis: Wenn ich mich selbst wirklich liebe, jeden Teil von mir wirklich liebe, geschehen in meinem Leben unglaubliche Wunder. Meine Probleme lösen sich wie von Zauberhand, und es gibt nichts mehr zu reparieren. Wenn ich aufhöre, die Dinge reparieren und in Ordnung bringen zu wollen, und mich stattdessen darauf konzentriere, mich selbst und das Leben zu lieben, und wenn ich dem Universum vertraue, bekomme ich alles, was ich brauche und begehre.

19. April

Ich bin mir bewusst, dass ich niemals jemanden verlieren kann und dass ich selbst nie verloren bin

Ich habe Frieden geschlossen mit Trauer und Tod.

Ich gebe mir die Zeit und den Raum, diesen natürlichen Prozess zu durchleben.

Ich bin rücksichtsvoll zu mir selbst. Ich erlaube mir meine Trauer.

Ich bin mir bewusst, dass ich niemals jemanden verlieren kann und dass ich selbst niemals verloren gehe. In einem Wimpernschlag bin ich wieder mit dieser Seele verbunden. Jeder stirbt. Bäume, Tiere, Flüsse und selbst die Sterne werden geboren und sterben.

So wird es auch mir ergehen. Und alles zur rechten Zeit und am rechten Ort.

20. April

Ich stehe immer unter Göttlicher Führung

Seit dem Tag unserer Geburt haben wir immer wieder neue Türen durchschreiten müssen. Schon die Geburt war eine große Tür und eine große Veränderung. Wir haben alles in diese Welt mitgebracht, was wir benötigen, um ein erfülltes, reiches Leben zu führen. Wir verfügen über alle Weisheit, alles Wissen, das wir benötigen. Wir besitzen alle Talente und Fähigkeiten, die wir benötigen. Wir haben alle Liebe, die wir brauchen. Das Leben ist hier, um uns zu unterstützen und gut für uns zu sorgen. Wir können hundertprozentig darauf vertrauen, dass das so ist.

Ständig öffnen und schließen sich Türen für uns, und wenn wir sicher in uns selbst ruhen, kann uns nichts geschehen, ganz gleich, welches Tor wir durchschreiten. Selbst wenn wir durch die für uns letzte Tür auf diesem Planeten gehen, ist das nicht das Ende. Es ist der Anfang für ein weiteres neues Abenteuer! Vertrauen Sie darauf, dass Veränderungen normal und natürlich sind.

Heute ist ein neuer Tag. Wir werden wunderbare neue Erfahrungen machen. Wir werden geliebt. Wir sind sicher und behütet.

21. April

Ich bin offen für die Fülle und das Gute des Universums

von Robert Holden

Louise erklärt es so: »Das Universum sagt Ja zu uns. Es will, dass wir unser höchstes Gutes erleben. Wenn Sie darum bitten, sagt das Universum nicht: ›Ich werde über deine Bitte nachdenken.‹ Es sagt Ja. Das Universum hat immer schon Ja dazu gesagt, dass Ihnen alle Segnungen zuteilwerden.« Und auch Sie müssen Ja sagen. Der Schlüssel dazu ist innere Bereitschaft. Wenn Sie erklären: »Ich bin bereit, in dieser Situation mein höchstes Gutes zu empfangen«, verändert das Ihre Wahrnehmung und Ihre Lebensumstände.

»Oft fehlt es uns allein an der Bereitschaft, Gutes anzunehmen«, sagt Louise. »Das Universum sorgt immer für uns, aber wir müssen offen und empfangsbereit sein, um das erkennen zu können.« Die Bereitschaft, Gutes zu empfangen, öffnet Sie und bewirkt, dass Sie alle einschränkenden Theorien darüber hinter sich lassen, was Sie angeblich verdienen und für möglich halten. Und Sie entdecken, was bereits jetzt alles für Sie da ist.

22. April

Ich atme die Fülle und den Reichtum des Lebens

Sie sind dazu bestimmt, ein wunderbarer, liebender und liebenswerter Ausdruck des Lebens zu sein. Das Leben wartet darauf, dass Sie sich ihm öffnen – dass Sie sich wertvoll genug fühlen, das Gute anzunehmen, das es für Sie bereithält. Die Weisheit und Intelligenz des Universums steht Ihnen zu Diensten. Das Leben trägt und stützt Sie. Vertrauen Sie darauf, dass die innere Kraft immer für Sie da ist.

Wenn Sie Angst haben, ist es hilfreich, sich bewusst zu werden, wie Ihr Atem in Ihren Körper ein- und ausströmt. Ihr Atem, die kostbarste Substanz Ihres Lebens, wird Ihnen ununterbrochen geschenkt. Es steht Ihnen so viel davon zur Verfügung, dass es für Ihr ganzes Leben reicht. Dieses kostbare Geschenk nehmen Sie an, ohne überhaupt je darüber nachzudenken. Und doch bezweifeln Sie, dass das Leben Sie ausreichend mit anderen Dingen versorgen kann. Es ist jetzt an der Zeit, dass Sie lernen, über welche Macht Sie verfügen und was Sie alles tun können. Wenden Sie sich nach innen, und finden Sie heraus, wer Sie sind.

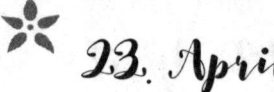 

23. April

Ich liebe mich genau so, wie ich bin

Wir müssen keine »perfekten Eltern« sein. Wenn wir lie-bevolle Eltern sind, haben unsere Kinder die beste Chance zu Menschen heranzuwachsen, wie wir sie selbst gerne als Freunde hätten. Sie werden selbstbewusste und erfolg-reiche Menschen. Sich seiner selbst bewusst zu sein gibt inneren Frieden. Ich glaube, das Beste, was wir für unsere Kinder tun können, ist zu lernen, uns selbst zu lieben, denn Kinder lernen aus Vorbildern. Wir haben dann ein besseres Leben und unsere Kinder auch.

24. April

Ich verbreite Erfolg und Wachstum, wohin ich mich auch wende

Geben Sie den Kampf mit Ihren Gedanken auf. Fangen Sie an, sich zu erlauben, das Leben genau so zu genießen, wie es heute ist. Seien Sie dankbar für Ihre schöpferische Kraft und erfreuen Sie sich daran. Das Universum liebt Dankbarkeit. Freuen Sie sich über den Erfolg der anderen. Tun Sie alles kreativ und mit Freude.

Lieben Sie sich selbst und lieben Sie Ihr Leben. Sie wechseln jetzt auf die nächste Stufe Ihrer Existenz. Alles ist gut. Affirmieren Sie:

- *Ich strahle Erfolg aus und erschaffe Wohlstand, wohin ich mich auch wende!*

25. April

**Ich bin bereit, jeden Tag
etwas Neues zu lernen**

Wenn Sie inneren Widerstand gegen Veränderungen verspüren, schauen Sie in einen Spiegel und affirmieren Sie:

- *Es ist nur ein Gedanke, und Gedanken kann man ändern.*
- *Ich bin offen für Veränderungen.*
- *Ich bin bereit, mich zu verändern.*
- *Ich empfange das Neue mit offenen Armen.*
- *Ich bin an jedem Tag bereit, zu lernen und meinen Horizont zu erweitern.*
- *Für jedes Problem gibt es eine Lösung. Alle Erfahrungen sind Gelegenheiten für mich, zu lernen und mich weiterzuentwickeln. Ich bin immer sicher und geborgen.*

26. April

Jeder Gedanke, den ich denke, erschafft meine Zukunft
von Robert Holden

Louises Vortrag »Die Gesamtheit aller Möglichkeiten« gehört zu meinen absoluten Favoriten. Darin sagt sie: »Ich habe es mir zur Aufgabe gemacht, die Wahrheit in den Menschen zu sehen. Ich sehe die absolute Wahrheit ihres Seins. Ich weiß, dass die Gesundheit Gottes in ihnen wohnt und sich durch sie ausdrücken kann.« Louise spricht nicht von positivem Denken. Tatsächlich habe ich sie diesen Begriff noch nie verwenden hören. Louise betrachtet Gedanken nicht als positiv oder negativ. Gedanken sind immer neutral. Aber die Art, wie wir mit ihnen umgehen, ist entweder positiv oder negativ.

»Und wie können wir nun unser Denken verändern?«, frage ich Louise.

»Sie müssen Ihre Beziehung zu Ihrem Geist ändern«, sagt sie.

»Wie geht das?«

»Indem Sie sich erinnern, dass Sie selbst der Denker Ihrer Gedanken sind.«

»Das heißt: Sei der Denker, nicht der Gedanke«, sage ich.

»Die Macht liegt beim Denker, nicht den Gedanken«, erwidert sie.

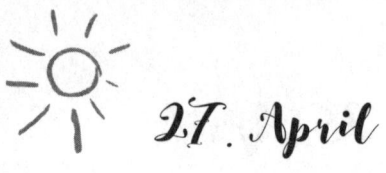

27. April

Mein Leben ist heil und vollkommen.
Und ich bin bereit für neue Abenteuer!

- *Jeder Augenblick in meinem Leben ist heil und voll-*
  kommen.

Mit Gott bleibt nichts ungetan. Sie sind eins mit der Unendlichen Macht, der Unendlichen Weisheit und dem
Einssein. Am Morgen erwachen Sie mit einem Gefühl der
Erfüllung und wissen, dass Sie alles zu Ihrer Zufriedenheit ausführen werden, was an diesem Tag ansteht. Jeder
Atemzug ist vollkommen. Jede Szene, die Sie heute sehen,
ist Ausdruck der Vollkommenheit des Lebens. Alles, was
Sie heute sagen, ist Ausdruck dieser Vollkommenheit. Sie
führen heute alle Ihre Aufgaben zu Ihrer vollsten Zufriedenheit aus. Das Leben ist keine Wildnis, in der Sie einsam herumirren. Lassen Sie jetzt jeden Glauben an Kampf
und Mühsal hinter sich.

Akzeptieren Sie die Hilfe Ihrer vielen unsichtbaren Freunde und Helfer. Alles in Ihrem Leben vollzieht sich harmonisch, zur rechten Zeit am rechten Ort. Projekte werden
erfolgreich abgeschlossen. Sie kooperieren wunderbar mit
Ihren Mitmenschen. Alles entfaltet sich in rechter göttlicher Ordnung. Alles ist vollkommen, und Sie fühlen sich
gut. Dies ist ein Tag, der Ihnen Erfüllung schenkt. Erklären und bejahen Sie, dass es so ist.

28. April

Wir sind hier, um uns selbst und die anderen zu lieben

Nur wir allein können die Welt retten. Wenn wir uns zusammenschließen, um Gutes zu tun, finden wir die Antworten. Wir müssen immer daran denken, dass ein Teil unseres Wesens weit mehr ist als unser Körper, unsere Persönlichkeit oder unsere Krankheiten, und weit mehr als unsere Vergangenheit. Es gibt einen Teil in uns, der weit mehr ist als unsere Beziehungen zu anderen Menschen. Unser wahrer Wesenskern, unser Zentrum, ist reiner Geist. Er ist ewig. Er hat immer schon existiert und wird immer existieren. Wir sind hier, um uns selbst zu lieben und einander zu lieben. Indem wir das tun, finden wir die richtigen Wege, um uns selbst und den Planeten zu heilen. Wir leben in außergewöhnlichen Zeiten. Es finden gegenwärtig große Veränderungen statt. Auch wenn wir die Probleme möglicherweise nicht völlig verstehen, halten wir uns doch über Wasser, so gut wir können. Auch das geht vorüber, und wir werden Lösungen für unsere Probleme finden. Wir treten auf der spirituellen Ebene miteinander in Verbindung, denn auf der Ebene des Geistes sind wir alle eins. Wir sind frei. Und so sei es.

29. April

Ich bin immer frei, selbst zu entscheiden, was ich denke

Kein Mensch, Ort oder Ding hat Macht über mich, solange ich ihm diese Macht nicht gebe, denn ich bin in meinem Geist der einzige Denker. Darin, dass ich meine Gedanken selbst wählen kann, liegt eine immense Freiheit. Ich kann mich dafür entscheiden, das Leben in einem positiven Licht zu sehen, statt auf mich selbst oder andere Menschen zu schimpfen.

Darüber zu klagen, was ich nicht habe, ist ein Weg, mit einer Situation umzugehen, doch dadurch ändert sich nichts. Wenn ich mich selbst liebe und in eine negative Situation gerate, kann ich zum Beispiel sagen: »Ich bin jetzt bereit, mich von jenen Denkmustern zu lösen, die zum Entstehen dieser Situation beitrugen.« Ich habe in der Vergangenheit negative Entscheidungen getroffen.

Doch das bedeutet nicht, dass ich ein schlechter Mensch bin oder dass ich an diese negativen Entscheidungen gebunden bin. Ich kann mich jederzeit dafür entscheiden, meine alten Irrtümer und Vorurteile hinter mir zu lassen.

30. April

**Ich ehre mein Inneres Kind,
indem ich mich daran erinnere,
zu spielen und Spaß zu haben**

Damit ein Kind sich gut entwickelt und gedeiht, braucht es Liebe, Anerkennung und Lob. Man kann einem Menschen zeigen, wie er Dinge »besser« machen kann, ohne ihm gleichzeitig zu vermitteln, dass sein bisheriges Handeln »falsch« war. Das Kind in uns braucht noch immer diese Art von Liebe und Anerkennung.
Sagen Sie zu ihm positive Sätze wie:

- *Ich liebe dich und weiß, dass du immer dein Bestes gibst.*
- *So wie du bist, bist du vollkommen.*
- *Du wirst mit jedem Tag wundervoller.*
- *Ich achte und respektiere dich.*
- *Lass uns gemeinsam schauen, ob wir einen besseren Weg finden, dies zu tun.*
- *Lernen und sich weiterentwickeln macht Spaß, und wir können es gemeinsam tun.*

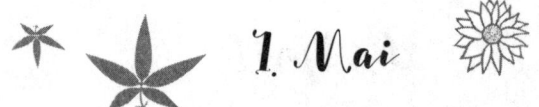

1. Mai

Ich werde immer perfekt, unversehrt und heil sein

- *In der Unendlichkeit des Lebens, dort, wo ich bin, ist alles heil und vollkommen.*
- *Ich unterstütze mich selbst, und das Leben unterstützt mich.*
- *Ich erkenne überall um mich herum und in jedem Bereich meines Lebens Zeichen dafür, dass das Gesetz funktioniert.*
- *Ich verstärke mit Freude das, was ich lerne.*
- *Mein Tag beginnt mit Dankbarkeit und Freude.*
- *Ich sehe mit Begeisterung den Abenteuern des Tages entgegen und weiß, dass in meinem Leben »alles gut ist«.*
- *Ich liebe mich und alles, was ich tue.*
- *Ich bin der lebendige, liebende, freudige Ausdruck des Lebens.*
- *Alles ist gut in meiner Welt.*

2. Mai

Ich erlaube dem Leben, mich heute zu lieben
von Robert Holden

Sprechen Sie die Affirmation *Das Leben liebt dich* zehnmal, und dann laden wir Sie ein, erneut in den Spiegel zu schauen und folgende Affirmation zu sich selbst zu sagen: *Ich bin bereit, mich heute vom Leben lieben zu lassen.* Achten Sie auch hierbei wieder auf Ihre Reaktionen. Atmen Sie ruhig und entspannt. Wiederholen Sie diese Affirmation so lange, bis Sie angenehme körperliche Empfindungen verspüren, Ihnen leicht ums Herz wird und sich glückliche Gedanken einstellen. Bereitschaft ist der Schlüssel.

»Bitte ermutigen Sie die Leute dazu, bei dieser Übung sehr freundlich zu sich selbst zu sein«, sagt Louise zu mir, während ich mir Notizen für dieses Kapitel mache. »Ich weiß, dass wir bei der Spiegelarbeit anfangs oft mit viel innerer Negativität konfrontiert werden. Man muss sich seinen tief sitzenden Ängsten stellen. Wenn man beharrlich weiter in den Spiegel blickt, fängt man an, hinter all diesen Urteilen über sich sein wahres Selbst zu erkennen. Unsere Einstellung bei der Spiegelarbeit ist der Schlüssel zum Erfolg. Es ist wichtig, leicht und spielerisch an die Sache heranzugehen. Wenn das hilft, können die Leute es statt Spiegelarbeit auch gern Spiegelspiel nennen.«

3. Mai

Wenn ich meine Gedanken ändere, ändere ich mein Leben

Denken Sie daran, in welcher Lage Sie sich auch befinden mögen, es waren Ihre Gedanken, die Sie in diese Lage gebracht haben. Die Menschen spiegeln nur das, wovon Sie selber glauben, dass Sie es verdienen.

Gedanken kann man verändern, Situationen auch. Der unerträgliche Chef kann unser Held werden. Der Mitarbeiter, der uns so auf die Nerven geht, wird unser Freund. Wir können eine neue wundervolle Arbeit finden.

Es gibt eine unbegrenzte Zahl von Möglichkeiten, wenn wir unser Denken ändern. Öffnen wir uns für diese Möglichkeiten. Wir müssen unserem Bewusstsein erlauben, die Allgegenwart von Fülle und Erfüllung zu akzeptieren. Am Anfang mögen die Veränderungen nur klein sein, eine zusätzliche Aufgabe, die Ihnen Ihr Chef gibt und bei der Sie Ihre Kreativität und Intelligenz unter Beweis stellen können. Ein Mitarbeiter, den Sie nicht mehr als Gegner behandeln, ändert sein Verhalten Ihnen gegenüber. Was diese Veränderungen auch sein mögen, akzeptieren Sie sie und freuen Sie sich. Sie sind nicht allein. Sie sind die Veränderung! Die Macht, die Sie erschaffen hat, hat Ihnen die Kraft gegeben, Ihre Erfahrungen zu erschaffen.

4. Mai

Ich bin bereit, zu wachsen und mich zu ändern

Beziehungen sind Spiegel unserer selbst. Unsere Attraktivität einem Menschen gegenüber spiegelt immer entweder Eigenschaften, die wir haben, oder unsere Auffassung, die wir von Beziehungen haben. Das gilt, ob es ein Chef ist, ein Freund, ein Ehepartner oder ein Kind. Was Ihnen an diesen Menschen missfällt, ist entweder das, was Sie selbst tun oder was Sie glauben. Sie würden auf diese Menschen nicht anziehend wirken, wenn deren Wesenszüge nicht etwas in Ihnen selbst spiegelten.

Übung: *Wir und die anderen*
Betrachten Sie für einen Augenblick jemanden in Ihrem Leben, über den Sie sich ärgern. Beschreiben Sie drei Dinge, die Ihnen an ihm nicht gefallen und die er Ihrer Meinung nach verändern sollte. Schauen Sie tief in sich hinein und stellen sich selbst die Frage: *»Wo bin ich genauso und wann tue ich diese gleichen Dinge?«* Schließen Sie die Augen und nehmen Sie sich Zeit dafür. Dann stellen Sie sich die Frage: *»Bin ich bereit, mich zu verändern?«*

Wenn Sie die entsprechenden Muster aus Ihrem Denken und Ihrem Verhalten entfernen, werden sich jene Menschen entweder ebenfalls verändern oder aus Ihrer Umgebung verschwinden.

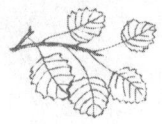

5. Mai

Ich bin heute offen und empfänglich
für Göttliche Führung

Ich verstehe immer besser.

Ich bin bereit zu lernen. Jeden Tag achte ich mehr auf die Göttliche Weisheit in mir. Ich bin glücklich zu leben und glücklich über das Gute, das mir widerfährt.

Das Leben ist für mich ein Lernprozess.

Jeden Tag öffne ich mein Herz und meinen Verstand für neue Einsichten, neue Menschen, neue Gesichtspunkte und dafür, dass ich immer besser verstehe, was um mich herum und in mir geschieht.

Je mehr ich verstehe, desto größer wird meine Welt. Meine neuen geistigen Fähigkeiten erlauben es mir, mich besser zu fühlen bei all dem Neuen, was ich in der unglaublichen Schule des Lebens hier auf diesem Planeten Erde erlerne.

6. Mai

Mein Körper ist ein guter Freund,
um den ich mich liebevoll kümmere
von Cheryl Richardson

Louise sagt zu mir: »Ich danke stets meinem Herd dafür, dass er mir beim Kochen so gute Dienste leistet.«
Machen auch Sie es sich zur festen Gewohnheit, Ihren Küchengeräten zu danken. Danken Sie Ihrer Spülmaschine, Ihrem Mixer, Ihrem Teekessel, dem Kühlschrank und so weiter, und verwenden Sie in der Küche folgende Affirmationen:

- *Hallo, Küche, du bist das Kraftzentrum für meine Ernährung. Ich wertschätze dich!*
- *Du und alle deine Gerätschaften helfen mir, köstliche, nahrhafte Mahlzeiten zuzubereiten.*
- *Ich bin dankbar für die Fülle an guten, gesunden Nahrungsmitteln in meinem Kühlschrank.*
- *Leicht und mühelos bereite ich in meiner Küche wohlschmeckende, nahrhafte Mahlzeiten zu.*
- *Küche, du hilfst mir, mein Leben zu genießen!*
- *Ich liebe dich.*

7. Mai

Ich ernähre meinen Körper mit Essen, das meinen Körper liebt

Alles ist Gedanke und Nahrung. Wenn Sie gut genährt sind, nützt das Ihrem Gehirn. Wenn Sie Ihre Ernährung positiv verändern, wird es Ihnen leichter fallen, sich für neue, positive Gedanken zu öffnen und in Ihrem Leben gesündere Entscheidungen zu treffen.

Beginnen Sie mit dieser Affirmation:

* *Ich liebe mich, und deshalb versorge ich meinen Körper mit nährenden Speisen und Getränken, und mein Körper antwortet darauf mit blühender Gesundheit und Energie.*

8. Mai

Ich liebe und akzeptiere mein Inneres Kind

Es spielt keine Rolle, wie alt Sie sind. In Ihnen gibt es ein kleines Kind, das Liebe und Anerkennung braucht. Wenn Sie eine Frau sind, lebt in Ihnen, auch wenn Sie noch so stark und selbstständig sind, ein kleines Mädchen, das sehr empfindsam ist und Hilfe braucht. Wenn Sie ein Mann sind, lebt in Ihnen, auch wenn Sie über großes Selbstvertrauen verfügen, ein kleiner Junge, der nach Wärme und Zuneigung hungert.

Jedes Mal, wenn Sie Angst verspüren, bedeutet das, dass das Kind in Ihnen Angst hat. Der Erwachsene hat keine Angst, aber er ist nicht in Kontakt mit sich selbst und vernachlässigt sein Kind. Der Erwachsene und das Kind müssen eine gesunde Beziehung zueinander entwickeln.

Alles, was Ihr Inneres Kind sich wünscht, ist Zuwendung und Liebe. Wenn Sie sich jeden Tag etwas Zeit nehmen, um diese kleine Person in Ihnen kennenzulernen, wird Ihr Leben sich beträchtlich verbessern.

Affirmieren wir gemeinsam: Ich bin bereit, mein Inneres Kind zu lieben und zu akzeptieren.

9. Mai

Ich gebe mir das Versprechen, von nun an gütig und liebevoll mit mir selbst umzugehen

Wir alle haben in unserem Leben Bereiche, die wir nicht für akzeptabel und liebenswert halten. Wenn wir auf Teile unseres eigenen Wesens wütend sind, neigen wir oft zu selbstschädigendem Verhalten. Wir nehmen Drogen, rauchen, essen zu viel oder trinken zu viel Alkohol. Wir quälen uns mit Selbstvorwürfen. Und, was besonders schädlich ist, wir kritisieren uns. Es ist sehr wichtig, dass wir mit dem Kritisieren komplett aufhören. Wenn wir bewusst vermeiden, uns selbst zu kritisieren, werden wir auch damit aufhören, andere Menschen zu kritisieren – denn alle anderen sind Spiegelbilder für uns. So, wie wir uns selbst wahrnehmen, nehmen wir auch die anderen wahr.

Wenn wir uns über einen Menschen beklagen, beklagen wir uns in Wahrheit über uns selbst. Wenn wir uns selbst wirklich lieben und akzeptieren können, gibt es keinen Grund, uns zu beklagen. Dann verletzen wir weder uns selbst noch andere. Geben wir uns selbst das Versprechen, uns von nun an nicht mehr zu kritisieren.

10. Mai

Ich nehme mir vor, heute Spaß zu haben

Es gibt keinen Grund, aus dem, was Sie tun, eine Schinderei zu machen. Es kann Spaß machen. Es kann ein Spiel sein. Das liegt ganz bei Ihnen!

Wenn Sie wollen, kann es sogar Spaß machen, zu vergeben und Verbitterung aufzulösen. Noch einmal: Texten Sie ein kleines Lied über den Menschen oder die Situation, an den oder die Sie sich so gebunden fühlen. Es erhellt den gesamten Vorgang, wenn Sie ein Liedchen singen. Wenn ich mit Einzelklienten arbeite, bin ich immer bestrebt, möglichst bald Lachen und Humor zu wecken. Je schneller wir über die ganze Sache lachen können, desto einfacher ist es, sie hinter sich zu lassen.

Sie würden sofort vor Lachen aus dem Sitz fallen, wenn Sie Ihre Probleme auf der Bühne in einem Boulevardstück von Neil Simon sehen könnten. Tragödie und Komödie sind dasselbe. Es kommt immer nur auf unseren Blickwinkel an! »Was sind wir Sterbliche doch für Narren!«

Tun Sie, was Sie können, um Ihre innere Transformation zu einem Vergnügen zu machen. Mit Freude geht es einfach besser!

11. Mai

Wie kann ich helfen?

Es gibt viele Leute, die Lebensziele brauchen – ein Einjahresziel oder ein Fünfjahresziel. Zu denen habe ich nie gehört. Ich habe nie wirklich versucht, etwas zu tun, das genau definiert war oder einen sehr engen, präzisen Fokus hatte. Meine Frage lautete immer: Wie kann ich den Menschen helfen?

Diese Frage habe ich mir Tausende Male gestellt, und ich frage mich das heute immer noch.

Wenn ich all die schwierigen Probleme in der Welt sehe, wird mir klar, dass ich vielleicht nichts Spezifisches tun kann, aber ich kann diese Frage stellen – wie kann ich helfen? – und die Absicht energetisch in die Welt senden.

12. Mai

Ich bin sehr dankbar, hier zu sein

In der heutigen Zeit zu leben ist eine unglaubliche Chance, sich selbst und das Universum zu erforschen. In gewisser Weise ist das Selbst heute die neue »Grenze«, die es zu erkunden gilt. Mein begrenztes Selbst kenne ich ziemlich gut, und nun lerne ich mein unbegrenztes Selbst kennen. Meine Bestimmung ist es, mich in jedem Augenblick neu zu entfalten, während ich gelassen in meiner Mitte ruhe, in dem Wissen, dass ich mehr bin als meine Persönlichkeit, meine Probleme, Ängste oder Krankheiten.

Ich bin Geist, Licht, Energie und Liebe, und ich besitze die Macht, meiner Bestimmung zu folgen und ein sinnerfülltes Leben zu führen.

Ich gebe mein Bestes und entdecke immer neue Möglichkeiten, meine Lebensqualität zu steigern.

Ich bin sehr dankbar, hier zu sein.

13. Mai

**Ich bin sehr dankbar für all die Liebe in
meinem Leben und finde sie überall**

Liebe entsteht, wenn wir sie am allerwenigsten erwarten,
wenn wir sie nicht suchen. Die Jagd nach Liebe bringt nie
den richtigen Partner. Die Suche nach Liebe verursacht
nur Unglücklichsein. Liebe befindet sich niemals außerhalb. Liebe ist in uns. Bestehen Sie nicht darauf, dass die
Liebe zu Ihnen kommen soll. Vielleicht sind Sie noch nicht
bereit, haben sich noch nicht weit genug entwickelt für die
Liebe. Binden Sie sich nicht einfach an irgendjemanden,
nur um nicht allein zu sein. Setzen Sie eigene Maßstäbe.
Welche Art Liebe wünschen Sie sich? Kultivieren Sie zunächst in sich selbst die Eigenschaften, die Sie sich bei
einem Partner oder einer Partnerin wünschen, dann
werden Sie den passenden Menschen in Ihr Leben ziehen.
Untersuchen Sie, warum die Liebe von Ihnen fernbleibt.
Sind Sie zu kritisch? Mangelt es Ihnen am nötigen Selbstwertgefühl? Setzen Sie unsinnige Maßstäbe? Haben Sie
Angst vor Nähe? Glauben Sie, nicht liebenswert zu sein?
Seien Sie bereit für die Liebe, wenn sie zu Ihnen kommt.
Bereiten Sie den Boden vor und seien Sie bereit, die Liebe
zu hegen und zu pflegen. Seien Sie liebevoll, denn dann
sind Sie auch liebenswert. Seien Sie offen und empfäng-
lich für die Liebe.

14. Mai

Ich liebe meine Arbeit und
werde dafür gut bezahlt

- *Ich komme mit allen Kollegen gut zurecht in einer Atmosphäre des gegenseitigen Respekts.*
- *Ich arbeite für Menschen, die mich respektieren und gut bezahlen.*
- *Mein Arbeitsplatz macht mir Freude.*
- *Arbeit zu finden fällt mir leicht.*
- *Mein Einkommen wächst stetig.*
- *Meine Arbeit ist befriedigend und füllt mich aus.*
- *Ich habe immer wundervolle Vorgesetzte.*
- *Es ist ein Vergnügen, zur Arbeit zu gehen.*
- *Meine Arbeitswelt ist wundervoll.*
- *Ich wertschätze meine Karriere.*

15. Mai

Jede Zelle in meinem Körper besitzt
Göttliche Intelligenz

- *In der Unendlichkeit des Lebens, dort, wo ich bin, ist alles heil und vollkommen.*
- *Ich betrachte meinen Körper als meinen guten Freund.*
- *Jede Zelle meines Körpers besitzt göttliche Intelligenz.*
- *Ich höre dem, was sie sagt, zu und weiß, dass ihr Ratschlag triftig ist.*
- *Ich bin immer sicher, göttlich beschützt und geführt.*
- *Ich entscheide mich, gesund und frei zu sein.*
- *Alles ist gut in meiner Welt.*

16. Mai

Heute bitte ich die Liebe,
mich lieben zu lehren

Liebevolle Kommunikation gehört zu den beglückends-
ten und machtvollsten Erfahrungen der Menschen.
Wie gelange ich dorthin?
Ich habe intensiv an mir gearbeitet, ich habe viele Bücher
gelesen und die Prinzipien des Lebens begriffen, zum Beispiel das folgende:

- *Das Universum reagiert auf mich. Das, was ich denke*
  und sage, geht von mir aus und kehrt wieder zu mir
  zurück.

Also bitte ich um Hilfe und beobachte mich. Wenn ich
mich ohne Kritik und vorurteilslos beobachte, wird meine
Kommunikation mit anderen Menschen ganz von allein
liebevoller.
Woran glaube ich?
Was fühle ich?
Wie reagiere ich?
Wie kann ich mehr lieben?
Und dann sage ich zum Universum:

- *Lehre mich, wie man liebt.*

17. Mai

Ich akzeptiere, hier und jetzt geheilt zu werden und gesund zu sein

Bei guter Gesundheit zu sein ist mein göttliches Recht. Ich bin offen und empfänglich für alle heilenden Energien des Universums. Ich weiß, dass jede Zelle meines Körpers intelligent ist und sich selbst zu heilen vermag. Mein Körper strebt immer nach vollkommener Gesundheit. Ich gebe jetzt alle Überzeugungen und Glaubenssätze auf, die einer völligen Gesundung im Weg stehen. Ich informiere mich über Ernährung und versorge meinen Körper mit gesunder Nahrung. Ich achte auf mein Denken und wähle ausschließlich gesunde Gedanken. Ich liebe meinen Körper. Ich sende Liebe in jedes Organ, jeden Muskel, in alle Teile meines Körpers. Ich lasse sie in jede Zelle fließen. Ich danke meinem Körper für die gute Gesundheit, die ich in der Vergangenheit erfahren durfte. Ich akzeptiere, hier und jetzt geheilt zu werden und gesund zu sein.

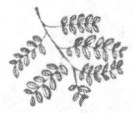 

18. Mai

**Wenn ich meine Gedanken in Ordnung bringe,
dann löse ich auch meine Probleme**

Segnen Sie Ihre derzeitige Berufstätigkeit mit Liebe. Machen Sie sich klar, dass sie lediglich ein Schritt auf Ihrem Weg ist. Sie sind nur aufgrund Ihrer eigenen Denkmuster dort, wo Sie sind. Wenn Sie von »denen« nicht so behandelt werden, wie Sie behandelt werden möchten, dann gibt es in Ihrem Bewusstsein ein Muster, durch das Sie ein solches Benehmen auf sich ziehen. Lassen Sie deshalb vor Ihrem inneren Auge Ihren jetzigen Job oder, falls Sie gerade arbeitslos sind, den letzten Job davor Revue passieren, und fangen Sie an, alles mit Liebe zu segnen – das Gebäude, die Räume, die Möbel und die Ausstattung, Ihre Vorgesetzten und Ihre Kollegen und jeden einzelnen Kunden. Benutzen Sie die Affirmationen:

- *Ich arbeite immer für die wunderbarsten Chefs.*
- *Mein Chef behandelt mich immer respektvoll und höflich.*
- *Mein Chef ist großzügig, und es ist angenehm, für ihn zu arbeiten.*

Das wird Sie enorm voranbringen, und wenn Sie dann eines Tages selbst Chef sind, werden Sie sich auch so verhalten.

19. Mai

Wenn wir uns selbst und anderen vergeben, öffnen wir uns damit für neue Inspirationen und Möglichkeiten

Ich werde Sie immer wieder daran erinnern: Solange Sie unversöhnliche Gedanken hegen, werden Sie sich niemals von Bitterkeit befreien können. Mit solchen Gedanken kann man keine Freude erzeugen. Auch wenn Sie überzeugt sind, dass Ihre Wut oder Bitterkeit absolut gerechtfertigt ist, und ganz gleich, was andere Ihnen angetan haben, wenn Sie beharrlich an der Vergangenheit festhalten, werden Sie niemals frei. Indem Sie sich selbst und anderen vergeben, befreien Sie sich aus dem Gefängnis der Vergangenheit. Wenn Sie glauben, in einer Situation gefangen zu sein, oder wenn Ihre Affirmationen nicht funktionieren, bedeutet das, dass da noch etwas ist, was nach Vergebung verlangt. Wenn Sie nicht in der Gegenwart frei mit dem Leben fließen können, halten Sie an einer Sache aus der Vergangenheit fest. Es gibt dann etwas, auf das Sie verletzt oder voller Schuldgefühle zurückblicken, manchmal vielleicht sogar mit dem Wunsch der Rache. Alle diese Gefühle stammen aus der mangelnden Bereitschaft, sich selbst und anderen zu vergeben und sich auf die Gegenwart zu konzentrieren.

Doch nur in der Gegenwart können Sie Ihre Zukunft erschaffen.

20. Mai

**Frieden umgibt mich.
Ich bin immer sicher und göttlich beschützt**

Ich bin eins mit dem Leben, und das Leben liebt und unterstützt mich. Daher beanspruche ich für mich Liebe und Anerkennung auf allen Ebenen. Ich akzeptiere alle meine Emotionen und kann sie in jeder Situation angemessen zeigen und ausdrücken. Ich bin nicht meine Eltern, und ich bin nicht an ihre Muster von Wut und Kritik gebunden. Ich habe jetzt gelernt, eher zu beobachten, als zu reagieren, und dadurch ist mein Leben viel harmonischer. Ich bin mein eigenes, einzigartiges Selbst, und ich rege mich nicht länger über Kleinigkeiten auf. Ich lebe im geistigen Frieden. Das ist die Wahrheit meines Seins, und ich akzeptiere sie jetzt. Alles ist gut in meinem inneren Sein.

21. Mai

Ich bin einzigartiger Ausdruck
der ewigen Einheit

Ich bin hier, um zu lernen, mich selbst und andere bedingungslos zu lieben. Auch wenn jede Person ihre messbaren Eigenheiten wie Größe und Gewicht hat, bin ich viel mehr als meine physische Erscheinung. Der unmessbare Teil in mir ist das, was meine Kraft ist.

Mich mit anderen zu vergleichen macht mich entweder besser oder schlechter, aber niemals so annehmbar, wie ich bin. Was für eine Energieverschwendung. Wir sind alle wundervolle Wesen, jeder von uns anders und etwas Besonderes. Ich wende mich nach innen und verbinde mich mit dem einzigartigen Ausdruck der ewigen Einheit, zu der ich und wir alle gehören.

22. Mai

Ich umarme liebevoll
mein Inneres Kind

Suchen Sie ein Foto von sich, auf dem Sie im Alter von etwa fünf Jahren zu sehen sind. Kleben Sie das Foto auf Ihren Badezimmerspiegel. Betrachten Sie das Foto ein paar Minuten.

Was sehen Sie? Sehen Sie ein glückliches Kind? Ein Kind, dem es nicht gut geht?

Sprechen Sie vor dem Spiegel mit Ihrem Inneren Kind. Sie können dabei das Foto betrachten oder sich selbst in die Augen schauen – tun Sie, was sich angenehmer anfühlt. Wenn Sie als Kind einen Spitznamen hatten, können Sie es mit diesem Namen anreden. Es ist besser, wenn Sie vor dem Spiegel sitzen, denn im Stehen ist die Versuchung größer, einfach aus dem Zimmer zu gehen, wenn schwierige Gefühle hochkommen. Setzen Sie sich also hin, halten Sie Papiertaschentücher bereit und reden Sie.

Öffnen Sie Ihr Herz und sprechen Sie offen und ehrlich mit Ihrem Inneren Kind.

Wenn alles gesagt ist, sprechen Sie folgende Affirmation:

- *Ich liebe dich, mein Kind. Ich bin immer für dich da. Du bist sicher und geborgen.*

23. Mai

**Vergebung hilft mir, mich nicht länger
selbst zu verletzen und mir eine
bessere Zukunft zu erschaffen**

Machen Sie sich bewusst, dass zwischen Vergebung und
Akzeptanz ein Unterschied besteht. Einem Menschen zu
vergeben heißt nicht, dass Sie sein Verhalten gutheißen
oder entschuldigen. Der Akt der Vergebung findet in Ihrem eigenen Bewusstsein statt. Er hat mit der anderen Person gar nichts zu tun. Wahre Vergebung bewirkt, dass Sie
sich selbst vom seelischen Schmerz befreien. Auch bedeutet Vergebung nicht, zu dulden, dass die Ihnen Schmerz
zufügenden Handlungen einer anderen Person weitergehen. Für sich selbst einzustehen und gesunde Grenzen zu
ziehen ist oft das Liebevollste, was Sie tun können – nicht
nur für sich selbst, sondern auch für die andere Person.
Was auch immer der Grund für Ihre unversöhnlichen
Gefühle sein mag, Sie können diese hinter sich lassen.
Sie können wählen, in der Situation und Ihrer Wut oder
Bitterkeit stecken zu bleiben, oder Sie tun sich selbst den
Gefallen, das Vergangene zu vergeben, loszulassen, und
sich dann darauf zu konzentrieren, sich ein freudvolles,
erfülltes Leben zu erschaffen. Sie sind frei, sich ein Leben
nach Ihren Vorstellungen aufzubauen, denn Sie haben die
Freiheit, Ihre eigenen Entscheidungen zu treffen.

24. Mai

Ich wähle meine eigene Vorstellung
eines liebevollen Gottes

Ich habe die Macht, mich dafür zu entscheiden, die Dinge so zu sehen, wie sie wirklich sind. Ich entscheide mich dafür, die Dinge so zu sehen, wie Gott sie sieht: mit den Augen der Liebe. Da es Gottes Natur ist, allgegenwärtig, allwissend und allmächtig zu sein, weiß ich, dass in diesem ganzen Universum tatsächlich nur eines existiert: die Liebe Gottes. Die Liebe Gottes umgibt mich, wohnt in mir, geht mir voraus und bereitet mir den Weg. Ich bin ein geliebtes Kind des Universums, und das Universum sorgt liebevoll für mich, jetzt und für immer.

Wenn ich etwas brauche, wende ich mich an die Macht, die mich erschuf. Ich bitte um das, was ich brauche, und sage Dank, noch bevor meine Bitte erfüllt wurde, weil ich weiß, dass das, was ich brauche, zur rechten Zeit und am rechten Ort zu mir kommen wird.

25. Mai

Jede Wahl, die ich treffe,
ist die perfekte Entscheidung

Was macht Ihnen Freude? Wobei jubelt Ihr Herz?
Wenden Sie sich nach innen und vertrauen Sie dem Leben, Ihnen Ihre wahre Aufgabe zu zeigen. Sie werden entdecken, dass Ihnen das Geld folgt, Ihr Gewicht sich stabilisiert und Ihre Verdauungsprobleme nachlassen, wenn Sie wirklich das tun, was Sie lieben. Finden Sie inzwischen genau heraus, was das wirklich ist. Segnen Sie den Weg, der Sie hierhergeführt hat, in dem Bewusstsein, dass dieser Weg für Sie zu einem bestimmten Zeitpunkt der richtige war. Jetzt ist es an der Zeit, die Arme zum Universum auszubreiten und sich selbst liebevoll zu umarmen, während Sie damit beginnen, die Ausbreitung des Göttlichen in Ihrem Leben zu erfahren. Affirmieren Sie:

- *Ich vertraue dem Gang des Lebens. Jede Entscheidung, die ich treffe, ist perfekt für mich. Ich bin beschützt, auch wenn es Veränderungen gibt. Ich lasse die Vergangenheit liebevoll hinter mir und erschaffe nun eine neue wunderbare Karriere für mich, die mich tief befriedigt, und so sei es.*

26. Mai

Ich segne meine Arbeit mit Liebe

Ein junger Mann wollte eine neue Stelle antreten und war aufgeregt. Ich erinnere mich, dass ich sagte: »Warum sollten Sie Ihre Sache nicht gut machen? Natürlich werden Sie Erfolg haben. Öffnen Sie Ihr Herz und lassen Sie Ihre Begabungen aus sich herausströmen. Segnen Sie die Firma, Ihre Kollegen und Ihre Arbeitgeber und jeden einzelnen Kunden mit Liebe, und alles wird gut gehen.«

Er machte es genau so und hatte großen Erfolg.

Wenn Sie Ihre Arbeitsstelle aufgeben wollen, beginnen Sie mit der Affirmation, dass Sie Ihre jetzige Arbeitsstelle liebevoll für den Nachfolger freigeben, der sich freut, sie zu bekommen. Machen Sie sich bewusst, dass es Menschen gibt, die genau nach dem suchen, was Sie anzubieten haben, und dass Sie auf dem Schachbrett des Lebens nun mit diesen Menschen zusammengeführt werden.

27. Mai

Ich liebe mein Auto

Ich bin ein umsichtiger Fahrer und ein freundlicher Beifahrer.

Autofahren ist für mich eine sichere und angenehme Erfahrung. Ich behandele mein Auto gut, und es behandelt mich gut. Es ist immer startklar, wenn ich das auch bin. Die Liebe eilt mir voraus und begrüßt mich an meinem Zielort.

Ich sende den anderen Autofahrern, die mit mir auf den Straßen unterwegs sind, meine Liebe.

28. Mai

Ich erfreue mich an der Liebe, die ich jeden Tag erfahre

Sehen Sie sich in einem sehr sicheren Raum stehen. Lassen Sie all Ihre Sorgen, Schmerzen und Ängste los. Alle negativen Muster und Süchte. Sehen Sie, wie Sie von Ihnen abfallen. Sehen Sie sich dann mit ausgebreiteten Armen in Ihrem sicheren Raum stehen, und tragen Sie auf dieser Seite ein, wofür Sie offen und empfangsbereit sind. Sprechen Sie an dieser Stelle Ihre Wünsche offen aus. Nicht das, was Sie nicht wollen, sondern das, was Sie wollen. Seien Sie sich bewusst, dass es möglich ist. Sehen Sie sich heil, gesund und in Frieden. Auf diesem Planeten können wir in einem Kreis aus Hass leben oder in einem heilenden Kreis aus Liebe. Ich entscheide mich für den Kreis aus Liebe. Ich bin mir bewusst, dass alle Menschen sich wünschen, was ich mir wünsche. Ich wünsche mir kreative Selbsterfüllung, Frieden und Geborgenheit. Spüren Sie jetzt in dieser Geborgenheit die Verbundenheit mit anderen Menschen überall auf der Welt. Lassen Sie Ihre Liebe von Herz zu Herz fließen. *Ich sende tröstliche Gedanken zu allen Menschen und weiß, dass diese Gedanken zu mir zurückkehren.* Sehen Sie, wie die Welt sich in einen unglaublichen Kreis aus Licht verwandelt. Und so sei es.

29. Mai

Ich liebe es, ich selbst zu sein

Ich bin mir meines Einsseins mit der Macht und Gegenwart Gottes bewusst. Das ist eine tiefe innere Gewissheit. Ich bin mir bewusst, dass die Macht Gottes in mir die Quelle für die Erfüllung all meiner Wünsche ist. Bedingungslos liebe ich alle Ausdrucksformen Gottes, denn ich erkenne die Wahrheit in allem, was ist. Mit meinem Gott selbst als meinem wunderbaren Gefährten gehe ich freudig durch mein Leben, und freudig bringe ich mein Gutsein und meine Göttlichkeit zum Ausdruck. Stetig wachsen meine Weisheit und mein Verständnis, und Tag für Tag bringe ich immer mehr die innere Schönheit und Kraft meines wahren Seins zum Ausdruck. In meinen sämtlichen zwischenmenschlichen Beziehungen bringe ich Weisheit, Verständnis und Liebe zum Ausdruck, und was ich sage, beruht auf göttlicher Führung. Ich sehe, wie sich in meiner Arbeit die schöpferische Energie des Geistes entfaltet. Mit Leichtigkeit spreche ich Worte der Wahrheit und tiefen inneren Weisheit. Frohe, inspirierende Ideen fließen mir zu, manifestieren sich durch mich, und ich verleihe ihnen gerne Ausdruck.

30. Mai

Wenn ich das Leben bejahe, bejaht das Leben mich
von Robert Holden

»Alles, was ich getan habe, war immer, auf meine innere Stimme zu hören und Ja zu sagen«, erzählt mir Louise, als sie über ihre Karriere als Autorin und Lehrerin nachdenkt. »Ich hatte nie vor, ein Buch zu schreiben. Mein erstes Buch, *Heile deinen Körper*, war einfach nur eine Liste, die ich zusammengestellt hatte. Jemand schlug vor, dass ich daraus ein Buch machen sollte, und ich sagte Ja. Es fanden sich helfende Hände. Es war einfach nur ein kleines Abenteuer.« Das zu einem Weltbestseller wurde und zum Vorreiter für eine ganze Welle Selbsthilfeliteratur. Louises Vorträge entwickelten sich ähnlich. »Jemand lud mich ein, einen Vortrag zu halten, und ich sagte zu. Sobald ich Ja gesagt hatte, fühlte ich mich sicher geführt.« Erst kamen Vorträge, dann Seminare und die Hayrides. »Zu meinen Seminaren kamen regelmäßig Homosexuelle. Eines Tages wurde ich gefragt, ob ich bereit wäre, eine Gruppe für Menschen mit Aids zu organisieren. Ich sagte zu und wollte schauen, wie es sich entwickelt.« Nie gab es einen Marketingplan. »Ich folgte einfach meinem Herzen«, sagt Louise.

31. Mai

Andere zu lieben ist einfach, wenn ich mich selbst liebe und akzeptiere

- *Ich bin bereit, mich von Mustern zu verabschieden, die problematische Freundschaften angezogen haben.*
- *Ich liebe und akzeptiere mich selbst und ich bin ein Magnet für gute Freundschaften.*
- *Meine Freundschaften sind erfüllend. Ich bin ein liebevoller und unterstützender Freund.*
- *Ich vertraue mir selbst, ich vertraue dem Leben und ich vertraue meinen Freunden.*
- *Andere zu lieben fällt leicht, wenn ich mich selbst liebe.*
- *Selbst wenn ich einen Fehler mache, helfen meine Freunde, ihn zu korrigieren.*
- *Ich verdiene es, unterstützt zu werden.*
- *Meine Freunde sind liebevoll und unterstützen mich.*
- *Meine Freunde und ich sind ganz frei, wir selbst zu sein.*
- *Meine Liebe und Akzeptanz für andere erschafft anhaltende Freundschaften.*

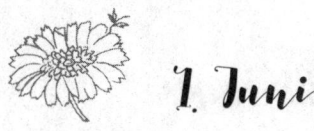

1. Juni

**Ich bin bereit, zu lernen und bereit,
mich zu ändern**

- *In der Unendlichkeit des Seins, dort, wo ich bin, ist alles heil und vollkommen.*
- *Ich entscheide mich jetzt, ruhig und objektiv meine alten Muster anzusehen, und bin bereit, Veränderungen vorzunehmen.*
- *Ich bin lernfähig. Ich bin bereit, mich zu verändern.*
- *Ich entscheide mich, dabei Spaß zu haben.*
- *Wenn ich etwas entdecke, wovon ich mich lösen muss, reagiere ich, als hätte ich einen Schatz gefunden.*
- *Ich sehe und fühle, dass ich mich von Augenblick zu Augenblick verändere.*
- *Gedanken haben keine Macht mehr über mich.*
- *Ich bin die Macht in meiner Welt. Ich entscheide, frei zu sein.*
- *Alles ist gut in meiner Welt.*

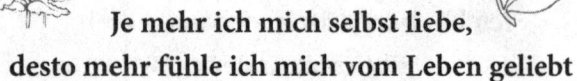

2. Juni

Je mehr ich mich selbst liebe,
desto mehr fühle ich mich vom Leben geliebt

»Das Leben versucht stets, uns zu lieben, aber wir müssen dafür offen sein, sonst sehen wir es nicht«, sagt Louise.

»Und wie bleiben wir offen?«, frage ich.

»Durch die Bereitschaft, uns selbst zu lieben«, antwortet sie.

»Selbstliebe ist also der Schlüssel, damit das Leben uns lieben kann.«

»Wenn wir unseren Mangel an Selbstliebe auf andere projizieren, werfen wir ihnen vor, uns nicht genug zu lieben. Und dann nehmen wir das Universum als unfreundlich wahr«, erklärt Louise.

»Wahrnehmung wird durch Projektion erzeugt«, zitiere ich aus *Ein Kurs in Wundern*.

»Angst zeigt uns eine Welt, und Liebe zeigt uns eine andere Welt«, sagt Louise. »Wir selbst entscheiden, welche dieser Welten real ist. Und wir entscheiden, in welcher Welt wir leben wollen.«

3. Juni

**Für jedes Problem
gibt es eine Lösung**

Es gibt keine unlösbaren Probleme. Und jede Frage lässt sich beantworten. Entscheiden Sie sich, sich über das Problem zu erheben, in dem sicheren Wissen, dass es immer eine göttliche Lösung gibt. Seien Sie bereit, aus jeder Schwierigkeit und Herausforderung zu lernen. Es ist wichtig, dass Sie alle Schuldzuweisungen hinter sich lassen und in Ihrem Inneren nach der Wahrheit suchen. Und seien Sie bereit, alle Muster in Ihrem Bewusstsein aufzulösen, die zu der Situation beitrugen.

4. Juni

Ich vertraue heute auf eine Höhere Macht

Wenn wir lernen, uns selbst zu lieben und unserer Höheren Kraft zu vertrauen, werden wir zu Mitschöpfern des Unendlichen Geistes einer liebenden Welt. Unsere Liebe zu uns selbst bewirkt, dass wir nicht länger Opfer sind, sondern Gewinner. Ist Ihnen nicht auch schon aufgefallen, dass Menschen, die sich selbst gut leiden können, auf natürliche Weise attraktiv sind? Sie verfügen über eine besondere Qualität, die einfach wunderbar ist. Sie sind glücklich mit ihrem Leben. Alles gelingt ihnen leicht und mühelos.

Ich lernte schon vor langer Zeit, dass ich eins mit der Gegenwart und Macht Gottes bin. Ich weiß, dass die Weisheit und das Verständnis des Geistes in mir wohnen, und ich werde deshalb in allen meinen Angelegenheiten auf diesem Planeten göttlich geführt. So wie alle Sterne und Planeten ihre vollkommene Bahn ziehen, so befinde auch ich mich in meiner göttlichen Ordnung. Möglicherweise begreife ich mit meinem begrenzten menschlichen Bewusstsein nicht alles; auf der kosmischen Ebene weiß ich jedoch, dass ich zur rechten Zeit am rechten Ort bin und das Richtige tue. Meine gegenwärtige Erfahrung ist eine Stufe hin zu neuer Bewusstheit und neuen Möglichkeiten.

5. Juni

**Ich habe einen Job, den ich liebe,
und werde gut bezahlt**

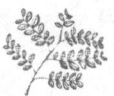

Wenn Sie Ihren Arbeitsplatz mögen, aber meinen, nicht gut genug bezahlt zu werden, fangen Sie an, Ihr jetziges Gehalt mit Liebe zu segnen.

Wenn wir Dankbarkeit für das ausdrücken, was wir bereits haben, kann es wachsen. Bejahen Sie, dass Sie Ihr Bewusstsein einem größeren Wohlstand gegenüber öffnen, und ein Teil dieses Wohlstands ist ein besseres Gehalt. Bejahen Sie, dass Sie eine Gehaltserhöhung verdienen, nicht aus banalen Gründen, sondern weil Sie ein großer Trumpf für die Firma sind.

Geben Sie in Ihrem Beruf immer Ihr Bestes, denn dann wird das Universum erkennen, dass Sie bereit dafür sind, von Ihrem jetzigen Posten auf einen noch besseren befördert zu werden.

Ihr Bewusstsein hat Sie dorthin gebracht, wo Sie jetzt sind. Ihr Bewusstsein wird Sie dort halten oder Sie auf eine bessere Position befördern.

Es hängt ganz von Ihnen ab.

6. Juni

**Ich segne mein Einkommen
liebevoll und sehe zu, wie es wächst**

Mein Einkommen ist genau richtig für mich. Jeden Tag liebe ich mich selbst ein bisschen mehr, und dadurch tun sich mir immer neue Möglichkeiten zur Mehrung meines Einkommens auf. Wohlstand kommt auf vielen Wegen und in vielen Formen zu mir. Er ist unbegrenzt. Manche Menschen begrenzen ihr Einkommen, indem sie sagen, sie bräuchten nur eine bestimmte Summe zum Leben. Aber wer bestimmt, wo diese Grenze liegt? Manche Menschen glauben, sie dürften nicht mehr verdienen als ihr Vater und kein besseres Leben als ihre Eltern führen. Nun, ich kann meine Eltern lieben und trotzdem ein höheres Einkommen haben als sie. Es gibt nur ein Unendliches Universum, das die Quelle all unserer Einkünfte ist. Das Einkommen, das ich gegenwärtig erziele, spiegelt meine Überzeugungen und meine Bereitschaft, Gutes anzunehmen, wider. Es geht dabei nicht darum, etwas zu beanspruchen. Es geht vielmehr darum, sich für die Fülle zu öffnen und Gutes zu akzeptieren. Ich akzeptiere, dass in meinem Leben der Wohlstand auf gesunde Weise fließt.

7. Juni

Ich erlebe jeden Tag
bei meiner Arbeit Wunder

Liebevolles Segnen ist in jeder Arbeitsumgebung ein machtvolles Werkzeug. Wohin Sie auch gehen, schicken Sie Ihren Segen voraus.

- *Ich befinde mich in perfekter Harmonie mit meiner Arbeit und allen, denen ich dabei begegne.*
- *Ich arbeite immer in einer harmonischen Umgebung.*
- *Ich ehre und respektiere jeden Menschen wie sie oder er mich.*
- *Ich segne diese Situation mit Liebe und weiß, dass sie sich zum Besten für alle Beteiligten entwickeln wird.*
- *Ich segne dich liebevoll. Möge stets nur geschehen, was deinem höchsten Wohl dient.*
- *Ich segne diese Arbeit und bin bereit, sie jemandem zu überlassen, der sie liebt. Ich selbst bin bereit, wunderbare neue Chancen zu ergreifen.*

Wählen Sie eine dieser Affirmationen aus und wiederholen Sie sie oft. Passen Sie sie bei Bedarf an eine spezielle Person oder Situation in Ihrem Arbeitsleben an. Wiederholen Sie die Affirmation jedes Mal, wenn Sie an die Person oder Situation denken müssen.

8. Juni

Ich fühle mich sicher im Rhythmus und Fluss des sich ständig wandelnden Lebens

Als ich noch Einzelberatungen durchführte, beklagten sich meine Klienten stets über Einschränkungen im Leben. Sie bemühten sich, mich von der Verfahrenheit ihrer Lage zu überzeugen. Glauben wir, dass unsere Lage verfahren ist, dann akzeptieren wir es und dann ist es auch so.

Konzentrieren wir uns also stattdessen auf unsere Stärken. Viele von Ihnen erzählen mir, dass meine Tonbandkassetten ihnen das Leben gerettet hätten. Ich möchte, dass Sie erkennen, dass kein Buch und keine Kassette in der Lage sind, Sie zu retten. Ein kleines Stück Tonband in einer Plastikkassette wird Sie nicht retten. Entscheidend ist, was Sie mit den Informationen, die es Ihnen liefert, anfangen. Ich kann Ihnen eine Menge Ideen liefern, aber es kommt allein darauf an, was Sie damit anfangen. Ich schlage vor, dass Sie sich eine bestimmte Kassette einen Monat lang immer wieder anhören, sodass die Gedanken darauf bei Ihnen zu einem neuen gewohnheitsmäßigen Denkmuster werden. Ich bin nicht Ihr Heiler oder Retter. Der einzige Mensch, der in Ihrem Leben eine Veränderung bewirken kann, sind Sie.

9. Juni

Es ist nur ein Gedanke, und
einen Gedanken kann man ändern

Alles, was sich bis zum jetzigen Zeitpunkt in Ihrem Leben ereignet hat, ist durch Ihre Gedanken und Überzeugungen, an denen Sie in der Vergangenheit festgehalten haben, verursacht worden. Es wurde durch Gedanken und Wörter hervorgerufen, die Sie gestern, letzte Woche, letzten Monat, letztes Jahr oder vor 10, 20, 30, 40 Jahren oder mehr benutzt haben – je nachdem, wie alt Sie sind. Dies gehört jedoch der Vergangenheit an. Sie ist vorbei und abgeschlossen. In diesem Moment ist wichtig, für welche Gedanken, Überzeugungen und Aussagen Sie sich hier und jetzt entscheiden. Denn diese Gedanken und Worte werden Ihre Zukunft gestalten. Vom gegenwärtigen Augenblick aus gestalten Sie Ihre Erfahrungen von morgen, nächster Woche, nächstem Monat, nächstem Jahr und so fort. Welchen Gedanken denken Sie jetzt in diesem Augenblick? Ist er negativ oder positiv? Wollen Sie, dass dieser Gedanke Ihre Zukunft gestaltet? Nehmen Sie Ihre Gedanken wahr und achten Sie bewusst darauf.

10. Juni

Heute erschaffe ich mir einen wunderbaren Tag und eine wunderbare Zukunft

Heute ist ein neuer Tag. Wir erschaffen ihn. Jetzt ist der Zeitpunkt, an dem wir selbst unsere Zukunft erschaffen. Wir können das auf jeden Fall, denn wir haben in uns eine Höhere Macht, die uns von alten Mustern befreit, wenn wir es erlauben.

11. Juni

An jedem Tag fühle ich mich auf jede Art immer gesünder

Bezüglich Gesundheit und Ernährung haben wir alle unsere Denkmuster und Gewohnheiten. Wenn Sie wissen, dass Sie gesunde Ernährungsgewohnheiten entwickeln können, und darauf vertrauen, dass Heilung möglich ist, werden Sie zur rechten Zeit die richtigen Informationen und Hilfen erhalten. Affirmieren Sie:

- *Hallo, Körper, danke dafür, dass du so gesund bist!*
- *Mühelos entwickle und erhalte ich mir eine gute Gesundheit.*
- *Ich bin geheilt und wohlauf.*
- *Mein Körper weiß, wie er sich heilen kann.*
- *Von Tag zu Tag fühle ich mich gesünder.*
- *Ich liebe es, mich nahrhaft und gesund zu ernähren.*
- *Mein Körper liebt es, dass ich für jede Mahlzeit die perfekten Nahrungsmittel auswähle.*
- *Gesunde Mahlzeiten zu planen ist eine Freude.*
- *Indem ich mich gesund ernähre, bereite ich Körper und Geist optimal auf den nächsten Tag vor.*

12. Juni

Ich entschließe mich, am heutigen Tag nur Gutes für mich zu empfinden

Ich glaube, das eigentliche Ziel des Lebens besteht darin, sich gut zu fühlen. Wir wünschen uns Geld, weil wir uns besser fühlen wollen.

Wir wünschen uns Gesundheit, weil wir uns besser fühlen wollen.

Wir wünschen uns eine schöne Liebesbeziehung, weil wir uns besser fühlen wollen.

Würden wir es uns also einfach zum Ziel setzen, uns gut zu fühlen, könnten wir uns eine Menge Arbeit sparen. Wie kann ich mich jetzt in diesem Moment wirklich gut fühlen? Welche Gedanken kann ich hier und jetzt wählen, um mich besser zu fühlen?

Das sind die Fragen, die wir uns immer wieder stellen sollten.

8. Juni

Mein einzigartiges kreatives Talent durchströmt mich heute

In der Unendlichkeit des Lebens, dort, wo ich bin, ist alles heil und vollkommen.

Meine einzigartigen schöpferischen Begabungen durchströmen mich, und ich bringe sie auf zutiefst befriedigende Weise zum Ausdruck.

Es gibt immer Menschen, die genau das suchen, was ich anzubieten habe.

Ich bin immer gefragt, kann aussuchen und entscheiden, was ich tun möchte.

Alles ist gut in meiner Welt.

14. Juni

Meine Sexualität ist genau richtig für mich

- *Es ist in Ordnung, meine Sexualität zu erkunden.*
- *Ich erlebe mein Verlangen mit Freude und in Freiheit.*
- *Gott hat meine Sexualität erschaffen und ist mit ihr einverstanden.*
- *Ich liebe mich selbst und meine Sexualität.*
- *Ich bin beschützt und geborgen in meiner Liebe zu mir selbst.*
- *Ich erlaube mir, meinen Körper zu genießen.*
- *Ich löse mich von einschränkenden Vorstellungen und akzeptiere mich ganz und gar.*
- *Ich kann gefahrlos in allen Situationen ich selbst sein.*
- *Meine Sexualität ist ein wunderbares Geschenk.*
- *Ich bin es wert, geliebt zu werden.*

15. Juni

Ich liebe mein Inneres Kind und ich habe das Sagen in meinem Leben

Ich erinnere Sie an Ihr Inneres Kind, denn bei vielen von uns ist das Innere Kind einsam. Es fühlt sich verloren und abgelehnt. Vielleicht bestand unser Kontakt zu unserem Inneren Kind lange Zeit nur darin, es zu kritisieren und auszuschimpfen. Und dann wundern wir uns, warum wir unglücklich sind! Solange wir einen Teil von uns schlecht behandeln und ablehnen, können wir nicht in Harmonie leben.

Visualisieren Sie, dass Sie Ihr Inneres Kind an der Hand nehmen und in den nächsten Tagen alles gemeinsam machen. Schauen Sie, was Sie Schönes zusammen unternehmen können. Das mag Ihnen albern vorkommen, aber probieren Sie es bitte trotzdem aus. Es funktioniert wirklich! Erschaffen Sie eine wunderschöne Zeit für sich und Ihr Inneres Kind. Das Universum wird darauf reagieren, und Sie werden herausfinden, wie Sie Ihr Inneres Kind und den Erwachsenen, der Sie heute sind, heilen können. Affirmieren Sie:

- *Ich liebe mein Inneres Kind. Ich bestimme selbst über mein Leben.*

16. Juni

 **Ich höre liebevoll auf die Botschaften
meines Körpers**

Schmerz kann viele Formen annehmen: den eines ange-
stoßenen Zehs, einer Beule oder Prellung, nach schlech-
tem Schlaf, bei einer Infektion. Schmerz ist ein Warnsignal unseres Körpers, mit dem er unsere Aufmerksamkeit
erregen will – ein verzweifelter Versuch, uns darauf hin-
zuweisen, dass in unserem Leben etwas falsch läuft. In der
Regel schlucken wir gleich eine Tablette. Damit signali-
sieren wir unserem Körper: »Sei still! Ich will dich nicht
hören!« Ihr Körper wird für eine Weile Ruhe geben, aber
dann wird das Flüstern des Schmerzes zurückkehren –
diesmal etwas lauter und heftiger als zuvor.
Hören Sie auf Ihren Körper, denn Ihr Körper strebt immer nach Gesundheit, und er ist darauf angewiesen, dass
Sie ihn in diesem Streben unterstützen. Betrachten Sie
sämtliche schmerzhaften Beschwerden als Lehrmeister.
Etwas, was Sie glauben, sagen, tun oder denken, schadet
Ihnen. Ich stelle mir gerne vor, dass der Körper mich am
Ärmel zupft und sagt: »Bitte, achte auf das, was ich dir
mitteilen möchte!« Wenn Sie das geistige Muster erkennen, das hinter einer Erkrankung steht, gibt Ihnen das die
Chance, das Muster durch Spiegelarbeit zu verändern und
sich so von den Beschwerden zu befreien.

17. Juni

**Ich befreie mich von Ideen und Vorstellungen,
die mich nicht fördern und weiterbringen**

Um Suchtverhalten zu überwinden, ist es wichtig, sich selbst zu lieben und dem Fluss des Lebens zu vertrauen, weil man die Kraft des eigenen Bewusstseins kennt. Aus meinen Erfahrungen mit Suchtkranken weiß ich, dass sie meist einen ausgeprägten Selbsthass empfinden. Warum? Weil sie irgendwann in der Kindheit zu der Überzeugung gelangten, dass sie nicht gut genug waren; sie waren schlecht und brauchten deshalb Strafe. Wenn es in der Kindheit zu Misshandlungen, zu emotionalem und sexuellem Missbrauch kommt, trägt das zu diesem Selbsthass bei.

Ehrlichkeit, die Bereitschaft zu vergeben, Selbstliebe und der Wille, in der Wahrheit zu leben, können helfen, diese frühen Wunden zu heilen und dem Suchtkranken Erleichterung zu verschaffen. Außerdem sind Suchtkranke durchweg ängstlich. Sie fürchten sich davor, loszulassen und dem Leben zu vertrauen.

Sind Sie bereit, sich von Ideen und Glaubenssätzen zu lösen, die nicht hilfreich sind? Dann sind Sie bereit, die Reise fortzusetzen.

18. Juni

Ich löse mich von allen negativen Bindungen in meinem Leben

- *Ich bin eins mit dem Leben, und das Leben liebt und unterstützt mich. Daher beanspruche ich für mich ein gutes Selbstwertgefühl und Selbstachtung.*
- *Ich liebe und wertschätze mich in jeder Hinsicht.*
- *Ich identifiziere mich nicht mit meinen Eltern oder deren Suchtverhalten. Wie immer meine Vergangenheit ausgesehen haben mag, jetzt in diesem Augenblick entscheide ich mich dafür, jeglichen negativen inneren Dialog zu eliminieren und mich selbst zu lieben und zu achten.*
- *Ich bin mein eigenes, einzigartiges Selbst und freue mich an meinem Sein. Ich bin wertvoll und liebenswert. Das ist die Wahrheit meines Seins, und ich akzeptiere sie jetzt.*
- *Alles ist gut in meiner Welt.*

19. Juni

Je mehr ich mir selbst vergebe, desto leichter wird es für mich, anderen zu vergeben

Und wieder möchte ich Sie an Ihre Vergebung erinnern. Gibt es einen Menschen, bei dem Sie das Gefühl haben, Sie könnten ihm niemals vergeben? Was in Ihrem Leben fesselt Sie an die Vergangenheit? Wenn Sie sich weigern, zu vergeben, klammern Sie sich an die Vergangenheit, was Sie daran hindert, wirklich in der Gegenwart zu leben. Aber nur von der Gegenwart aus können Sie Ihre Zukunft erschaffen. Vergebung ist ein Geschenk, das Sie sich selbst machen. Dieses Geschenk befreit Sie von der Vergangenheit, von früheren Erfahrungen und Beziehungen. Oft müssen wir uns selbst vergeben, dass wir an schmerzhaften Erfahrungen festhalten und uns selbst nicht genug lieben, um diese Erfahrungen hinter uns zu lassen. Lieben Sie sich, vergeben Sie sich, vergeben Sie anderen Menschen und leben Sie in der Gegenwart. Stellen Sie sich vor, dass der alte Schmerz nicht länger auf Ihnen lastet und dass Sie die Tür Ihres Herzens weit öffnen. Wenn Sie aus der Liebe heraus handeln, sind Sie immer geborgen und beschützt. Vergeben Sie allen Menschen.
Vergeben Sie sich selbst. Dann sind Sie frei.

20. Juni

Alles, was ich brauche, kommt zum richtigen Zeitpunkt zu mir

Ich glaube, dass mir jederzeit alles, was ich wissen muss, enthüllt wird, ich muss nur meine Augen und Ohren offen halten. Als ich Krebs hatte, kam mir der Gedanke, dass ein Fußreflexzonen-Therapeut mir weiterhelfen könnte. Auf einem Vortrag setzte sich ein Fußreflexzonen-Therapeut neben mich. Wir kamen ins Gespräch, und ich erfuhr, dass er sogar Hausbesuche machte. Ich brauchte gar nicht nach ihm zu suchen, er kam zu mir. Ich glaube, dass alles, was ich brauche, zum richtigen Zeitpunkt zu mir kommt.

Wenn in meinem Leben etwas schiefläuft, denke ich sofort: *Das ist in Ordnung. Ich weiß, dass es seine Richtigkeit hat. Es ist eine Lektion, eine Erfahrung, und ich werde es gut überstehen. Es gibt in dieser Sache etwas, das meinem höchsten Guten dient. Alles ist gut. Atme tief durch. Es ist okay.* Ich tue, was ich kann, um mich zu beruhigen, damit ich rational über den jeweiligen Vorgang nachdenken kann. Manchmal dauert es ein Weilchen, doch oft stellt sich am Ende heraus, dass scheinbare Katastrophen letztlich ein gutes Ende nehmen oder wenigstens weit weniger schlimm sind als zunächst vermutet. Jedes Ereignis ist eine Lernerfahrung.

21. Juni

Ich bin Geist

Ich folge meinem inneren Stern und funkle und leuchte auf meine einzigartige Weise. Ich bin ein sehr wertvolles Individuum. Ich habe eine wunderschöne Seele, und ich habe einen äußeren Körper und eine Persönlichkeit. Aber meine Seele ist das Zentrum. Meine Seele ist jener Teil von mir, der ewig ist. Sie hat immer existiert und wird immer existieren. Meine Seele hat viele verschiedene Persönlichkeiten angenommen und wird sich noch in vielen verkörpern. Meine Seele kann nicht verletzt oder zerstört werden. Doch ihre vielen verschiedenen Lebenserfahrungen machen sie reicher. Das Leben umfasst viel mehr, als ich begreifen kann. Ich werde nie alle Antworten kennen. Aber je besser ich verstehe, wie das Leben funktioniert, desto mehr Kraft und Potenzial steht mir zur Verfügung.

22. Juni

Heute sorge ich gut
für mein Inneres Kind

Sorgen Sie weiter gut für Ihr Inneres Kind. Das Kind in Ihnen leidet unter Ängsten. Es wurde verletzt. Es weiß nicht, wie es sich verhalten soll.

Seien Sie für Ihr Kind da. Nehmen Sie es in den Arm, lieben Sie es und kümmern Sie sich, so gut Sie es vermögen, um seine Bedürfnisse.

Lassen Sie es wissen, dass Sie immer für es da sein werden, was auch geschieht. Sie werden sich niemals von ihm abwenden oder es im Stich lassen.

Sie werden dieses Kind in Ihnen immer lieben.

23. Juni

**Ich befreie mich heute liebevoll von allem
Widerstand, mich selbst noch mehr zu lieben**
von Robert Holden

Louise beantwortet Teilnehmerfragen aus ihrem Seminar.
Die erste Frage befasst sich mit verbreiteten Fehlern, die
bei der Spiegelarbeit gemacht werden. »Keine Spiegelarbeit zu machen ist der größte Fehler!«, sagt Louise. »Viel
zu viele Leute probieren die Spiegelarbeit gar nicht erst
aus, weil sie glauben, sie könnte nicht funktionieren.« Wer
sich darauf einlässt, ist anfangs erschrocken über die immense Selbstkritik, die dabei zutage tritt. »Aber die Mängel, die Sie anfangs bei sich sehen, sind nicht die Wahrheit
Ihres Seins«, erläutert Louise. »Wenn Sie bewerten und
urteilen, sehen Sie Mängel. Wenn Sie lieben, sehen Sie Ihr
wahres Wesen.«
Bei der nächsten Frage geht es um verbreitete Blockaden,
die bei der Spiegelarbeit auftreten. »Spiegelarbeit funktioniert nicht in der Theorie. Sie funktioniert nur in der
Praxis«, sagt Louise. Mit anderen Worten: Der Schlüssel
liegt darin, wirklich zu üben und das beharrlich und regelmäßig zu tun. Als Louise gefragt wird, ob sie immer
noch Tage hat, an denen es ihr schwerfällt, in den Spiegel
zu schauen, erwidert sie: »Ja, und an solchen Tagen bleibe
ich so lange vor dem Spiegel, bis ich mich besser fühle.«

24. Juni

Ich vergebe mir liebevoll selbst, ich bin frei

Ich liebe das Gefühl der Befreiung, wenn ich meinen schweren Mantel aus Kritik, Angst, Schuld, Groll und Scham ablege. Ich kann dann mir selbst und anderen vergeben. Das befreit uns alle. Ich bin bereit, die alten Muster aufzugeben. Ich lehne es ab, länger in der Vergangenheit zu leben.

Ich vergebe mir selbst, dass ich diese alten Lasten so lange mit mir herumgeschleppt habe.

Wir sind alle für unser eigenes Verhalten verantwortlich, und was wir aussenden, bekommen wir zurück. Deshalb will ich niemanden mehr bestrafen. Wir werden alle vom Gesetz unseres eigenen Bewusstseins bestimmt.

Ich kümmere mich um meine eigenen Aufgaben, die Teile in mir loszulassen, die nicht vergeben wollen, und lasse stattdessen die Liebe herein.

Dann bin ich geheilt und eins.

25. Juni

**Je dankbarer ich bin,
desto mehr wird in meine Welt strömen,
für das ich dankbar sein kann**

Durch Dankbarkeit ziehe ich immer mehr Erfahrungen in mein Leben, die mich mit noch mehr Dankbarkeit erfüllen. So wächst in meinem Dasein die Fülle. Wenn wir undankbar sind und uns ständig beklagen, sperren wir die Freude damit geradezu aus unserem Leben aus. Menschen, die sich oft beklagen, bestärken sich immer wieder selbst in dem Glauben, ein Leben voller Mangel zu führen. Oder sie freuen sich nicht an dem, was sie haben. Das Universum gibt uns stets, was wir zu verdienen glauben. Viele von uns wurden dazu erzogen, stets auf das zu schauen, was sie nicht haben, und immer nur Mangel zu empfinden. Wir glauben an Armut und Kargheit und wundern uns dann, warum unser Leben so leer ist. Wenn Sie sagen: »Mir mangelt es an diesem und jenem, und ich werde erst glücklich sein, wenn …«, sorgen Sie damit in Ihrem Leben für Stillstand. Wenn Sie solche Glaubenssätze äußern, hört das Universum:

• *Ich fühle mich arm und bin unglücklich.*

Und dann bekommen Sie noch mehr Erfahrungen geliefert, die Sie in diesen Gefühlen bestärken.

26. Juni

Wenn ich meditiere

Wenn ich meditiere, schließe ich die Augen, atme tief durch und frage: »Was muss ich im Moment wissen?«, oder »Was muss ich zurzeit lernen?«, oder »Welche Lektion soll ich in dieser Situation lernen?« Manchmal meinen wir, wir müssten alles in unserem Leben in den Griff bekommen, wo es vielleicht doch nur darum geht, etwas aus der Situation zu lernen.

Als ich anfing zu meditieren, bekam ich Kopfschmerzen. Meditation lief meiner inneren Programmierung zuwider. Trotzdem hielt ich durch und schließlich verschwanden die Kopfschmerzen.

Wenn bei Ihren Meditationen ständig eine Menge Negativität in Ihnen hochsteigt, ist es vielleicht nötig, dass das alles hochkommt. Wenn Sie dann ruhig bleiben, kann es emporfließen. Kämpfen Sie nicht dagegen an. Lassen Sie die negativen Empfindungen einfach vorbeiziehen, solange es dauert.

Wenn Sie beim Meditieren einschlafen, ist das überhaupt nicht schlimm. Lassen Sie den Körper gewähren, mit der Zeit wird er von selbst das richtige Gleichgewicht finden.

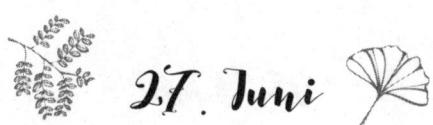

27. Juni

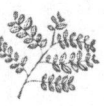

Fülle strömt mir von überall zu

Im Universum existiert eine unerschöpfliche Versorgung. Fangen Sie an, sich dessen bewusst zu werden.

Nehmen Sie sich die Zeit, in einer klaren Nacht die Sterne zu zählen, die Körner einer Handvoll Sand, die Blätter am Ast eines Baumes, die Regentropfen auf einer Fensterscheibe, die Samen in einer Tomate. Jeder Samen kann eine ganze Tomatenstaude mit unbegrenzt vielen Tomaten daran hervorbringen.

Seien Sie dankbar für das, was Sie haben, und Sie werden feststellen, dass es mehr wird.

Ich möchte alles mit Liebe segnen, was jetzt in meinem Leben vorhanden ist: mein Zuhause, die Heizung, Wasser, Licht, Telefon, Möbel, Installation, Geräte, Kleidung, Verkehrsmittel, berufliche Aufgaben, mein Geld, Freunde, meine Fähigkeit zu sehen, zu fühlen, zu berühren, zu schmecken, zu gehen und mich an diesem unglaublichen Planeten zu erfreuen.

Unser persönlicher Glaube an Mangel und Einengung ist unsere einzige Beschränkung. Und welche Überzeugung engt Sie ganz persönlich ein?

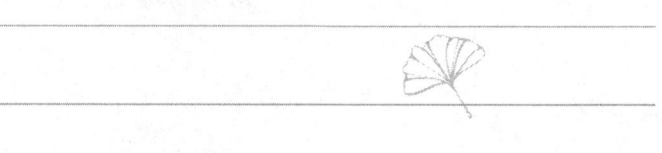

28. Juni

Ich sage JA zu mehr Empfänglichkeit

Empfänglichkeit ist die beste Psychotherapie. Wenn es Ihnen wirklich ernst damit ist, sich innerlich zu öffnen, und Sie es zu einer täglichen Praxis machen, werden Sie entdecken, dass sich in Ihnen alle Blockaden auflösen, die der Liebe im Weg stehen. Indem Sie erklären: *Ich bin bereit, offener und empfänglicher zu werden*, aktivieren Sie eine Macht in sich, die Minderwertigkeitsgefühle, dysfunktionale Unabhängigkeit, ungesunde Selbstaufopferung, finanzielle Unsicherheit und jede andere Form des Mangels zu heilen vermag.

Empfänglichkeit hilft Ihnen, Ihren wahren Wert zu erkennen und ein Leben in Leichtigkeit und Freude zu führen.

Beginnen Sie heute damit, ein Geschenke-Tagebuch zu führen. Investieren Sie während der nächsten sieben Tage täglich fünfzehn Minuten, um Ihre Bereitschaft, Gutes zu empfangen, zu steigern.

Schreiben Sie zehn Antworten auf folgenden Satz in Ihr Geschenke-Tagebuch: *Jetzt im Moment schenkt das Leben mir Liebe, indem es …* Zensieren Sie Ihre Antworten nicht. Lassen Sie sie spontan fließen.

29. Juni

**Ich zeige heute meine Liebe
in allem, was ich tue**

Ich bin eins mit dem Leben, und alles Leben liebt und unterstützt mich. Daher beanspruche ich für mich bestmögliche und erfüllende schöpferische Selbstentfaltung. Meine Arbeit schenkt mir tiefe Erfüllung. Ich werde geliebt, wertgeschätzt und respektiert. Ich identifiziere mich nicht mit meinen Eltern und deren Denkmustern bezüglich Arbeit und Beruf.

Ich bin mein eigenes, einzigartiges Selbst, und ich entscheide mich dafür, einer Arbeit nachzugehen, die mir nicht nur ein gutes Einkommen einbringt, sondern vor allem Zufriedenheit.

Meiner Arbeit nachzugehen ist jetzt eine Freude für mich. Das ist die Wahrheit meines Seins, und ich akzeptiere sie jetzt.

Alles ist gut in meinem Berufsleben.

30. Juni

**Ich wachse über meine Süchte hinaus
und befreie mich selbst**

- *Ich sehe die Muster des Widerstandes in mir nur noch als etwas, das ich loslassen kann.*
- *Ich werde geliebt und genährt und vom Leben unterstützt.*
- *Ich gebe das Beste, was ich kann.*
- *Jeden Tag wird es leichter.*
- *Ich bin entschlossen, die Gründe für meine Sucht loszulassen.*
- *Ich wachse über meine Süchte hinaus und befreie mich selbst.*
- *Ich finde es gut, wie ich mich verändere.*
- *Ich bin stärker als meine Sucht.*
- *Ich entdecke jetzt, wie wunderbar ich bin.*
- *Ich entscheide mich, zu lieben und Freude zu haben.*
- *Es ist sicher für mich, mein Leben zu leben.*

 # 1. Juli

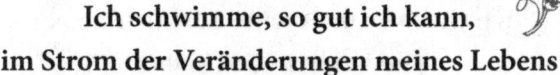

Ich schwimme, so gut ich kann,
im Strom der Veränderungen meines Lebens

- *In der Unendlichkeit des Lebens, dort, wo ich bin, ist alles heil und vollkommen.*
- *Ich betrachte jeden Widerstand in mir einfach nur als etwas, von dem ich mich lösen muss.*
- *Er hat keine Macht über mich. Ich bin die Macht in meinem Leben. So gut ich kann, schwimme ich in dem Strom von Veränderungen, die in meinem Leben stattfinden.*
- *Ich erkenne mich selbst an und die Art, in der ich mich verändere.*
- *Ich tue mein Bestes. Jeder Tag wird einfacher.*
- *Ich freue mich darüber, dass ich mich im Rhythmus und Strom meines sich stetig verändernden Lebens befinde.*
- *Heute ist ein wunderbarer Tag. Ich entscheide mich, ihn dazu zu machen.*
- *Alles ist gut in meiner Welt.*

2. Juli

Liebe dich selbst und du
wirst dein Leben heilen
von Robert Holden

An einem Nachmittag spazierte ich mit Louise durch den Park in ein Café und von dort zu einem Japanischen Garten. Unterwegs fragte ich Louise nach dem Hayride-Treffen, das gerade stattgefunden hatte. Dort war der dreißigste Geburtstag der »Hayrides« gefeiert worden, der von Louise gegründeten Selbsthilfetreffen für Aidskranke und deren Angehörige.

Plötzlich rief jemand: »Ms Hay! Ms Hay!«

Wir schauten auf und sahen zwei Männer, die Arm in Arm am Eingang des Japanischen Gartens standen und uns zuwinkten. Sie gingen auf uns zu und einer der beiden sagte: »Ms Hay, ich bin ein Hayrider!«

Louise und der Mann brachen beide in Tränen aus. Sie umarmten sich lange. Ich machte viele Fotos. Louise sah sehr glücklich aus.

Als dieser Mann 1988 zu den Hayride-Treffen gegangen war, hatte er geglaubt, bald sterben zu müssen.

»Louise, Sie haben mein Leben geheilt«, sagte er.

»Nein«, sagte Louise, »das haben Sie selbst getan.«

3. Juli

**Wenn ich in mein Inneres schaue,
finde ich alle Sicherheit und Unterstützung,
die ich brauche**

Wenigstens einmal täglich setze ich mich still hin, wende mich nach innen und nehme Verbindung zu der Weisheit und dem inneren Wissen auf, die tiefe, ewige Bestandteile meines eigenen Inneren Selbst sind.

Die Antworten auf alle Fragen, die ich je stellen kann, warten in der Meditation auf mich. Zu meditieren ist eine Freude. Ich atme ein paarmal tief durch, entspanne mich und begebe mich an den Ort meines inneren Friedens.

Nach einer kleinen Weile kehre ich in den gegenwärtigen Augenblick zurück, erfrischt und bereit, mich wieder dem Leben zuzuwenden. Ich bin im Frieden und weiß, dass alles gut ist.

_____

_____

_____

_____

_____

4. Juli

Jeden Tag erschaffe ich mir für mein Leben eine liebevolle Erfahrung

Viele von uns wurden als Kinder schlecht behandelt und wuchsen mit einer negativen Einstellung zum Leben auf. Ich war auch so ein misshandeltes Kind. Wir haben oft Angst davor, uns gut zu fühlen, weil das so völlig ungewohnt für uns ist. Ich weiß, dass Menschen, die geschlagen und missbraucht wurden, oft viel Wut und Ablehnung mit sich herumschleppen. Als Ergebnis davon haben sie in ihrem Leben Muster wiederholt, deren Ursprung sie kaum oder gar nicht begreifen.

Jetzt ist es Zeit, sich selbst zu vergeben. Die größere Intelligenz in diesem Universum, die ich für Gott halte, hat Ihnen längst vergeben; jetzt sind Sie selbst an der Reihe. Affirmieren Sie:

- Ich lasse die negativen Ereignisse der Vergangenheit los.
- Ich bin es wert, inneren Frieden und gesunde Beziehungen zu erfahren.
- Ich erschaffe an jedem Tag meines Lebens liebevolle Erfahrungen.

Sagen Sie sich selbst immer dann, wenn Sie wieder Schuld und Schmerz spüren: *Ich lasse los,* und danach: *Ich heile in diesem Moment.*

5. Juli

**Das Leben gibt mir alles, was ich brauche,
ich muss vor nichts Angst haben**

Schreiben Sie Ihre Angst auf ein Post-it und kleben Sie es auf die linke Seite Ihre Spiegels. Sagen Sie zu ihr: »Ich weiß zu schätzen, dass du mir helfen möchtest. Jetzt löse ich mich von dir. Ich lasse dich los und bin frei.« Nehmen Sie den Zettel vom Spiegel, werfen Sie ihn in den Müll. Schauen Sie wieder in den Spiegel und wiederholen Sie folgende Affirmationen:

- *Ich liebe und vertraue.*
- *Die Liebe und das Leben sorgen gut für mich.*
- *Ich bin eins mit der Macht, die mich erschuf.*
- *Ich bin sicher und behütet.*

Schauen Sie in den Spiegel und beobachten Sie Ihre Atmung. Konzentrieren Sie sich auf Ihren Atem, wenn Sie sich bedroht oder ängstlich fühlen. Atmen Sie ein paarmal tief durch. Wiederholen Sie dabei folgende Affirmationen:

- *Ich liebe dich, [Ihr Name].*
- *Ich vertraue dem Leben.*
- *Das Leben schenkt mir alles, was ich brauche.*
- *Ich bin sicher und behütet.*

6. Juli

Tief im Zentrum meines Seins entspringt eine Quelle unendlicher Liebe

- *Ich öffne mein Herz der Liebe.*
- *Ich brauche keine Angst zu haben, Liebe zu zeigen.*
- *Ich bin beschützt und sicher in der Liebe zu mir selbst.*
- *Ich habe immer den perfekten Partner im Leben.*
- *Ich bin bereit und offen für eine wunderbare und liebevolle Beziehung.*
- *Tief im Zentrum meines Seins entspringt eine Quelle unendlicher Liebe.*
- *Ich bin hier, um zu lernen, dass es nur die Liebe gibt.*
- *Ich habe eine harmonische Beziehung zum Leben.*
- *Ich freue mich über die Liebe, die ich teile.*
- *Ich gebe der Liebe viel Raum in meinem Leben.*

7. Juli

Ich bin ein strahlendes Geschöpf der Liebe

Schauen Sie ins Zentrum Ihres Herzens und finden Sie dort einen Stern aus buntem Licht. Diese Farbe ist das Zentrum der Liebe und heilenden Energie in Ihnen. Sehen Sie, wie dieser Stern pulsiert, sich ausdehnt und Ihr Herz ausfüllt. Sehen Sie, wie dieses Licht durch Ihren Körper strömt, bis zu Ihrem Scheitel, in Ihre Zehen und Fingerspitzen und Sie von innen leuchten lässt. Liebe und heilende Energie strahlen von Ihnen aus. Sagen Sie zu sich selbst: *Mit jedem Atemzug werde ich gesünder und gesünder.* Fühlen Sie, wie dieses Licht Ihren Körper von allen Krankheiten und Beschwerden reinigt und blühende Gesundheit in ihn einzieht. Lassen Sie das Licht in alle Richtungen nach außen strahlen, sodass Ihre heilende Energie alle Menschen berührt, die Heilung benötigen. Wählen Sie einen Ort auf dem Planeten aus, dem Sie ganz besonders bei seiner Heilung helfen möchten, weit entfernt oder gleich um die Ecke. Konzentrieren Sie dort Ihr Licht und Ihre heilende Energie und visualisieren Sie, dass dort Gleichgewicht und Harmonie einkehren. Nehmen Sie sich jeden Tag einen Moment Zeit, um dem ausgewählten Ort Liebe, Licht und Heilung zu senden. Senden Sie Ihre Liebe aus. Und so sei es.

8. Juli

**Je mehr ich liebe, desto mehr Liebe habe ich,
um sie zu geben**

In der Unendlichkeit des Lebens, dort, wo ich bin, ist alles
heil und vollkommen. Ich lebe mit jedem, den ich kenne,
in Harmonie und Ausgeglichenheit. Tief im Zentrum
meines Wesens gibt es eine unendliche Quelle der Liebe.
Jetzt lasse ich diese Liebe an die Oberfläche strömen. Sie
erfüllt mein Herz, meinen Körper, meinen Geist, mein
Bewusstsein, mein ganzes Wesen, strahlt von mir in alle
Richtungen aus und kehrt vielfach vermehrt zu mir zurück. Je mehr Liebe ich verbreite und gebe, desto mehr
habe ich zu geben. Der Vorrat an Liebe ist unendlich. Liebe zu verströmen tut mir gut, es ist ein Ausdruck meiner
inneren Freude. Ich liebe mich. Deshalb kümmere ich
mich liebevoll um meinen Körper. Liebevoll gebe ich ihm
nahrhaftes Essen und Getränke, ich pflege und kleide ihn
liebevoll, und mein Körper antwortet darauf liebevoll mit
pulsierender Gesundheit und Energie.
Ich liebe mich. Deshalb statte ich mich mit einer bequemen
Wohnung aus, die alle meine Bedürfnisse befriedigt und
in der ich mich wohlfühle. Ich fülle die Räume mit dem
Pulsschlag der Liebe, damit alle Besucher und ich ebenfalls
diese Liebe fühlen und durch sie gestärkt werden.

9. Juli

Ich bin ein geliebtes Kind
des Universums

Ich liebe mich. Deshalb habe ich eine Arbeitsstelle, die mir wirklich Spaß macht, eine, die meine kreativen Begabungen und Fähigkeiten fordert.

Ich arbeite für und mit Menschen, die ich liebe und die mich lieben, und ich verdiene ein gutes Gehalt.

Ich liebe mich. Deshalb verhalte ich mich allen Menschen gegenüber liebevoll und denke über sie liebevoll, denn ich weiß, dass das, was ich gebe, vielfach vermehrt zu mir zurückkehrt.

Ich ziehe nur liebevolle Menschen in mein Leben, denn sie sind ein Spiegel dessen, was ich bin.

Ich liebe mich. Deshalb vergebe ich mir selbst und allen anderen und löse mich vollständig von der Vergangenheit. Ich bin frei. Alles ist gut in meiner Welt.

10. Juli

Ich betrachte mich selbst und was ich tue mit liebevollen Augen

Wenn Sie ein kritischer Mensch sind, der das Leben negativ sieht, werden Sie einige Zeit brauchen, bis Sie zu einer liebevolleren, offeneren Haltung finden. Sie werden lernen, Geduld mit sich zu haben, während Sie sich darin üben, sich von Ihrer kritischen Einstellung zu befreien, die nur eine Gewohnheit ist, kein Bestandteil Ihres wahren Seins. Können Sie sich vorstellen, wie wunderbar es wäre, wenn wir einfach unser Leben leben könnten, ohne je von irgendjemandem kritisiert zu werden? Wir würden uns vollkommen sicher und gut fühlen. Jeder neue Morgen wäre wunderbar, weil wir von allen geliebt und akzeptiert würden und niemand uns kritisierte oder herabsetzte. Sie können sich selbst in diesen glücklichen Zustand versetzen, indem Sie all das akzeptieren, was Sie einzigartig und zu einer besonderen Persönlichkeit macht. Die Erfahrung, sich ganz auf sich selbst einzulassen, kann zur wunderbarsten Erfahrung überhaupt werden. Sie können morgens erfüllt von der Freude erwachen, wieder einen neuen Tag mit sich verbringen zu dürfen.

Wenn Sie sich lieben, so wie Sie sind, bringen Sie damit automatisch das Beste in Ihnen zum Vorschein.

11. Juli

Ich sage JA zu einem Leben
voller unbegrenzter Möglichkeiten
von Robert Holden

Den Bewusstseinszustand des unkonditionierten Selbst nennt Louise die Gesamtheit aller Möglichkeiten. »Diese Bezeichnung habe ich von meinem einstigen Lehrer Eric Pace übernommen. Ich lernte ihn in New York in der Kirche der Religiösen Wissenschaft kennen, als ich Mitte vierzig war. Ich hatte gerade meine Scheidung hinter mir. Damals glaubte ich nicht daran, liebenswert zu sein und vom Leben geliebt zu werden. Eric vermittelte mir, dass ich mein Leben ändern konnte, indem ich mein Denken änderte. Jedes Mal wenn wir eine Einschränkung hinter uns lassen – ein Urteil, eine Kritik, eine Angst, einen Zweifel –, öffnen wir uns für die Gesamtheit aller Möglichkeiten, die innerhalb der unendlichen Intelligenz unseres ursprünglichen Bewusstseins existiert«, sagt Louise. Und wie können Sie wieder in Kontakt zu Ihrem ursprünglichen Bewusstsein kommen? Vervollständigen Sie fünfmal hintereinander den Satz: *Wenn ich mich selbst weniger kritisiere und bewerte, werde ich …*
Lassen Sie die Antworten ohne Wertung kommen. Spüren Sie die Gesamtheit Ihrer Möglichkeiten! Lassen Sie sich von Ihrem wahren Sein leiten.

12. Juli

Ich setze mich zurück ans Steuer meiner Gedanken
von Cheryl Richardson

»Die meisten Menschen haben die Angewohnheit, sich in Gedanken ständig zu beklagen«, sagt Louise. »Doch immer, wenn wir das tun, ist es eine Affirmation, und zwar eine sehr negative Affirmation. Je mehr wir uns beklagen, desto mehr Gründe finden wir, uns zu beklagen. Das Universum bringt uns immer das, worauf wir uns konzentrieren. Je mehr wir uns auf das konzentrieren, was in unserem Leben nicht gut läuft, desto mehr Mängel und Probleme entdecken wir. Und desto schlechter fühlen wir uns. Das ist ein Teufelskreis. So machen wir uns selbst zu Opfern des Lebens.«

Dann haben wir das Gefühl, uns in ausgefahrenen Gleisen zu bewegen und keinerlei Fortschritte zu machen. Das können wir nur ändern, wenn wir uns endlich in den Fahrersitz setzen und anfangen, unser Denken bewusst zu steuern.

13. Juli

Wähle eine Arbeit, die du liebst, und das Geld wird sich einstellen

Wenn man in dem Glauben aufwächst, man muss »hart arbeiten«, um sein Geld zu verdienen, ist es jetzt Zeit, sich von diesem Glauben zu trennen. Machen Sie das, was Sie gerne tun möchten, und das Geld wird sich einstellen. Sie haben das Recht auf Freude am Geldverdienen. Ihre Verantwortung gegenüber dem Leben besteht darin, Dinge zu tun, an denen Sie Freude haben. Wenn Sie eine Tätigkeit finden, die Sie mit Freude ausüben, zeigt das Leben Ihnen den Weg zu Reichtum und Fülle. Fast immer ist eine solche Tätigkeit spielerisch und bereitet Ihnen Freude. Unsere innere Führung sagt niemals »du sollst«.

Der Sinn des Lebens besteht darin zu spielen. Wenn Ihre Arbeit ein Spiel wird, dann macht sie Spaß und lohnt. Denken Sie daran: Sie entscheiden selbst, wie Ihr Arbeitsleben aussieht. Erschaffen Sie sich positive Affirmationen dazu. Wiederholen Sie die oft und Sie bekommen die Arbeit, die Sie sich wünschen!

14. Juli

Ich segne meine Familie
mit Liebe

- *Ich segne meine Familie mit Liebe.*
- *Ich erlaube anderen, sie selbst zu sein.*
- *Ich treffe meine eigenen Entscheidungen.*
- *Alle meine Beziehungen sind von Liebe umschlossen.*
- *Ich habe die Kraft, etwas zu verändern.*
- *Ich lasse alte Verletzungen los und vergebe mir.*
- *Ich lasse alte familiäre Einschränkungen los und erwecke göttliche Harmonie.*
- *Alle meine Beziehungen sind harmonisch.*
- *Ich habe Mitgefühl für die Kindheit meiner Eltern.*
- *Ich lasse alle Kritik los.*

15. Juli

Ich liebe und schätze mein Inneres Kind
und bewahre es freudig in meinem Herzen

Waren Sie als Kind willkommen? Waren Ihre Eltern froh, als Sie geboren wurden? Hätten Ihre Eltern lieber ein Mädchen bzw. einen Jungen gehabt? Haben Sie gespürt, dass Sie als Kind erwünscht waren? Wurde Ihre Geburt gefeiert?

Wie die Antworten auf diese Fragen auch lauten mögen, heißen wenigstens Sie Ihr Inneres Kind willkommen. Geben Sie ein Fest für es. Sagen Sie ihm all die wunderbaren Sachen, die Sie einem Baby erzählen würden, das in seinem neuen Leben herzlich willkommen ist.

Was hätten Sie gerne von Ihren Eltern gesagt bekommen, als Sie ein Kind waren? Was haben sie nie zu Ihnen gesagt, obwohl Sie es doch so gerne gehört hätten?

Sagen Sie genau das jetzt zu dem Kind in Ihnen. Sagen Sie es einen Monat lang jeden Tag zu Ihrem Kind, wenn Sie in den Spiegel schauen. Beobachten Sie, was geschieht.

16. Juli

Ich entscheide mich jetzt, alle Verletzungen und alle Missgunst loszulassen

Verbitterung ist Wut, die über einen sehr langen Zeitraum unterdrückt wurde. Das Hauptproblem hierbei besteht darin, dass Verbitterung sich im Körper anstaut, meist an einer bestimmten Stelle, am Körper zehrt und sich oft in Tumore und Krebs verwandelt. Man tut seiner Gesundheit also keinen Gefallen, wenn man Wut unterdrückt und zulässt, dass sie sich im Körper festsetzt. Lassen Sie diese alten Gefühle endlich heraus.

Viele von uns wuchsen in Familien auf, in denen es nicht gestattet war, wütend zu sein. Besonders Frauen wurde beigebracht, dass es schlecht ist, wütend zu sein. Wut war inakzeptabel. Wütend zu werden war nur einer bestimmten Person erlaubt, für gewöhnlich einem Elternteil. So lernten wir, unseren Ärger herunterzuschlucken, statt ihn auszudrücken. Doch heute können wir erkennen, dass wir selbst es sind, die an diesem alten Fehler festhalten. Niemand sonst ist dafür verantwortlich.

17. Juli

Ich trauere in innerem Frieden

Ein Trauerprozess dauert mindestens ein Jahr, denn ich muss die jährlichen Feiertage und Feste, die ich mit dem Menschen verbrachte, zum ersten Mal ohne ihn erleben.

Ich nehme mir die Zeit und den nötigen Freiraum für diesen normalen und natürlichen Vorgang. Ich gehe dabei sanft mit mir um.

Ich muss den Schmerz zulassen und ihn wirklich durchleben. Nach einem Jahr verschwindet er allmählich.

Ich bin mir bewusst, dass ich niemanden verlieren kann, weil mir niemand wirklich gehört oder je gehört hat. Nach einer Zeitspanne, die mir später wie ein Augenblick vorkommen wird, werde ich mit dieser Seele wieder vereint sein. Ich weiß, dass alles stirbt, auch ich selbst. Bäume, Tiere, Flüsse, sogar Sterne werden geboren und sterben. Und das alles vollzieht sich immer zur rechten Zeit und am rechten Ort.

18. Juli

Jede Vergebung ist ein Beitrag zur Selbstliebe

Ich bin eins mit dem Leben, und das Leben liebt und unterstützt mich. Daher beanspruche ich für mich ein offenes, von Liebe erfülltes Herz. Wir alle geben in jedem Augenblick unser Bestes, und das gilt auch für mich.

Die Vergangenheit ist vorüber und liegt hinter mir. Ich identifiziere mich nicht mit meinen Eltern oder deren Enttäuschung und Verbitterung. Ich bin mein eigenes, einzigartiges Selbst, und ich öffne mein Herz, sodass Liebe, Mitgefühl und Verständnis mich durchströmen und alle Erinnerungen an vergangene Schmerzen auslöschen. Ich bin frei, alles zu sein, was ich sein kann. Das ist die Wahrheit meines Seins, und ich akzeptiere sie jetzt.

Alles ist gut in meinem Leben.

19. Juli

Ich bin zu Hause in einer Welt der Liebe und Akzeptanz

Es gibt so viel Liebe auf dieser Welt und so viel Liebe in unseren Herzen, aber manchmal vergessen wir das. Manchmal denken wir, es wäre nicht genug für alle da. Dann horten wir, was wir haben, oder fürchten uns davor, loszulassen.

Aus Angst vor dem Mangel sind wir sparsam mit dem, was wir geben können. Wer aber lernbereit ist, erkennt schnell, dass wir, je mehr Liebe wir verschenken, umso mehr in uns selbst finden … und von anderen geschenkt bekommen.

Liebe ist unerschöpflich und zeitlos.

Die Liebe ist die mächtigste Heilkraft, die es gibt. Ohne Liebe könnten wir gar nicht überleben. Wenn kleine Kinder keine Liebe und Zuneigung erhalten, verkümmern und sterben sie.

Die meisten Menschen glauben, ohne Liebe überleben zu können, aber das stimmt nicht. Die Liebe zu uns selbst ist die Macht, die uns heilt. Also sollten wir so liebevoll wie möglich sein, jeden Tag.

20. Juli

**Reichtum jeder Art wird von mir angezogen –
ich bin ein Magnet für Geld**

Ängste vor Geldproblemen entstehen oft aus Mustern, die uns in der Kindheit eingeimpft wurden. Eine Frau in einem meiner Workshops erzählte mit, dass ihr Vater immer Angst davor hatte, pleitezugehen. Und er gab ihr diese Angst weiter. Sie wuchs mit der Angst auf, niemand würde sie versorgen. Ihr Mangel an Freiheit in Bezug auf Geld hing unmittelbar damit zusammen, dass ihr Vater die Familie mit Schuldgefühlen manipulierte. Ihr Leben lang bestand ihre Lektion darin, die Angst loszulassen, nicht mehr für sich selbst sorgen zu können.

Sie lernte: Selbst ohne Geld konnte sie selbst für sich sorgen, weil Besitz nicht nur Geld bedeutete.

Wir müssen die Ängste und Denkschranken unserer Eltern überwinden. Wir müssen aufhören, ihre Vorstellungen zu wiederholen und damit beginnen zu affirmieren, dass es schön ist, Geld zu haben oder sogar reich zu sein.

Wenn wir der Macht in uns vertrauen, uns immer um uns zu kümmern, können wir auch härtere Zeiten überstehen, weil wir wissen, dass wir immer selbst für uns sorgen können.

21. Juli

Ich zahle meine Rechnungen mit Liebe und erfahre, wie ich von Fülle durchströmt werde

Es ist wesentlich, dass wir aufhören, uns über Geld Gedanken zu machen und uns über Rechnungen zu ärgern. Viele Menschen betrachten Rechnungen als Strafen, die man, wenn möglich, vermeiden sollte.

Eine Rechnung ist die Anerkennung unserer Fähigkeit, zahlen zu können. Der Gläubiger stellt Ihnen seinen Service oder zuerst sein Produkt zur Verfügung und dieses dann in Rechnung.

Ich segne jede einzelne Rechnung, die in mein Haus kommt, mit Liebe.

Ich segne jede einzelne Überweisung, die ich tätige, mit Liebe und drücke einen kleinen Kuss darauf.

Wenn Sie mit Widerwillen bezahlen, wird es das Geld sehr schwer haben, zu Ihnen zurückzukehren. Wenn Sie mit Liebe und Freude bezahlen, öffnen Sie sich für den strömenden Fluss des Wohlergehens.

Behandeln Sie Ihr Geld wie einen Freund, nicht wie etwas, was Sie zerknüllt in Ihre Tasche stopfen.

 # 22. Juli

**Ich öffne mich dafür, kreative Ideen
durch mich wirken zu lassen**

- *In der Unendlichkeit des Lebens, dort, wo ich bin, ist alles heil und vollkommen.*
- *Meine einzigartigen schöpferischen Begabungen durchströmen mich, und ich bringe sie auf zutiefst befriedigende Weise zum Ausdruck.*
- *Es gibt immer Menschen, die genau das suchen, was ich anzubieten habe.*
- *Ich bin immer gefragt, kann aussuchen und entscheiden, was ich tun möchte.*
- *Ich tue, was mir Freude und Befriedigung schenkt, und verdiene sehr gut damit.*
- *Meine Arbeit ist ein Vergnügen.*
- *Alles ist gut in meiner Welt.*

23. Juli

**Was wir in der Welt sehen,
ist der Spiegel von dem, was wir denken**

- *Ich liebe und akzeptiere mich so, wie ich bin.*

Das ist eine gute Affirmation, um sich von Schuldgefühlen zu befreien. Ich entscheide mich dafür, meinen Mitmenschen zu vergeben und mir selbst zu vergeben. So viele von uns leiden unter einer schweren Last von Schuldgefühlen und halten sich für »nicht gut genug«. Doch jetzt ist ein neuer Tag. Beanspruchen wir unsere Macht zurück!

Ich schätze meine Freiheit, deshalb lasse ich mir keine Schuldgefühle einreden und wecke selbst keine bei anderen.

24. Juli

Ich segne meinen Ärger mit Liebe

Ich hatte tagelang Schmerzen in der Schulter. Ich versuchte, sie nicht zu beachten, aber sie ließen nicht nach. Schließlich setzte ich mich hin und fragte mich: »Was geschieht hier? Was fühle ich?«

Ich erkannte: »Es fühlt sich wie Brennen an. Brennen … brennen … das bedeutet Ärger. Worüber ärgerst du dich?«

Ich konnte mir nicht vorstellen, was mich ärgerte, deswegen sagte ich: »Nun gut, wir werden sehen, ob ich es herausfinden kann.«

Ich legte zwei große Kissen auf das Bett und fing an, kräftig auf sie einzuschlagen. Nach etwa zwölf Schlägen wusste ich genau, worüber ich mich ärgerte. Es war so offensichtlich. Deswegen schlug ich noch heftiger auf die Kissen ein, machte ein bisschen Lärm und befreite meinen Körper von diesen Gefühlen.

Als ich es hinter mir hatte, fühlte ich mich viel besser, und am nächsten Tag war meine Schulter wieder in Ordnung.

25. Juli

Das größte Geschenk, das ich mir machen kann, ist bedingungslose Liebe

Depressionen sind nach innen gerichtete Wut. Eine Wut, zu der Sie kein Recht zu haben glauben. Zum Beispiel könnten Sie glauben, dass es nicht okay ist, wütend auf die Eltern, den Ehepartner, den Chef oder die beste Freundin zu sein. Und doch sind Sie wütend. Und Sie fühlen sich in einer Zwickmühle. Diese Wut verwandelt sich schließlich in Depressionen.

Viel zu viele Menschen leiden heutzutage an Depressionen, ja sind sogar chronisch depressiv. Wenn die Depression erst einmal chronisch geworden ist, finden wir nur sehr schwer wieder aus ihr heraus. Wir sind derartig ohne Hoffnung, dass uns schon die kleinste Anstrengung zu viel wird.

Wie spirituell Sie auch sein mögen, Sie müssen trotzdem ab und zu Ihr Geschirr spülen. Sie können nicht einfach zusehen, wie sich das schmutzige Geschirr in der Spüle stapelt, und sagen: »Oh nein, dafür bin ich zu metaphysisch.« Das Gleiche gilt auch für Ihre Gefühle.

Wenn Sie möchten, dass Ihr Bewusstsein frei fließt, müssen Sie regelmäßig für Ihren *geistigen Abwasch* sorgen.

26. Juli

Neue wunderbare Erfahrungen bereichern jetzt mein Leben – ich bin beschützt

- *Die Vergangenheit hat keine Macht über mich, weil ich bereit bin, zu lernen und mich zu verändern.*
- *Ich sehe die Vergangenheit als notwendig, mich dahin zu bringen, wo ich jetzt bin. Da, wo ich jetzt gerade bin, will ich damit beginnen, mein geistiges Haus zu reinigen.*
- *Ich weiß, dass es keinen Unterschied macht, wo ich anfange, deshalb beginne ich mit den leichtesten und kleinsten Räumen, und zwar, weil ich da am schnellsten Ergebnisse sehe.*
- *Ich schließe die Tür vor alten Verletzungen und alter selbstgerechter Unfähigkeit zu verzeihen.*
- *Ich visualisiere einen Fluss vor mir und ich nehme die alten schmerzlichen Erfahrungen, werfe sie hinein und sehe zu, wie sie davontreiben und sich auflösen und verschwinden.*
- *Ich habe die Fähigkeit loszulassen. Ich weiß, dass ich frei bin. Um Neues zu erschaffen.*

27. Juli

Ich verändere liebevoll mein Denken

- Legen Sie leise Musik auf, bei der Sie gut entspannen können. Nehmen Sie Tagebuch und Stift und lassen Sie Ihre Gedanken wandern.
- Blicken Sie zurück auf alle Situationen, in denen Sie wütend auf sich selbst waren. Schreiben Sie alle auf. Möglicherweise entdecken Sie dabei, dass Sie sich nie verziehen, sich damals in der ersten Schulklasse in die Hose gemacht zu haben. Wie lange tragen Sie diese Last schon mit sich herum!
- Nehmen Sie die Liste und schreiben Sie für jede dieser Situationen eine positive Affirmation. Für *Ich habe mir nie verziehen, dass [der Vorfall]*, könnte Ihre Affirmation lauten: *Jetzt ist ein anderer Zeitpunkt. Ich bin frei, mich davon zu lösen.* Denken Sie daran, dass es manchmal leichter ist, anderen zu vergeben als uns selbst. Es ist an der Zeit, diese alte Einstellung abzulegen. Vergeben Sie sich. Lassen Sie los.
- Legen Sie jetzt das Tagebuch weg und gehen Sie nach draußen und laufen Sie, toben Sie ausgelassen herum. Lachen Sie. Nehmen Sie Ihr Inneres Kind mit, damit Sie Spaß haben können. Kümmern Sie sich nicht darum, was die anderen denken könnten. Es ist Ihre Freiheit!

28. Juli

Ich gedeihe auf allen meinen Wegen

Hier finden Sie einige Affirmationen, die Sie täglich anwenden können:

- *Ich bin immer sicher und geborgen.*
- *Alles, was ich wissen muss, wird mir zur rechten Zeit offenbart.*
- *Alles, was ich brauche, kommt zum richtigen Augenblick am richtigen Ort zu mir.*
- *Das Leben ist Freude und von Liebe erfüllt.*
- *Ich gedeihe auf allen meinen Wegen.*
- *Ich bin bereit, mich zu verändern und zu wachsen.*
- *Alles ist gut in meiner Welt.*

29. Juli

**Was gut für mich ist, kommt beständig zu mir,
also kann ich mich entspannen und
das Leben genießen**

Wir müssen behutsam mit unserem Bewusstsein umgehen. Wir sollten uns nicht dafür hassen, dass wir negative Gedanken haben. Wir können unsere Gedanken als etwas betrachten, das uns aufbaut, statt uns niederzumachen. Wir brauchen uns wegen negativer Erfahrungen keine Selbstvorwürfe zu machen. Wir können aus diesen Erfahrungen lernen. Liebevoll mit uns selbst umzugehen heißt, dass wir mit Selbstvorwürfen und Selbstbestrafung Schluss machen. Auch Entspannung kann helfen. Entspannung ist unerlässlich, wenn wir unsere innere Kraft anzapfen möchten, denn wenn Sie angespannt und ängstlich sind, blockieren Sie das Fließen Ihrer Energie. Nur ein paar Minuten täglich sind nötig, um dem Körper und dem Geist Gelegenheit zu geben, loszulassen und sich zu entspannen. Jederzeit können Sie ein paar tiefe Atemzüge machen, die Augen schließen und alle inneren Spannungen lösen. Beim Ausatmen sollten Sie sich zentrieren und leise zu sich sagen: »Ich liebe dich. Alles ist gut.« Sie werden feststellen, dass Sie sich sofort viel ruhiger fühlen. So erkennen Sie, dass es unnötig ist, ständig angespannt und ängstlich durchs Leben zu gehen.

30. Juli

Ich bin liebenswert

Sie müssen sich Liebe genauso wenig verdienen, wie Sie sich das Recht zu atmen verdienen müssen.

Sie haben das Recht zu atmen ... weil Sie existieren.

Sie haben das Recht geliebt zu werden ... weil Sie existieren.

Das ist alles, was Sie wissen müssen. Sie verdienen es, sich selbst Liebe zu schenken. Lassen Sie sich nicht von den negativen Ansichten der Gesellschaft oder Ihrer Eltern und Freunde dazu verleiten, sich selbst für nicht gut genug zu halten. Die Realität Ihres Seins ist es, dass Sie liebenswert sind. Akzeptieren Sie das und machen Sie es sich immer wieder bewusst. Wenn Sie das wirklich tun, werden Sie erleben, dass andere Menschen Sie als eine liebenswerte Person behandeln.

31. Juli

**Ich befreie mich selbst und jeden
anderen in meinem Leben
von alten Verletzungen**

- *Ich lasse die Vergangenheit los und erlaube der Zeit,
  alle Wunden der Vergangenheit zu heilen.*
- *Ich vergebe anderen, ich vergebe mir selbst und ich bin
  frei, zu lieben und das Leben zu genießen.*
- *Ich erlaube dem Kind in mir aufzublühen und zu
  erfahren, dass es wirklich geliebt wird.*
- *Ich verdiene es, meine Grenzen setzen zu dürfen und sie
  respektiert zu bekommen.*
- *Ich werde immer mit Respekt behandelt.*
- *Ich lasse das Verlangen los, anderen oder mir selbst
  eine Schuld zu geben.*
- *Ich verdiene das Beste für mein Leben und akzeptiere es.*
- *Ich befreie mich selbst und jeden anderen in meinem
  Leben von alten Verletzungen.*
- *Ich entscheide mich, alle negative Gedanken aufzugeben
  und nur meine eigene Großartigkeit zu sehen.*

1. August

Vergeben macht mich frei und leicht

- *In der Unendlichkeit des Lebens, dort, wo ich bin, ist alles heil und vollkommen.*
- *Veränderung ist das Naturgesetz meines Lebens. Ich heiße Veränderungen willkommen. Ich bin bereit, mich zu verändern.*
- *Ich entschließe mich, mein Denken zu verändern.*
- *Ich entschließe mich, meine Wortwahl zu ändern.*
- *Ich bewege mich mit Leichtigkeit und Freude vom Alten zum Neuen.*
- *Es fällt mir leichter zu vergeben, als ich dachte. Vergeben macht mich frei und leicht.*
- *Je mehr Verbitterung ich in mir abbaue, desto mehr Liebe bringe ich zum Ausdruck.*
- *Das Verändern meiner Gedanken bringt mir Zufriedenheit.*
- *Ich lerne jetzt, das Heute zu einer vergnüglichen Erfahrung zu machen.*
- *Alles ist gut in meiner Welt.*

2. August

Ich denke liebevolle Gedanken und erschaffe ein Leben, wie ich es liebe
von Robert Holden

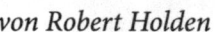

»Ich ändere das Leben von niemandem«, sagt Louise. »Nur Sie selbst können Ihr eigenes Leben verändern.«

»Was tun Sie dann?«, frage ich.

»Ich bringe den Leuten bei, dass unser Geist sehr kreativ ist und dass sich unser Leben ändert, wenn wir unser Denken ändern.«

»Sie bringen den Leuten also bei, wie man denkt«, sage ich.

»Solange Ihnen niemand erklärt, welche Verbindung zwischen Ihren äußeren Erfahrungen und Ihren inneren Gedanken besteht, werden Sie immer ein Opfer des Lebens sein«, sagt sie.

»Die Menschen glauben dann, die Welt sei gegen sie«, sage ich.

»Doch die Welt ist nicht gegen uns«, sagt Louise. »In Wirklichkeit sind wir alle liebenswert und das Leben liebt uns.«

»Durch diese Erkenntnis öffnen wir uns für die Gesamtheit aller Möglichkeiten«, folgere ich.

»Die Gesamtheit aller Möglichkeiten steht uns immer offen«, sagt Louise.

3. August

Liebe wird immer
den Schmerz heilen

Mein Höheres Selbst zeigt mir den Weg zu einem emotional und körperlich schmerzfreien Leben. Ich lerne jetzt, Schmerz als Warnsignal zu betrachten, das mich dazu ermahnt, auf meine innere Weisheit zu hören. Etwas, das ich denke oder tue, dient nicht wirklich meinem höchsten Wohl. Bin ich wütend auf mich selbst oder meinen Körper?

Heilung beginnt damit, dass ich lerne, mich selbst und alle Teile meines Körpers zu lieben. Wenn ich meinen Bewusstseinszustand von Wut oder Angst hin zu mehr Liebe ändere, wandeln sich meine Gesundheit und meine sonstigen Lebensumstände zum Besseren.

Ich liebe meinen Körper, und ich liebe meinen Geist, und ich bin dankbar, dass beide so eng verbunden sind.

4. August

Das Leben unterstützt mich auf jede Art

Jede starke Abhängigkeit von äußeren Dingen ist eine Sucht. Ich kann süchtig nach Drogen und Alkohol, nach Sex und Tabak sein; und ebenso kann meine Sucht darin bestehen, krank zu sein, Schulden zu machen, ein Opfer zu sein, zurückgewiesen zu werden oder ständig andere Menschen zu kritisieren. Doch ich kann solche Abhängigkeiten überwinden.

Wenn ich süchtig bin, gebe ich meine persönliche Macht auf und lasse mich stattdessen von einer Gewohnheit oder dem Verlangen nach einer bestimmten Substanz beherrschen. Ich kann mir meine Macht aber jederzeit zurückholen. Jetzt, in diesem Moment, hole ich mir meine Macht zurück!

Ich entscheide mich für die positive Gewohnheit, mir ständig bewusst zu sein, dass das Leben für mich da ist. Ich bin bereit, mir zu vergeben und weiterzugehen. Ich besitze eine unsterbliche Seele, die immer bei mir ist, auch jetzt.

Ich entspanne mich und lasse los, und während ich tief und gelöst atme, trenne ich mich von alten, schädlichen Gewohnheiten und praktiziere neue, positive.

5. August

Ich wertschätze meine Meditationszeiten

Manche Menschen glauben, dass sie beim Meditieren völlig zu denken aufhören müssten. Doch es ist uns überhaupt nicht möglich, mit dem Denken aufzuhören. Wir können aber unsere Gedanken verlangsamen und sie einfach durch uns hindurchfließen lassen. Manche Menschen legen sich Papier und Stift zurecht und notieren sich ihre negativen Gedanken, weil sie sich dann leichter auflösen. Wir gebrauchen unsere Kraft weise, wenn es uns gelingt, einen Zustand zu erreichen, wo wir einfach nur zuschauen, wie unsere Gedanken vorbeitreiben, ohne ihnen Bedeutung beizumessen.

Sie können jederzeit und überall mit der Meditation beginnen und sie zur festen Gewohnheit werden lassen. Stellen Sie sich vor, dass Sie bei der Meditation mit Ihrer Höheren Kraft in Kontakt treten. Sie verbinden sich mit Ihrer inneren Weisheit. Dabei können Sie die Methode anwenden, die Ihnen am meisten zusagt. Manche Menschen begeben sich in eine Art Meditation, während sie joggen oder spazieren gehen. Auch hier gilt wieder: Haben Sie Mut, Ihren eigenen Weg zu finden. Ich liebe es, mich im Garten hinzuknien und im Dreck zu wühlen. Das ist eine wunderbare Meditation für mich.

6. August

Ich arbeite liebevoll an der Veränderung meines Denkens

Ich bin Licht. Ich bin Geist. Ich bin ein wunderbares, vielfältig begabtes Geschöpf. Es ist an der Zeit, mir bewusst zu werden, dass ich selbst meine Realität erschaffe. Durch mein Denken erschaffe ich meine Realität. Wenn ich meine Realität verändern möchte, muss ich mein Denken verändern. Das geschieht, indem ich auf eine neue, positive Weise denke und spreche. Ich habe schon vor langer Zeit gelernt, dass sich durch eine Veränderung meines Denkens mein Leben völlig veränderte. Anders zu denken bedeutet, sich von einengenden Überzeugungen zu befreien. Dadurch werde ich mir der Unendlichkeit des Lebens ringsum bewusst. Ich beginne zu verstehen, dass ich bereits jetzt heil und vollkommen bin.

Mein Leben wird leichter von Tag zu Tag!

7. August

Ich habe einen besonderen Schutzengel

- *Die Kraft, von der diese Welt erschaffen ist, schlägt in meinem Herzen. Ich habe eine starke spirituelle Verbindung.*
- *Das Leben unterstützt mich an jeder Ecke.*
- *Ich fühle mich eins mit allem Leben.*
- *Ich glaube an einen liebenden Gott.*
- *Ich vertraue darauf, dass das Leben für mich da ist.*
- *Ich habe einen besonderen Schutzengel.*
- *Ich bin himmlisch geführt und beschützt.*
- *Ich schreite auf dem Weg spirituellen Wachstums jeden Tag voran.*
- *Ich bin mit der Göttlichen Weisheit verbunden.*

8. August

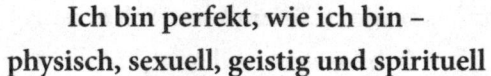

Ich bin perfekt, wie ich bin – physisch, sexuell, geistig und spirituell

Ich glaube, dass wir uns, bevor wir in ein neues Leben hineingeboren werden, selbst unser Geburtsland, unsere Hautfarbe, unsere sexuelle Orientierung und die idealen Eltern aussuchen, die genau den Aufgaben entsprechen, die wir uns für dieses Leben gestellt haben. Wie es scheint, sieht meine Sexualität in jeder Inkarnation anders aus: Mal komme ich als Frau zur Welt, mal als Mann. Manchmal bin ich heterosexuell, manchmal homosexuell. Jede Form der Sexualität besitzt ihre eigenen Herausforderungen und ihre eigenen Möglichkeiten der Erfüllung. Manchmal billigt die Gesellschaft meine Form der Sexualität und manchmal nicht. Dennoch bin ich immer ich selbst – vollkommen, heil und erfüllt. Meine Seele ist geschlechtslos. Nur meine Persönlichkeit ist sexuell orientiert.
Ich liebe und achte alle Teile meines Körpers, einschließlich meiner Genitalien.

9. August

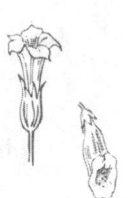

Liebe ist überall und ich bin liebenswert und gebe Liebe

Die Macht des Universums verurteilt oder kritisiert uns niemals. Sie akzeptiert uns so, wie wir uns selbst einschätzen. Dann spiegelt sie unsere Lebensanschauung wider. Wenn ich glauben will, dass das Leben Einsamkeit bedeutet und dass mich niemand liebt, dann werde ich genau das in meiner Welt wiederfinden.

Wenn ich jedoch dazu bereit bin, mich von dieser Überzeugung zu lösen und stattdessen zu bejahen, dass »Liebe überall ist und dass ich liebe und liebenswert bin«, und wenn ich an dieser neuen Aussage festhalte und sie oft wiederhole, dann wird sie sich für mich bewahrheiten. Dann werden mir liebevolle Menschen begegnen, und die Menschen, die sich bereits in meinem Leben befinden, werden mir gegenüber noch liebevoller sein. Ich werde an mir feststellen, dass es mir leichtfällt, anderen gegenüber Liebe zum Ausdruck zu bringen.

10. August

Liebe ist meine Lehrerin

Bedingungslose Liebe ist meines Erachtens das Ziel, für das wir in diese Welt gekommen sind. Sie beginnt mit Selbst-Annahme und Selbstliebe.

Sie sind nicht hier, um anderen Menschen zu gefallen und Ihr Leben nach deren Vorstellungen zu leben. Sie können nur nach Ihren eigenen Vorstellungen leben und Ihren eigenen Weg gehen. Sie sind hergekommen, um Selbsterfüllung zu finden und der Liebe in ihrer ganzen Tiefe Ausdruck zu geben. Sie sind hier, um zu lernen und zu wachsen, um Mitgefühl und Verständnis zu absorbieren und auszustrahlen. Wenn Sie den Planeten verlassen, können Sie Ihren Partner, Ihr Auto, Ihr Bankkonto oder Ihren Job nicht mitnehmen.

Das Einzige, was Sie mitnehmen können, ist Ihre Liebesfähigkeit!

11. August

Jede Beziehung ist ein Spiegel

Beziehungen spiegeln uns selbst wider. Wen wir anziehen, spiegelt unsere eigenen Eigenschaften oder unsere Vorstellungen über Beziehungen. Was wir an unseren Freunden nicht mögen, sind Spiegelungen dessen, was wir glauben oder tun. Wir könnten Menschen mit diesen Eigenschaften nicht in unser Leben ziehen, wenn sie nicht unser eigenes Leben reflektierten.

Wenn die Bindung zwischen Menschen brüchig wird, können wir auf die negative Botschaft aus der Kindheit schauen, um den Bruch zu verstehen.

Wenn wir zum Beispiel einen Freund haben, der unzuverlässig ist und uns im Stich lässt, sollten wir nach innen schauen. Wir müssen uns ansehen, wann wir selbst unzuverlässig waren und andere im Stich gelassen haben.

Dann müssen wir einen geistigen Hausputz machen, uns von negativen Mustern befreien und lernen, uns selbst zu akzeptieren, damit wir andere akzeptieren können.

12. August

**Jede Erfahrung, die ich mache,
ist richtig für mein Wachstum**

Wenn Sie unter Schmerzen oder Unwohlsein leiden, nehmen Sie sich einen Moment Zeit, um innerlich ruhig zu werden. Vertrauen Sie darauf, dass Ihre Höhere Macht Sie wissen lassen wird, was Sie in Ihrem Leben ändern müssen, um sich von Ihren Beschwerden zu befreien.

Visualisieren Sie einen wundervollen Ort in der Natur, wo ringsum Ihre Lieblingsblumen blühen. Fühlen Sie, wie eine milde, angenehm duftende Brise sanft über Ihr Gesicht streicht. Konzentrieren Sie sich darauf, alle Muskeln Ihres Körpers zu entspannen.

Stellen Sie sich folgende Fragen: Wie trage ich selbst zu diesem Problem bei? Was muss ich wissen, um es heilen zu können? In welchen Lebensbereichen sind Veränderungen notwendig?

Meditieren Sie über diese Fragen und lassen Sie die Antworten in Ihrem Inneren aufsteigen. Schreiben Sie die Antworten in Ihr Tagebuch.

Wählen Sie eine der Antworten aus und schreiben Sie einen Handlungsplan auf, den Sie gleich heute in die Tat umsetzen können.

13. August

**Ich helfe dabei mit, eine Welt zu erschaffen,
in der wir einander gefahrlos lieben können**

Wir können mithelfen, eine Welt zu erschaffen, in der wir
einander gefahrlos lieben können – in der wir genau so
geliebt und akzeptiert werden, wie wir sind. Das haben
wir uns als Kinder alle gewünscht – genau so geliebt und
akzeptiert zu werden, wie wir damals waren. Nicht erst,
wenn wir größer, klüger oder hübscher sein würden, oder
mehr wie unser Cousin, unsere Schwester oder die Nach-
barskinder. Sondern genau so, wie wir selbst waren.
Wir wurden erwachsen und wünschen uns heute immer
noch das Gleiche – so geliebt und akzeptiert zu werden,
wie wir hier und jetzt sind. Doch das werden wir von anderen Menschen nur bekommen, wenn wir es zunächst
uns selbst geben. Wenn wir uns selbst lieben können, wird
es einfacher für uns, auch andere zu lieben. Wenn wir uns
selbst lieben, verletzen wir uns selbst nicht und wir verletzen andere Menschen nicht. Wir lassen alle Vorurteile
hinter uns, allen Glauben daran, dass eine Gruppe von
Menschen oder eine andere nicht gut genug wäre. Wenn
wir erkennen, wie unglaublich schön wir alle sind, haben
wir die Lösung gefunden, wie Weltfrieden entsteht – indem wir eine Welt erschaffen, in der wir einander gefahrlos
lieben können.

14. August

Ich ziehe Reichtum
jeder Art in mein Leben

- *Reichtum ist mein heiliges Recht.*
- *Ich steigere meine Achtsamkeit für den Reichtum des Lebens bei jeder Gelegenheit, und damit wächst auch mein Reichtum.*
- *Von jedem und allem fließt mir Gutes zu.*
- *Ich gedeihe, wohin ich mich auch wende.*
- *Ich akzeptiere und verdiene, dass sich ein Strom der Fülle in mein Leben ergießt.*
- *Ich entwickle jetzt ein neues Erfolgs-Bewusstsein.*
- *Ich weiß, je mehr ich mich gedanklich für Erfolg öffne, desto erfolgreicher werde ich sein.*
- *Ich erfreue mich am Erfolg der anderen und weiß, dass es genug für uns alle gibt.*
- *Alle meine Bedürfnisse und Wünsche werden erfüllt, noch ehe ich darum bitte.*
- *Ich ziehe Reichtum jeder Art in mein Leben.*

 # 15. August

Ich bin heute aufgewacht und habe mich an allem erfreut, das ich sah, und mich dafür bedankt

Sagen Sie morgens gleich nach dem Aufwachen, im Stillen oder laut, diese Affirmationen:

- *Guten Morgen, Bett. Danke, dass du so bequem bist.*
- *Ich liebe dich. Dies ist ein gesegneter Tag.*
- *Ich habe genug Zeit für alles, was heute zu erledigen ist.*

Nehmen Sie sich nun ein paar Minuten, um sich zu entspannen. Lassen Sie diese Affirmationen Ihr Bewusstsein durchdringen. Fühlen Sie sie dann in Ihrem Herzen und im ganzen Körper.

Wenn Sie bereit sind, aufzustehen, gehen Sie zum Badezimmerspiegel. Schauen Sie sich tief in die Augen. Lächeln Sie diesen schönen, glücklichen, entspannten Menschen an, der Ihnen da entgegenblickt!

Sprechen Sie beim Blick in den Spiegel folgende Affirmationen:

- *Guten Morgen, [Ihr Name]. Ich liebe dich. Ich liebe dich wirklich.*
- *Wundervolle Erfahrungen erwarten dich heute.*

Sagen Sie sich dann etwas Nettes, zum Beispiel: *Du siehst heute wunderbar aus. Dein Lächeln ist einfach klasse! Ich wünsche dir einen Super-Tag!*

16. August

Das Kind in mir lieben

Wir können einander nicht lieben und annehmen, solange wir dieses alleingelassene Kind in uns nicht lieben und annehmen. Wie alt ist das kleine, allein gelassene Kind in Ihnen? Drei, vier, fünf? Meistens ist dieses Kind weniger als fünf Jahre alt, denn zu diesem Zeitpunkt zieht sich das Kind in der Regel in sich selbst zurück, weil es glaubt, sonst nicht überleben zu können.

Nehmen Sie Ihr Kind bei der Hand, und lieben Sie es. Erschaffen Sie für sich und das Kind ein wunderbares Leben. Sagen Sie sich: »Ich bin bereit, zu lernen, wie ich das Kind in mir lieben kann. Ich bin dazu bereit.« Das Universum wird darauf reagieren. Sie werden einen Weg finden, Ihr Kind zu heilen. Wenn wir heil werden wollen, müssen wir bereit sein, unsere Gefühle zu spüren und durch sie hindurchzugehen, um Heilung zu erreichen. Denken Sie daran, dass unsere Höhere Kraft stets verfügbar ist, um uns in unseren Bemühungen zu unterstützen.

17. August

**Ich bewege mich mit Leichtigkeit
durch Zeit und Raum – nur Liebe umgibt mich**

Ich habe innerlich immer eine Neigung zur Sturheit gehabt. Sogar jetzt, wenn ich mich hin und wieder dazu entschließe, in meinem Leben etwas zu verändern, kann diese Sturheit an die Oberfläche gelangen. Der Widerstand, mein Denken zu verändern, ist stark. Ich kann zeitweise hochnäsig, wütend und verschlossen sein. Sogar nach all den Jahren meiner Arbeit gehen noch immer solche Dinge in mir vor. Das ist eine meiner Lektionen. Aber wenn mir das heute passiert, weiß ich, dass es Zeit für eine wichtige und notwendige Veränderung ist. Jedes Mal, wenn ich in meinem Leben etwas verändern, mich von etwas lösen will, versenke ich mich noch tiefer in mich, um es zu erreichen. Jede alte Schicht muss weichen, damit sie durch neues Denken ersetzt werden kann. Das ist manchmal sehr leicht und manchmal, als wollte man einen Felsen mit einer Feder heben. Je mehr ich an einer alten Überzeugung festhalte, obwohl ich sage, dass ich mich verändern will, desto mehr weiß ich, dass ich sie dringend aufgeben muss.

Nur weil ich auch selbst all das durchmache und daraus lerne, kann ich andere darin unterrichten.

18. August

**Vergebung ist das Heilinstrument,
das ich immer bei mir trage**

Ich bin eins mit dem Leben, und das Leben liebt und unterstützt mich. Daher beanspruche ich für mich ein offenes, von Liebe erfülltes Herz.

Wir alle geben in jedem Augenblick unser Bestes, und das gilt auch für mich. Die Vergangenheit ist vorüber und liegt hinter mir. Ich identifiziere mich nicht mit meinen Eltern oder deren Enttäuschung und Verbitterung. Ich bin mein eigenes, einzigartiges Selbst, und ich öffne mein Herz, sodass Liebe, Mitgefühl und Verständnis mich durchströmen und alle Erinnerungen an vergangene Schmerzen auslöschen.

Ich bin frei, alles zu sein, was ich sein kann. Das ist die Wahrheit meines Seins, und ich akzeptiere sie jetzt. Alles ist gut in meinem Leben.

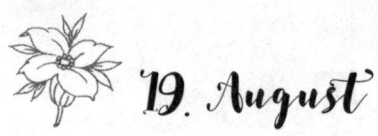

19. August

**Ich erschaffe nur freudige Erfahrungen
in meiner liebevollen Welt**

Es ist spannend, wunderbare Dinge in unserem Leben zu haben. Trotzdem müssen wir uns darüber im Klaren sein, dass »Dinge« uns nicht glücklich machen. Nur wir selbst können uns glücklich machen. Nur wir selbst können die Gedanken denken, die Freude und Frieden in uns schaffen.

Geben Sie niemals einer Person oder einer äußeren Quelle Macht über Ihr Glück.

Seien Sie aus sich selbst glücklich – und alles Gute wird Ihnen zufließen.

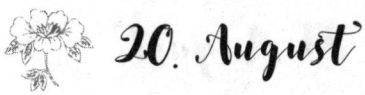

20. August

**Jedes Problem, dem ich begegne,
ist eine Einladung, mich selbst mehr zu lieben**

Emotionale Probleme sind oft die schmerzhaftesten. Gelegentlich können wir uns wütend, traurig, einsam, schuldig, ängstlich oder furchtsam fühlen. Wenn diese Gefühle die Kontrolle gewinnen und uns beherrschen, kann unser Leben zu einem emotionalen Schlachtfeld werden.

Wie wir mit unseren Gefühlen umgehen ist wichtig.

Leben wir sie aus?

Bestrafen wir andere oder zwingen ihnen unseren Willen auf?

Quälen wir uns selbst?

Oft ist die Wurzel dieser Probleme unsere Vorstellung, nicht gut genug zu sein. Geistige Gesundheit beginnt damit, sich selbst zu lieben. Wenn wir uns lieben und das Gute wie das sogenannte »Schlechte« in uns anerkennen, können wir damit beginnen, uns zu verändern.

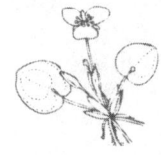

21. August

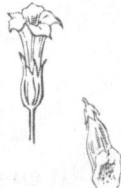

Ich ziehe Wunder magnetisch an

Heute strömt unerwartet und aus unbekannten Quellen Gutes in mein Leben. Ich erhebe mich über alle Begrenzungen und Einschränkungen. Wenn ich mein Bewusstsein verändere und den Menschen vergebe, gegen die ich Wut oder Bitterkeit hege, werden heilende Wunder geschehen.

In der Schulmedizin wie in der alternativen Heilkunde gibt es erleuchtete Fachleute, die sich auf dem spirituellen Pfad befinden. Ich ziehe jetzt genau solche Menschen in mein Leben, die mir in optimaler Weise helfen können. Meine mentale Atmosphäre der Liebe, Akzeptanz und Vergebung ist ein Magnet für die kleinen Wunder des Alltags. Wo ich auch bin, herrscht eine heilsame Atmosphäre, die mir selbst und allen in meiner Umgebung Segnungen und Frieden bringt.

22. August

Die Liebe des Universums umgibt und durchdringt mich

Ich gewinne Standhaftigkeit und Sicherheit aus meiner Verbindung mit der Einen Unendlichen Intelligenz, jener Ewigen Kraft, die mich und alles andere im Universum erschaffen hat.

Ich fühle diese Kraft in mir. Jede Zelle meines Körpers erkennt diese Kraft als gut.

Was immer bestimmte Religionen auch behaupten mögen, mein wahres Wesen ist stets mit dieser Kraft verbunden. Mein Erlöser ist in mir. Indem ich mich so, wie ich bin, akzeptiere, öffne ich mich für die heilende Kraft meiner eigenen Liebe.

Die Liebe des Universums umgibt mich und wohnt in mir. Ich verdiene diese Liebe. Liebe fließt jetzt durch mein Leben.

Ich mache mir eine Vorstellung von Gott, die unterstützend und ermutigend ist.

23. August

Das wichtigste Geschenk für uns und die anderen ist Selbstliebe

Ich möchte dabei mithelfen, eine Welt zu schaffen, in der es ungefährlich für uns ist, einander zu lieben, in der wahrer Selbstausdruck möglich ist und in der wir von den Menschen in unserer Umgebung ohne Verurteilung, Kritik oder Voreingenommenheit geliebt und angenommen werden. Liebe beginnt vor unserer eigenen Haustür. In der Bibel steht: »Liebe deinen Nächsten wie dich selbst.« Viel zu oft vergessen wir die letzten drei Worte – wie dich selbst. Ehe wir einen anderen Menschen lieben können, muss die Liebe in uns selbst beginnen. Selbstliebe ist das wichtigste Geschenk, das wir uns machen können, denn wenn wir uns so lieben, wie wir sind, werden wir uns selbst nicht verletzen, und auch keinen anderen Menschen. Wenn in uns Frieden herrschte, gäbe es keine Kriege, keine Kriminalität, keine Terroristen und keine Obdachlosen. Es gäbe keine Krankheit, kein Aids, keinen Krebs, keine Armut und keinen Hunger. Das Rezept für den Weltfrieden lautet für mich also: Frieden in uns selbst haben. Frieden, Verständigung, Mitgefühl, Vergebung und vor allem: Liebe. Wir haben in uns die Kraft, diese Veränderungen zu bewirken.

24. August

Ich lobe mich für die großen
und auch die kleinen Dinge

Schreiben Sie fünf Dinge auf, für die Sie sich selbst kritisieren.

Gehen Sie die Liste durch und schreiben Sie neben jeden der fünf Punkte das Datum, seit wann Sie sich für die jeweilige Sache kritisieren. Wenn Sie das genaue Datum nicht wissen, geben Sie einen ungefähren Zeitpunkt an.

Sind Sie überrascht, wie lange Sie schon an sich selbst herumkritisieren? Diese Angewohnheit hat keinerlei positive Veränderungen bewirkt, nicht wahr? Kritik funktioniert nicht! Sie bewirkt nur, dass Sie sich schlecht fühlen. Seien Sie also bereit, damit aufzuhören.

Formulieren Sie jeden der fünf Kritikpunkte zu einer positiven Affirmation um.

25. August

Von Tag zu Tag werde ich kreativer

Wenn Sie sagen: »Ich bin nicht kreativ«, dann ist das eine Affirmation, die für Sie wahr ist, solange Sie sie für richtig halten. Kreativität ist aber jedem Menschen angeboren, und wenn Sie diese Kreativität frei fließen lassen, wird sie Sie überraschen und erfreuen. Das Universum wird von kreativer, schöpferischer Energie durchströmt, und Sie sind immer mit diesem Strom verbunden. Es stimmt, dass manche Menschen sich kreativer entfalten als andere, aber alle haben jederzeit Zugang zur kosmischen Kreativität.

Jeden Tag erschaffen wir unser Leben. Jeder Mensch verfügt über seine ganz einzigartigen Talente und Fähigkeiten. Leider machten viel zu viele von uns die Erfahrung, dass wohlmeinende Erwachsene diese Kreativität in uns während unserer Kindheit unterdrückten. In der Schule sagte eine Lehrerin zu mir, ich könnte nicht tanzen, weil ich dafür zu groß wäre. Einem Freund wurde gesagt, er könne nicht zeichnen, nur weil er den falschen Baum gezeichnet hatte. Das ist alles so dumm und unsinnig. Aber damals waren wir Kinder und glaubten diese negativen Botschaften der Erwachsenen. Heute können wir all das hinter uns lassen.

26. August

Mein Job ist es, Gott zum Ausdruck zu bringen

Mein Job ist es, Gott zum Ausdruck zu bringen. Diese Aufgabe bereitet mir Freude. Ich danke für jede Gelegenheit, die durch mich wirkende Kraft der göttlichen Intelligenz zu demonstrieren. Ich betrachte jede Herausforderung als ein Geschenk Gottes, meines Arbeitgebers, der mir damit Gelegenheit gibt, meine Gaben und Talente zu entfalten. Daher werde ich ruhig, wende mich nach innen und erwarte, dass positive Worte meinen Geist erfüllen. Ich nehme diese segensreichen Offenbarungen dankbar und mit Freuden an und weiß, dass ich es verdiene, für meine gute Arbeit göttlich entlohnt zu werden.

Tatsächlich erhalte ich für diesen faszinierenden und niemals langweiligen Job reichen Lohn. Meine vielen Kolleginnen und Kollegen – also die gesamte Menschheit – arbeiten hilfsbereit, liebevoll, fröhlich und enthusiastisch mit mir auf dem Gebiet der spirituellen Entfaltung, ob sie gewählt haben, sich dessen bewusst zu sein, oder nicht. Ich weiß, dass meine Arbeit für diesen Chef mir finanzielle Fülle einbringt, denn der Job, Gott zum Ausdruck zu bringen, lohnt sich in jeder Hinsicht.

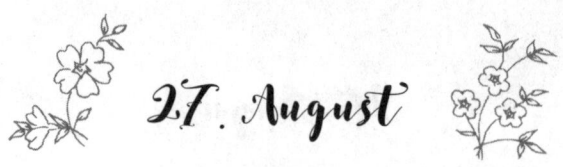

27. August

Ich segne und fördere jeden in meiner Welt und jeder segnet und fördert mich

Ihr Bewusstsein für Wohlstand ist nicht vom Geld abhängig, sondern der Fluss des Geldes in Ihrem Leben ist von Ihrem Wohlstandsbewusstsein abhängig. Wenn Sie sich mehr Wohlstand vorstellen können, wird dieser auch mehr in Ihr Leben kommen. Ich liebe die Vorstellung, am Strand zu stehen, über das weite Meer zu schauen und zu wissen, dass dieser Ozean der Fülle zu meiner Verfügung steht. Schauen Sie Ihre Hände an und stellen Sie fest, was für ein Behältnis Sie halten. Ist es ein Teelöffel, ein Fingerhut mit Loch, ein Pappbecher, ein Glas, ein Becher, eine Kanne, eine kleine Wanne oder haben Sie vielleicht eine mit diesem Ozean der Fülle verbundene Pipeline? Schauen Sie sich um und Sie werden feststellen, dass, ungeachtet der Vielzahl der Menschen und der Behältnisse, die sie haben, reichlich für jeden vorhanden ist. Sie können niemanden berauben und können auch nicht von anderen beraubt werden. Und es besteht keine Möglichkeit, den Ozean auszutrocknen. Ihr Behältnis ist Ihr Bewusstsein, und dies kann immer gegen ein größeres Behältnis ausgetauscht werden. Machen Sie diese Übung oft, damit Sie das Gefühl des unbegrenzten Nachschubs erhalten.

28. August

**Ich sehe die Welt geheilt und ganz,
jeden Mensch ernährt, gekleidet,
mit einem Heim und glücklich**

Visualisieren Sie eine Welt, in der alle Menschen mit Würde behandelt werden. Stellen Sie sich vor, dass die kostbare Zeit in den Schulen dafür genützt wird, Kindern wirklich wichtige Dinge beizubringen: wie man sich selbst liebt, wie man liebevolle Beziehungen zu anderen Menschen aufbaut, wie man eine gute Mutter oder ein guter Vater ist, wie man mit Geld umgeht. Stellen Sie sich vor, dass die Ärzte lernen, die Menschen gesund zu erhalten und alle Kranken zu heilen. Stellen Sie sich vor, dass Schmerzen und Leiden verschwinden und Krankenhäuser zu Wohngebäuden umgebaut werden. Stellen Sie sich vor, dass die Regierungen für das Wohl der Menschen arbeiten, dass allen Gerechtigkeit zuteilwird. Stellen Sie sich vor, dass Männer und Frauen einander ein Leben in Würde ermöglichen und jede Gewalt zwischen den Geschlechtern beseitigt wird. Stellen Sie sich vor, dass reines Wasser, gesundes Essen und saubere Luft für uns alle die Norm sind. Malen Sie sich weitere positive Dinge aus, die Sie gerne auf diesem Planeten verwirklicht sehen möchten. So helfen Sie mit, diese Welt zu erschaffen.

29. August

Den Planeten verlassen

Liebe Freundin, lieber Freund,
hier sind einige Gedanken über den völlig normalen, natürlichen Prozess, den Planeten zu verlassen – einen Vorgang, den wir alle erleben werden. Je friedvoller wir uns auf diese Erfahrung einlassen, desto leichter wird sie für uns. Hier ist das, was ich darüber weiß:

- *Wir sind immer sicher und geborgen.*
- *Alles wandelt sich unaufhörlich.*
- *Vom Moment unserer Geburt an bereiten wir uns darauf vor, wieder ins Licht zurückzukehren.*
- *Öffne dich für den Frieden.*
- *Engel umgeben dich.*
- *Sie führen dich auf jedem Schritt deines Weges.*
- *Die Art und Weise, wie du hinübergehst, wird für dich perfekt sein.*
- *Alles entfaltet sich in Vollkommenheit, zur rechten Zeit und am rechten Ort.*
- *Dies ist eine Zeit der Freude, denn du bist auf dem Weg nach Hause.*
- *So wie wir alle.*

30. August

Ich befinde mich auf einer endlosen
Reise durch die Ewigkeit

In der Unendlichkeit des Lebens ist alles vollkommen. Das gilt auch für den Kreislauf des Lebens. Es gibt eine Zeit des Anfangs, eine Zeit des Wachstums und der Entwicklung, eine Zeit des Seins, eine Zeit des Alterns und Vergehens, und eine Zeit des Abschieds. Wir spüren, dass diese Zyklen normal und natürlich sind, und auch wenn Vergehen und Abschied Zeiten der Traurigkeit mit sich bringen, akzeptieren wir diese Phasen und Rhythmen. Manchmal geschieht es, dass sich mitten in einem Zyklus ein abruptes, unvorbereitetes Ende ereignet. Dann sind wir erschüttert und fühlen uns bedroht. Jemand starb zu jung, oder etwas uns Kostbares wird zerstört. Gedanken, die Schmerz erzeugen, erinnern uns oft an unsere eigene Sterblichkeit – denn auch unser Lebenszyklus wird eines Tages enden. Ist uns ein langes, erfülltes Leben vergönnt, oder müssen auch wir früh sterben? Das Leben wandelt sich ständig. Es gibt keinen Anfang und kein Ende, nur ein ständiges Werden und Vergehen von Substanz und Erfahrung. Das Leben ist niemals blockiert oder statisch oder schal, denn jeder Moment ist neu und frisch. Und jedes Ende ist ein Neubeginn.

31. August

**Mein Körper ist ein guter Freund,
um den ich mich liebevoll kümmere**

Die folgenden Affirmationen eignen sich hervorragend, um Ihrem Körper zu vermitteln, dass Sie ihm zuhören:

- *Liebevoll höre ich auf die Botschaften meines Körpers.*
- *Mein Körper ist mein wunderbarer Gefährte und führt mich stets zu meinem höchsten Wohl.*
- *Ich vertraue darauf, dass mein Körper mich führt.*
- *Ich kann mich stets auf die Weisheit meines Körpers und meine Intuition verlassen.*
- *Das Leben liebt mich. Mein Körper liebt mich. Ich bin immer geführt und beschützt.*
- *Das Leben versorgt mich mit allem, was ich benötige.*
- *Ich nähre mich, indem ich aufgeschlossen für neue Ideen bin.*
- *Ich erkenne meinen wahren Wert.*
- *Hallo, mein Körper, wir können uns gemeinsam verändern! Ich möchte dir zuhören – lass uns Freunde sein. Ich möchte dich lieben.*

1. September

**Das ist ein neuer Tag.
Ich bin ein neues Selbst.**

- *In der Unendlichkeit des Lebens, dort, wo ich bin, ist alles heil und vollkommen.*
- *Mein Leben ist immer wieder neu.*
- *Jeder Augenblick meines Lebens ist neu, frisch und wesentlich.*
- *Ich benutze mein bejahendes Denken, um mittels Affirmationen genau das zu erschaffen, was ich möchte.*
- *Dies ist ein neuer Tag. Ich bin ein neues Ich. Ich denke anders. Ich spreche anders. Ich handle anders. Andere behandeln mich anders.*
- *Meine neue Welt ist ein Abbild meines neuen Denkens. Es ist eine Freude und eine Lust, neue Samen zu pflanzen, denn ich weiß, dass aus diesen Samen meine neuen Erfahrungen sprießen werden.*
- *Alles ist gut in meiner Welt.*

2. September

Die beste Beziehung ist die,
die ich zu mir selbst habe

Beziehungen sind wunderbar, und die Ehe ist wunderbar, doch das alles dauert nicht ewig. Die einzige Person, von der ich niemals getrennt werde, bin ich selbst.

Meine Beziehung zu mir selbst währt ewig. Deshalb entscheide ich mich, mein eigener bester Freund zu sein. Ich spüre, wie meine Liebe meinen Körper durchströmt. Ich spüre, wie jede Zelle meines Körpers förmlich von Liebe durchtränkt wird und blühende Gesundheit in meinen Körper einkehrt.

Ich weiß, dass ich stets mit einem Universum verbunden bin, das mich liebt. Ich ziehe liebende Menschen und liebevolle Erfahrungen in mein Leben.

Ich trete in liebevolle Beziehung zu allem, was lebt.

3. September

Die Angst hinter sich zu lassen ist das Ziel

Sie werden jederzeit göttlich geführt. Und der göttliche Geist macht keine Fehler. Wenn Sie den starken Wunsch verspüren, etwas Bestimmtes zum Ausdruck zu bringen oder zu erschaffen, handelt es sich bei diesem Gefühl um göttliche Unzufriedenheit. Diese Sehnsucht ist der Ruf des Universums an Sie. Darin offenbart sich Ihre Bestimmung. Was es auch sein mag, wenn Sie dieser inneren Sehnsucht folgen, werden Sie auf dem Weg der Selbstentdeckung und -entfaltung göttlich geführt und beschützt. Der Schlüssel liegt darin, dass Sie der Vollkommenheit vertrauen, die in Ihnen wohnt und sich durch Sie offenbaren will. Ich weiß, dass uns dabei bisweilen Ängste zu schaffen machen. Aber man kann trotzdem Neues wagen! Denken Sie immer daran: Das Universum liebt Sie und will, dass Sie mit allem, was Sie tun, Erfolg haben. An jedem Tag, in jedem Augenblick, bringen Sie sich selbst kreativ zum Ausdruck. Sie sind auf Ihre ganz einzigartige Weise Sie selbst. Wenn Sie sich dessen bewusst werden, können Sie sich von dem Irrtum befreien, Sie wären unkreativ, und voller Zuversicht jedes Projekt anpacken, das Sie fasziniert und begeistert.

4. September

Ich lebe in einem überreichen Universum

Wie ich schon oft gesagt habe, hängt Ihr Wohlstandsbewusstsein nicht davon ab, wie viel Geld Sie gerade besitzen, sondern wie viel Geld in Ihr Leben strömt. Unser Streben nach Geld muss zu unserer Lebensqualität beitragen. Wenn das nicht der Fall ist, wenn wir die Arbeit hassen, mit der wir Geld verdienen, dann wird uns das Geld nichts nützen. Wohlstand misst sich nicht in erster Linie daran, wie viel Geld wir besitzen, sondern an unserer Lebensqualität. Reichtum lässt sich nicht allein über Geld definieren. Er besteht auch aus Zeit, Liebe, Erfolg, Freude, Behaglichkeit, Schönheit und Weisheit. Zum Beispiel kann Ihre Armut sich als Zeitmangel äußern. Sie fühlen sich ständig unter Zeitdruck, gestresst und abgehetzt. Aber wenn Sie genug Zeit haben, alle Ihre Vorhaben umzusetzen, und sicher sind, alles zur rechten Zeit erledigen zu können, sind Sie im Hinblick auf Ihre Zeit reich.

Was auch immer Sie gegenwärtig glauben, Sie können jeden dieser Glaubenssätze auf der Stelle ändern. Die Macht, die Sie erschuf, hat Ihnen die Macht verliehen, Ihre eigenen Erfahrungen zu erschaffen. Also können Sie sich ändern!

5. September

Ich habe alle Zeit der Welt

Die Zeit ist immer genau das, wozu ich sie mache.

Wenn ich mich dafür entscheide, mich unter Zeitdruck zu fühlen, läuft die Zeit schneller, und ich habe zu wenig Zeit. Entscheide ich mich dafür, immer genug Zeit für die Dinge zu haben, die ich tun möchte, verlangsamt sich die Zeit, und ich kann alles in Ruhe erledigen. Wenn ich mit dem Auto im Stau stecken bleibe, sage ich mir innerlich sofort, dass alle Autofahrer sich nach Kräften bemühen, so bald wie möglich an ihren Zielorten einzutreffen. Ich atme tief durch, segne die anderen Fahrer liebevoll und vertraue darauf, dass ich zur rechten Zeit an meinem Ziel ankomme.

Wenn ich die Vollkommenheit in jeder Situation erkenne, bin ich nie in Eile oder zu spät dran, und alles ist gut.

6. September

Gesunde Finanzen
von Cheryl Richardson

Louise und ich sprechen darüber, welche einfachen Schritte wir unternehmen können, um Gewohnheiten aufzulösen, die mit finanziellem Mangel in Zusammenhang stehen. Erstens: Konzentrieren Sie sich auf die Vorstellung, Gutes zu verdienen und es wert zu sein, sich materieller Fülle zu erfreuen. Das wird es Ihnen ermöglichen, Wohlstand in Ihr Leben einzuladen und ihn auch zu empfangen. Verwenden Sie Affirmationen wie diese:

- *Dankbar akzeptiere ich alles Gute, das jetzt Teil meines Lebens ist.*
- *Das Leben liebt mich und sorgt für mich.*
- *Ich vertraue darauf, dass das Leben es gut mit mir meint.*
- *Ich bin es wert, Wohlstand und Fülle zu erleben.*
- *Das Leben sorgt stets für alle meine Bedürfnisse.*
- *Fülle strömt jeden Tag auf überraschende Weise in mein Leben.*
- *Mein Einkommen wächst stetig.*
- *Ich gedeihe in jeder Hinsicht.*

7. September

Alle meine Beziehungen sind von Liebe getragen

Umgeben Sie Ihre Familie mit einem leuchtenden Kreis der Liebe, die Lebenden und die, die gegangen sind.

Schließen Sie in diesen Kreis alle ein, Freunde, Partner, Kolleginnen und Kollegen, und alle, denen Sie gerne vergeben möchten, aber nicht wissen, wie. Bejahen Sie, dass Sie mit allen Menschen wundervolle, harmonische Beziehungen pflegen, in gegenseitigem Respekt und der Bereitschaft, füreinander einzustehen.

Machen Sie sich bewusst, dass Sie in Würde, Frieden und Freude leben können.

Lassen Sie diesen Kreis der Liebe den ganzen Planeten umschließen.

Öffnen Sie Ihr Herz und lassen Sie die bedingungslose Liebe herein.

Sie sind liebenswert. Sie sind wunderschön. Sie sind stark. Und so ist es.

8. September

Das Innere Kind

Wie schön oder wie schrecklich Ihre Kindheit auch gewesen sein mag, heute sind Sie und nur Sie allein verantwortlich für Ihr Leben. Sie können Ihre Zeit damit verbringen, Ihren Eltern oder dem sozialen Umfeld Ihrer Kindheit die Schuld zu geben, doch das führt nur dazu, dass Sie in der Rolle des Opfers stecken bleiben. Das hilft Ihnen niemals dabei, das Gute zu erlangen, das Sie sich wünschen.

Liebe ist die größte Bereinigung, die ich kenne. Liebe löscht sogar die tief sitzenden und schmerzhaftesten Erinnerungen aus, denn Liebe geht tiefer als alles andere. Wenn Ihre geistigen Bilder der Vergangenheit sehr stark sind, und Sie sich ständig einreden, dass die anderen an allem schuld sind, dann ändert sich nichts. Wünschen Sie sich ein Leben voller Schmerzen oder eines voller Freude? Die Entscheidung und die Macht liegen stets bei Ihnen. Schauen Sie sich in die Augen, und lieben Sie sich und das kleine Kind in Ihnen.

9. September

Ich bin bereit, an jedem Tag etwas Neues zu lernen

Das Thema »Wie unsere Gedanken funktionieren« sollte zum Pflichtfach an allen Schulen werden. Ich habe nie verstanden, warum es wichtig sein soll, dass Kinder Daten von Schlachten auswendig lernen. Stattdessen könnten wir sie in wichtigen Fächern unterrichten wie »Die Funktionsweise unseres Bewusstseins«, »Wie gehe ich mit Geld um?«, »Wie erschaffe ich mir finanzielle Sicherheit?«, »Wie wird man eine gute Mutter, ein guter Vater?«, »Freundschaften und Partnerschaften aufbauen und pflegen« und »Wie entwickle ich Selbstachtung und ein gutes Selbstwertgefühl?«.

Können Sie sich vorstellen, wie eine Erwachsenengeneration aussähe, die in der Schule neben dem üblichen Pensum in diesen Fächern unterrichtet würde? Wir hätten glückliche Menschen. Wir hätten Menschen, denen es finanziell gut geht und die die Wirtschaft bereichern. Sie hätten zu jedem gute Beziehungen und würden sich in der Elternrolle wohlfühlen und würden ihrerseits eine neue Generation von Kindern prägen, die mit sich zufrieden sind. Trotzdem würde in diesem System jeder ein Individuum bleiben, das seine oder ihre Kreativität zum Ausdruck brächte.

10. September

**Wenn wir uns wirklich selbst lieben,
dann funktioniert alles in unserem Leben,
auch bei unserer Gesundheit**

Was ich glaube:

- *Das Leben ist wirklich sehr einfach. Was wir geben, bekommen wir zurück. Mit jedem Gedanken, den wir denken, erschaffen wir unsere Zukunft.*
- *Es ist nur ein Gedanke, und Gedanken kann man ändern. Ich glaube, dass das auch für Ihre Gesundheit gilt.*
- *Wir erschaffen jede sogenannte Krankheit in unserem Körper, und wir haben die Macht, unsere Gedanken zu ändern und dadurch die Krankheit aufzulösen.*
- *Wenn wir uns von Groll und negativen Gedanken befreien, hilft uns das, sogar »unheilbare« Krankheitszustände aufzulösen.*
- *Wenn Sie nicht wissen, was Sie sonst tun sollen, konzentrieren Sie sich auf die Liebe. Sich selbst zu lieben bewirkt, dass Sie sich gut fühlen. Und bei guter Gesundheit geht es letztlich darum, sich gut zu fühlen.*
- *Wenn wir uns selbst wirklich lieben, funktioniert alles in unserem Leben, einschließlich unserer Gesundheit.*

11. September

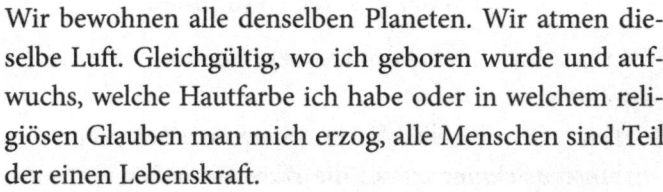

Liebe ist stärker als alle Unterschiede

Wir bewohnen alle denselben Planeten. Wir atmen dieselbe Luft. Gleichgültig, wo ich geboren wurde und aufwuchs, welche Hautfarbe ich habe oder in welchem religiösen Glauben man mich erzog, alle Menschen sind Teil der einen Lebenskraft.

Ich entscheide mich bewusst, anderen Menschen vorurteilsfrei zu begegnen. Ich fühle mich ihnen weder über- noch unterlegen. Ich entscheide mich für die Gleichheit aller und bin bereit zu warmherzigem, liebevollen Austausch mit allen Mitgliedern meiner planetaren Familie.

Ich bin Teil der Gemeinschaft allen Lebens. Unterschiedliche Meinungen sind wunderbare, farbenfrohe Variationen menschlichen Selbstausdrucks.

Jeden Tag öffnet sich mein Herz ein bisschen mehr, während ich die Welt erschaffe, in der ich gerne leben möchte.

12. September

Ich bin hier, um die Welt zu lieben
von Robert Holden

»Wir sind hier, um liebevolle Spiegel für die Welt zu sein«, sagt Louise.

Je mehr wir uns selbst lieben, desto weniger projizieren wir unsere Schmerzen auf die Welt. Wenn wir uns selbst nicht länger ablehnen, werden wir andere nicht mehr beschuldigen, dass sie uns verletzen. Wenn wir uns selbst lieben, lieben wir auf ganz natürliche Weise auch die anderen mehr.

»Selbstliebe ist das größte Geschenk, denn was wir uns selbst schenken, wird auch von anderen wahrgenommen und erfahren«, sagt Louise.

Liebe wird immer mit anderen geteilt. Sie ist ein Geschenk, wie wahres Glück. Im Endeffekt profitieren die anderen davon ebenso wie Sie selbst.

»Wenn ich über die Liebe nachdenke, visualisiere ich gerne, dass ich in einem Lichtkreis stehe«, sagt Louise. »Dieser Kreis steht für die Liebe, und ich sehe, dass ich von Liebe umgeben bin. Sobald ich diese Liebe in meinem Herzen und meinem Körper spüre, sehe ich, wie der Kreis sich ausdehnt, sodass er zuerst das Zimmer ausfüllt, dann meine Wohnung, dann die Nachbarschaft, dann die ganze Stadt, das ganze Land, und dann den ganzen Planeten und schließlich das gesamte Universum. Das ist für mich Liebe.«

13. September

Ich bin mit einer höheren Macht verbunden

Ich wachse spirituell, wenn ich die Verantwortung für mein Leben akzeptiere. Das gibt mir die innere Kraft, an mir selbst die notwendigen Veränderungen vorzunehmen.

Spirituelles Wachstum hat nichts damit zu tun, andere zu ändern. Spirituelles Wachstum entsteht bei einem Menschen, der bereit ist, die Opferrolle aufzugeben, um sich der Vergebung und einem neuen Leben zuzuwenden. Nichts davon geschieht über Nacht. Es ist ein Prozess, der sich langsam entfaltet.

Sich selbst zu lieben öffnet die Türe dazu, und es hilft, sich wirklich ändern zu wollen.

14. September

Mahlzeiten vorbereiten – Ich erschaffe mir liebevoll die perfekte Gesundheit

- *Gesunde Mahlzeiten zu planen ist eine Freude für mich.*
- *Hallo, Küche! Du bist mein Reich der nahrhaften Ernährung.*
- *Ich bin so dankbar, dass mein Essen optimal für meine Gesundheit ist.*
- *Es fällt mir leicht, eine nahrhafte, köstliche Mahlzeit zuzubereiten.*
- *Ich liebe es, Zeit in der Küche zu verbringen!*
- *Ich verdiene es, dass ich Zeit in meine Gesundheit investiere.*
- *Hallo, Körper! Was möchtest du heute gerne Nahrhaftes essen?*
- *Ich wähle Speisen aus, die mit dir harmonieren, mein Körper!*
- *Ich freue mich, dass ich Gesundes für meine Familie auswählen kann.*
- *Meine Familie liebt es, sich gesund zu ernähren.*
- *Die Kinder lieben es, neue Speisen auszuprobieren.*
- *Ich lerne jetzt Schritt für Schritt, gut für meinen Körper zu sorgen.*
- *Ich fühle mich verbunden mit der Natur und den anderen Geschöpfen, daher fällt es mir leicht, gesunde Mahlzeiten zuzubereiten.*
- *Ich nehme mir die Zeit, mich mit nahrhaftem Essen zu versorgen.*

15. September

An das Innere Kind denken

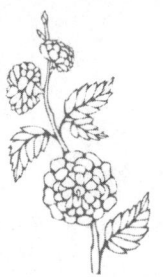

Finden Sie ein Kindheitsfoto aus einer Zeit, als Sie wirklich glücklich waren.

Kleben Sie dieses Foto mit Klebestreifen an Ihren Spiegel. Sprechen Sie mit dem fröhlichen Kind auf diesem Foto. Sagen Sie ihm, dass Sie sich gerne wieder so fühlen möchten. Sprechen Sie mit Ihrem Inneren Kind über Ihre wahren Gefühle und darüber, was Sie davon abhält, wieder so glücklich zu sein.

Sprechen Sie folgende Affirmationen:

- *Ich bin bereit, alle meine Ängste hinter mir zu lassen.*
- *Ich bin sicher und behütet.*
- *Ich liebe mein Inneres Kind.*
- *Ich liebe dich.*
- *Ich bin glücklich.*
- *Ich bin zufrieden.*
- *Ich werde geliebt.*

Wiederholen Sie diese Affirmationen zehnmal.

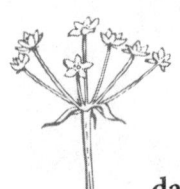

16. September

Ich entscheide mich jetzt,
dass es mir leichter fällt, mich zu ändern

Es gibt eine unglaubliche Macht und Intelligenz in Ihnen, die ununterbrochen auf Ihre Gedanken und Wörter antwortet. Indem Sie lernen, Ihren Geist durch bewusste Auswahl der Gedanken zu kontrollieren, bringen Sie sich in Einklang mit dieser Macht.

Denken Sie nicht, Ihr Geist sei der »Kontrolleur«. Sie kontrollieren und steuern Ihren Geist. Sie benutzen Ihren Geist. Sie können damit aufhören, diese alten, immer gleichen Gedanken zu denken.

Wenn Ihr früheres Denken zurückkommen will und sagt: »Es ist so schwierig, sich zu verändern«, müssen Sie das Steuer an sich reißen. Sagen Sie dann zu Ihrem Geist: »Ich entscheide mich jetzt dafür, zu glauben, dass es mir leichter fällt, Veränderungen vorzunehmen.«

Es kann sein, dass Sie diese Zwiesprache mit Ihrem Geist mehrmals wiederholen müssen, damit er erkennt, dass Sie die Kontrolle haben und dass das, was Sie sagen, auch wirklich gilt.

17. September

Ich liebe mich selbst total im Hier und Jetzt

Viele von uns kommen aus dysfunktionalen Familien. Wir tragen in uns jede Menge negative Gefühle dazu, wer wir sind und wie unsere Beziehung zum Leben ist. Unsere Kindheit kann von Missbrauch geprägt sein und dieser kann uns bis ins Erwachsenenleben verfolgen. Was wir früh an Angst und Missbrauch erfahren haben, kann uns dazu verführen, die Erfahrungen beim Erwachsenwerden zu wiederholen. Wir sind vielleicht streng mit uns selbst, weil wir uns einreden, dass wir selbst schuld sind an dem Mangel an Liebe und dem erlebten Missbrauch. Wir müssen uns darüber im Klaren werden, dass wir die Kraft haben, all das zu verändern. Wir wollen uns im Rückblick nicht für unsere Leben schämen. Wir wollen die Vergangenheit als Teil des Reichtums und der Fülle des Lebens erinnern. Ohne diesen Reichtum und diese Fülle wären wir jetzt nicht hier. Es gibt keinen Grund, uns dafür zu bestrafen, dass wir es nicht besser gemacht haben. Wir handelten so gut, wie wir es verstanden. Wir haben dabei oft unter schwierigsten Umständen durchgehalten, um heute hier zu sein.

18. September

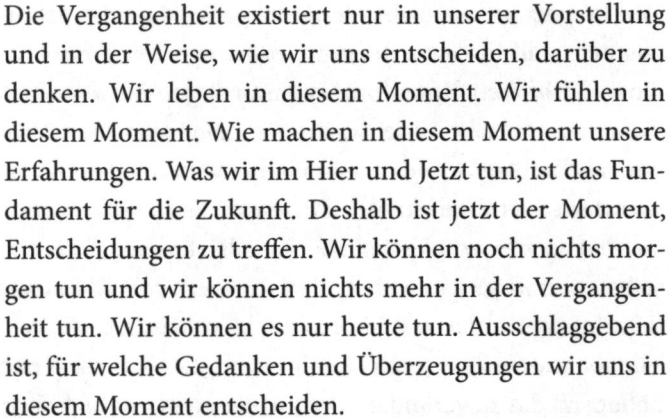

**Mein Ziel ist es, mich heute
noch mehr zu lieben als gestern**

Die Vergangenheit existiert nur in unserer Vorstellung und in der Weise, wie wir uns entscheiden, darüber zu denken. Wir leben in diesem Moment. Wir fühlen in diesem Moment. Wie machen in diesem Moment unsere Erfahrungen. Was wir im Hier und Jetzt tun, ist das Fundament für die Zukunft. Deshalb ist jetzt der Moment, Entscheidungen zu treffen. Wir können noch nichts morgen tun und wir können nichts mehr in der Vergangenheit tun. Wir können es nur heute tun. Ausschlaggebend ist, für welche Gedanken und Überzeugungen wir uns in diesem Moment entscheiden.

Wenn wir lernen, uns selbst zu lieben und unserer Höheren Macht zu vertrauen, werden wir zu Mitschöpfern des unbegrenzten Geistes in einer liebenden Welt.

Unsere Liebe zu uns selbst befreit uns aus unserer Opferrolle und macht uns zu Gewinnern. Unsere Liebe zu uns selbst zieht wunderbare Erfahrungen in unser Leben.

19. September

Ich glaube an die Macht der Liebe

Immer wenn es auf dieser Erde zu gewalttätigen Handlungen kommt, ist die Liebe jenes tiefere Streben, das gehört werden will. Ich lerne jetzt, immer wenn mich Berichte über Gewalttätigkeiten erreichen, auf diesen stummen Schrei nach Liebe zu lauschen. Ich glaube an die Macht meines Denkens, die es mir ermöglicht, mich aus den Fesseln negativer Erfahrungen zu befreien. Viele Menschen haben nie gelernt, wie sie ihren Geist schöpferisch nutzen können, und so leben sie beherrscht von den Glaubenssätzen, die ihnen in der Kindheit vermittelt wurden. Glaubenssätze sind sehr mächtig. Menschen kämpfen und töten, um das zu verteidigen, woran sie glauben. Und doch sind Glaubenssätze nichts weiter als Gedanken, und Gedanken lassen sich verändern. Ich liebe mich. Deshalb verletze ich nicht länger mich selbst oder andere durch grausame Gedanken, beißende Kritik oder harsche Urteile. Ich liebe mich. Deshalb lasse ich alle Gedanken an Strafe und Rache hinter mir. Ich liebe mich. Deshalb lasse ich die Rolle des Opfers oder des Täters hinter mir, je nachdem, welche dieser Rollen ich in der Vergangenheit gespielt habe. Ich vergebe mir und ich vergebe den anderen.

20. September

**Ich bin offen und bereit,
alles Gute zu empfangen**

Stehen Sie auf und breiten Sie die Arme aus. Sagen Sie:
»Ich bin offen und bereit alles Gute zu empfangen.«
Wie fühlt sich das an?
Sehen Sie jetzt in einen Spiegel und sagen Sie es noch einmal mit mehr Gefühl.
Welche Gefühle steigen in Ihnen auf?
Fühlt es sich befreiend und freudig an?
Oder möchten Sie sich am liebsten verstecken?
Atmen Sie tief und sagen Sie noch einmal:
»Ich bin offen und bereit, _____ (benennen Sie, was Sie brauchen) zu empfangen.«
Machen Sie diese Übung jeden Morgen. Es ist eine wundervolle symbolische Geste, die dabei helfen kann, Ihr Reichtumsgefühl zu steigern und mehr Gutes in Ihr Leben zu ziehen.

_____

_____

_____

_____

_____

21. September

Ich entscheide mich
für ein Leben in Frieden

Wenn ich in einer friedlichen Welt leben möchte, dann kommt es vor allem darauf an, dass ich selbst friedfertig bin. Wie immer sich andere Menschen verhalten mögen, ich bewahre Frieden in meinem Herzen. Inmitten von Chaos oder Wahnsinn verkünde ich den Frieden. Ich umgebe alle schwierigen Situationen mit Frieden und Liebe. Ich sende friedvolle Gedanken in alle Krisenregionen der Welt. Wenn ich möchte, dass die Welt sich zum Besseren verändert, muss ich meine Sicht der Welt verändern.

Ich bin jetzt bereit, das Leben in einem sehr positiven Licht zu sehen. Ich weiß, dass der Frieden mit meinen eigenen Gedanken beginnt. Wenn ich friedvolle Gedanken wähle, verbindet mich das mit gleichgesinnten, friedlich denkenden Menschen. Gemeinsam werden wir dabei mithelfen, Frieden und liebevolle Güte in unsere Welt zu bringen.

22. September

**Mein Körper ist der gute Freund,
um den ich mich liebevoll kümmere**

Ich vergebe mir selbst, meinen Körper in der Vergangenheit nicht immer gut behandelt zu haben. Ich habe nach meinem damaligen Verständnis versucht, das Beste zu tun. Jetzt kümmere ich mich genug um mich selbst, um mir das Beste zu geben, was das Leben anzubieten hat.

Ich gebe meinem Körper alles, was er auf jeder Ebene für seine Gesundheit braucht. Ich esse genussvoll nahrhafte und gesunde Lebensmittel. Ich liebe jeden Teil meines Körpers, innen und außen. Ich wähle jetzt die friedvollen, harmonischen und liebevollen Gedanken, die eine harmonische Atmosphäre für alle Zellen in meinem Körper erschaffen.

Ich lebe in Harmonie mit allen Aspekten meines Seins. Mein Körper ist der gute Freund, um den ich mich liebevoll kümmere.

Ich erhole mich gut. Ich schlafe friedlich. Ich wache freudig auf.

Das Leben ist gut, und ich genieße es zu leben. Und so ist es!

23. September

Während ich mein Denken verändere, verändert sich auch die Welt um mich herum

Wie auch immer das Problem aussieht, es entsteht durch ein Gedankenmuster, und Gedankenmuster können verändert werden!

All diese Probleme, mit denen wir in unserem Leben ringen und jonglieren, mögen als wahr empfunden werden, mögen wahr erscheinen. Es spielt jedoch keine Rolle, wie schwierig ein Thema ist, es ist nur das äußere Ergebnis oder die Folge eines inneren Gedankenmusters.

Wenn Sie nicht wissen, welche Gedanken Ihre Probleme hervorrufen, dann sind Sie hier richtig, denn dieses Buch ist als Lösungshilfe für Sie entwickelt worden.

Schauen Sie sich die Probleme Ihres Lebens an. Fragen Sie sich: »Durch welche meiner Gedanken wurden sie hervorgerufen?«

Wenn Sie sich ruhig hinsetzen und sich dann diese Fragen stellen, wird Ihnen Ihre innere Einsicht eine Antwort aufzeigen.

24. September

Ich öffne neue Türen im Leben

Sie stehen im Flur des Lebens, und hinter Ihnen haben sich viele Türen geschlossen. Die Türen stehen für Dinge, die Sie nicht länger tun, sagen oder denken, und für Erfahrungen, die Sie nicht länger machen. Vor Ihnen befindet sich ein endloser Flur mit Türen, und hinter jeder wartet eine neue Erfahrung auf Sie.

Schreiten Sie voran und visualisieren Sie, dass Sie Türen öffnen, hinter denen wunderbare Erfahrungen auf Sie warten, Erfahrungen, die Sie sich wünschen. Sehen Sie sich Türen zu Freude, Frieden, Heilung, Wohlstand und Liebe öffnen. Türen zu Einsicht, Mitgefühl und Vergebung. Türen zur Freiheit. Türen zu Selbstachtung und Selbstvertrauen. Türen zur Selbstliebe. Das alles liegt vor Ihnen. Welche Tür werden Sie als Erste öffnen?

Vertrauen Sie darauf, dass Ihre innere Führung Ihnen den für Sie besten Weg zeigt und dass Ihr spirituelles Wachstum unaufhörlich weitergeht.

Ganz gleich, welche Tür sich öffnet und welche Tür sich schließt, Sie sind immer sicher und beschützt.

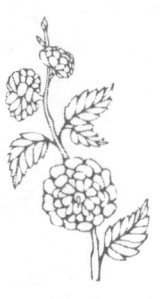

25. September

In allen Bereichen meines Lebens erfahre ich Fülle

Lernen Sie, Geschenke mit Dankbarkeit anzunehmen. Lernen Sie, etwas anzunehmen, denn das Universum möchte, dass wir bereit sind, zu empfangen, nicht bloß Tauschgeschäfte zu machen. Viele unserer Probleme rühren von unserer Unfähigkeit her, zu empfangen. Wir können geben, aber es fällt uns schwer, Gutes anzunehmen. Wenn jemand Ihnen etwas schenkt, sollten Sie lächeln und sich bedanken. Wenn Sie zu dem Betreffenden sagen: »Oh, es hat die falsche Farbe oder die falsche Größe«, garantiere ich Ihnen, dass Sie von diesem Menschen nie wieder etwas geschenkt bekommen. Nehmen Sie das Geschenk dankbar an, und wenn es wirklich nicht das Richtige für Sie ist, können Sie es an jemanden weiterschenken, der etwas damit anfangen kann. Wenn wir dankbar sind für das, was wir haben, ziehen wir damit noch mehr Gutes in unser Leben. Wenn wir uns auf Mangel konzentrieren, werden wir Mangel anziehen. Wenn wir Schulden haben, sollten wir uns keine Selbstvorwürfe machen, sondern uns vergeben. Wir sollten uns darauf konzentrieren, die Schulden abzuzahlen, indem wir entsprechende Affirmationen und Visualisierungen anwenden.

26. September

Ich gebe und empfange bedingungslose Liebe

Senden Sie allen Menschen, die Sie kennen, Gedanken des Trostes, des Verständnisses und der Liebe. Seien Sie sich bewusst, dass Sie, wenn Sie solche Gedanken aussenden, ebensolche empfangen. Umhüllen Sie Ihre Familie mit einem Mantel der Liebe, die lebenden und die verstorbenen Familienmitglieder. Dehnen Sie diesen Mantel aus auf Ihre Freunde, Ihre Kollegen und alle Menschen, denen Sie gerne vergeben möchten, ohne zu wissen, wie. Senden Sie Liebe zu allen an Aids und Krebs Erkrankten, und zu deren Freunden und Partnern, dem Pflegepersonal, den Ärzten, Therapeuten und Bestattern. Visualisieren wir das Ende von Aids und Krebs. Sehen Sie vor Ihrem geistigen Auge folgende Schlagzeilen: »Heilmittel gegen Aids gefunden. Heilmittel gegen Krebs gefunden.« Bejahen Sie, dass Sie wundervolle, harmonische Beziehungen zu Ihren Eltern haben, getragen von gegenseitiger Achtung und Fürsorge. Öffnen Sie Ihr Herz, sodass Sie in sich jenen Raum finden, in dem bedingungslose Liebe wohnt. Sehen Sie, wie alle Menschen in Würde, Frieden und Freude leben. Sie sind liebenswert. Sie sind schön. Sie sind mächtig. Sie öffnen sich für alles Gute. Und so sei es.

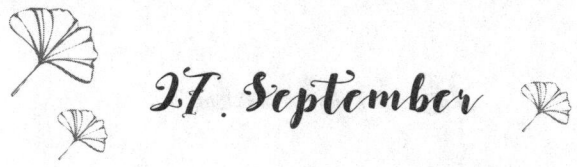

27. September

Ich genieße die wundervolle Welt, in der ich lebe

Die Erde ist eine weise und liebevolle Mutter. Sie versorgt uns mit allem, was wir jemals brauchen, gibt uns Wasser, Nahrung, Luft und Freundschaft. Die Erde bietet uns eine unendliche Fülle von Pflanzen, Tieren und anderen Naturwundern.

In den letzten Jahren haben wir diesen Planeten sehr schlecht behandelt und unsere kostbaren Ressourcen verschwendet. Wenn wir die Erde weiterhin derartig missachten, wird es für uns bald keinen Lebensraum mehr geben. Hier und jetzt bin ich bereit, liebevoll für den Planeten zu sorgen und meinen Beitrag zur Verbesserung der Lebensqualität zu leisten.

Mein Denken ist klar, liebevoll und verantwortungsbewusst.

Es ist mein Planet, und ich helfe mit, ihn zu einem lebenswerteren Ort zu machen.

Täglich visualisiere ich eine friedliche Erde mit einer sauberen, gesunden Umwelt. Ich stelle mir vor, wie alle Menschen ihre Herzen und Sinne öffnen und gemeinsam eine Welt schaffen, wo wir einander gefahrlos lieben können. Diese Veränderung ist möglich, und sie beginnt bei uns selbst.

28. September

Ich erhebe Anspruch auf meine Kraft

Heißen Sie diesen neuen Tag mit offenen Armen und voller Liebe willkommen. Spüren Sie Ihre Macht. Spüren Sie die Macht Ihres Atems. Spüren Sie die Macht Ihrer Stimme. Spüren Sie die Macht Ihrer Liebe. Spüren Sie die Macht Ihrer Vergebung. Spüren Sie die Macht Ihrer Bereitschaft, sich zu verändern und Ihr Potenzial zu entfalten.

Sie sind wunderschön. Sie sind ein göttliches, großartiges Wesen. Sie verdienen alle guten Dinge des Lebens – nicht nur ein bisschen davon, nein, alle guten Dinge! Spüren Sie Ihre Macht, nehmen Sie sie dankbar an und vertrauen Sie darauf, dass Sie sicher und behütet sind.

29. September

Ich bin dem Leben tief dankbar für seine Großzügigkeit mir gegenüber

Ich bin eins mit dem Leben, und alles Leben liebt und unterstützt mich. Daher beanspruche ich für mich einen reichen Anteil an der Fülle des Lebens.

Ich erlebe Fülle in jeder Hinsicht – Reichtum an Zeit, Liebe, Freude, Annehmlichkeiten, Schönheit, Weisheit, Erfolg und Geld.

Ich identifiziere mich nicht mit meinen Eltern und deren Denkmustern in Bezug auf Geld und Reichtum. Ich bin mein eigenes, einzigartiges Selbst, und ich entscheide mich dafür, offen und empfangsbereit zu sein für Reichtum und Fülle jeder Art.

Mein Einkommen wächst stetig, und mein Leben lang werde ich gedeihen und wohlhabend sein.

Das ist die Wahrheit meines Seins, und ich akzeptiere sie jetzt.

Alles ist gut in meiner reichen, prosperierenden Welt.

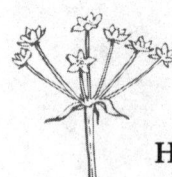

30. September

**Heute genieße ich jede Minute von dem,
was ich gerade tue**

Ein machtvolles Werkzeug zur Verbesserung der beruflichen Situation ist das liebevolle Segnen. Senden Sie es voraus, bevor Sie auf Ihrer Arbeitsstelle eintreffen. Segnen Sie dort jeden Menschen, Raum und Gegenstand. Wenn Sie Probleme mit Kollegen, Chefs, Lieferanten oder selbst Bürocomputern haben, segnen Sie die Person oder den Gegenstand liebevoll. Affirmieren Sie, dass zwischen Ihnen und der Person, dem Gegenstand oder der Situation perfektes Einvernehmen und Harmonie herrschen:

- *Ich befinde mich in perfekter Harmonie mit meinem Arbeitsumfeld und allen Menschen dort.*
- *Ich arbeite stets unter harmonischen, angenehmen Bedingungen.*
- *Ich achte und respektiere alle Menschen, und sie achten und respektieren mich.*
- *Ich segne meinen gegenwärtigen Job und bejahe, dass sich ein geeigneter Nachfolger für mich findet, sodass ich frei bin für eine wunderbare neue berufliche Möglichkeit.*

Mithilfe Ihrer Gedanken können Sie Ihre Erfahrungen verändern.

1. Oktober

Ich liebe mich und alles,
was ich tue

- *In der Unendlichkeit des Lebens, dort, wo ich bin, ist alles heil und vollkommen.*
- *Ich unterstütze mich selbst, und das Leben unterstützt mich.*
- *Ich erkenne überall um mich herum und in jedem Bereich meines Lebens Zeichen dafür, dass das Gesetz funktioniert.*
- *Ich verstärke mit Freude das, was ich lerne.*
- *Mein Tag beginnt mit Dankbarkeit und Freude.*
- *Ich sehe mit Begeisterung den Abenteuern des Tages entgegen und weiß, dass in meinem Leben »alles gut ist«.*
- *Ich liebe mich und alles, was ich tue.*
- *Ich bin der lebendige, liebende, freudige Ausdruck des Lebens.*
- *Alles ist gut in meiner Welt.*

2. Oktober

**Ich bin wie eine frische Brise,
wenn ich in den Raum trete**

Um heil zu werden, müssen wir uns selbst vollständig annehmen. Öffnen Sie also Ihr Herz und schaffen Sie dort Raum für alle Teile Ihrer Persönlichkeit. Für die Teile, auf die Sie stolz sind, und für die Teile, derer Sie sich schämen. Sie gehören alle zu Ihnen. Sie sind schön. Wir alle sind es. Wenn Ihr Herz von Selbstliebe erfüllt ist, dann können Sie anderen Menschen viel geben.

Füllen Sie jetzt Ihr ganzes Zimmer mit dieser Liebe und lassen Sie sie hinausstrahlen zu allen Menschen, die Sie kennen. Sehen Sie diese Menschen in der Mitte Ihres Zimmers, sodass sie all die Liebe Ihres überfließenden Herzens empfangen können. Vom Kind in Ihnen zu den Kindern in ihnen. Sehen Sie jetzt, wie all diese Kinder in den Menschen tanzen, wie es Kinder tun, hüpfen, lachen, Purzelbäume schlagen, erfüllt von überschäumender Freude.

Lassen Sie Ihr Kind hinausgehen und mit den anderen Kindern spielen. Lassen Sie Ihr Kind tanzen, sich geborgen und frei fühlen. Lassen Sie Ihr Kind alles sein, was es immer schon sein wollte. Sie sind vollkommen, heil und ganz. Alles ist gut in Ihrer wunderschönen Welt. Und so sei es.

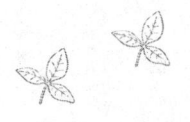

3. Oktober

Meine Liebe ist stark

Ich behandele mich wie jemanden, der sehr geliebt wird. Was auch geschieht, meine Liebe zu mir bleibt bestehen. Das ist keine Eitelkeit oder Selbstgefälligkeit. Eitle oder selbstgefällige Menschen, die andere spüren lassen, dass sie sich für etwas Besseres halten, tragen in Wahrheit eine Menge Selbsthass mit sich herum.

Selbstliebe bedeutet einfach, dass ich das Wunder meines Daseins dankbar anerkenne. Wenn ich mich wirklich liebe, achte ich darauf, dass ich mir selbst oder anderen Menschen keinen Schmerz zufüge.

Für mich ist bedingungslose Liebe der einzige Weg zum Weltfrieden. Sie beginnt damit, dass man sich selbst akzeptiert und liebt.

Ich muss nicht erst warten, bis ich perfekt bin, um mich selbst lieben zu können.

Ich akzeptiere mich genau so, wie ich jetzt und hier bin.

4. Oktober

Du bist es wert, geheilt zu werden
von Cheryl Richardson

»Wenn man innerlich zu der Gewissheit gelangt, dass Heilung möglich ist, wird zur rechten Zeit die richtige Hilfe kommen. Dann muss man bereit sein, in allen Bereichen seine Arbeit zu tun«, sagt Louise.

Wie versetzt man sich denn in einen inneren Zustand, durch den man alles in sein Leben zieht, was man für die Heilung braucht?

»Zunächst muss man die Art verändern, wie man über das Problem denkt. Wir alle haben unsere Vorstellungen darüber, wie die Dinge funktionieren, was möglich ist und was nicht. Wir müssen unser Denken ändern. Von ›Es ist unmöglich‹ zu ›Es ist möglich‹ – ich muss nur herausfinden, wie. Ich sage immer, unheilbar bedeutet, dass eine Krankheit momentan mit äußeren Mitteln nicht geheilt werden kann. Daher müssen wir uns nach innen wenden. Dazu ist es aber notwendig, dass wir unser Denken ändern. Und man muss ein gutes Selbstwertgefühl aufbauen – man muss daran glauben, dass man es wert ist, geheilt zu werden. Wenn es Ihnen gelingt, das als starken Glauben und Affirmation zu entwickeln, dann wird das Leben Ihnen alles bringen, was Sie brauchen, um die Heilung zu manifestieren.«

5. Oktober

**Man ist nie zu alt, um zu lernen
und sich weiterzuentwickeln**

Machen Sie niemals den Fehler zu glauben, Sie wären zu alt, um mehr Glück, Freude und Erfüllung zu erfahren. Ich entdeckte den Sinn meines Lebens erst, als ich schon Mitte vierzig war. Mit fünfzig gründete ich meinen eigenen Verlag, anfangs ein sehr kleines Unternehmen. Mit fünfundfünfzig ließ ich mich auf die Welt der Computer ein, absolvierte Kurse und überwand meine Angst vor den elektronischen Helfern. Mit sechzig begann ich zu gärtnern und wurde zu einer leidenschaftlichen Biogärtnerin, die sich ihre Nahrung selbst anbaute. Mit siebzig besuchte ich einen Malkurs für Kinder. Ein paar Jahre später absolvierte ich Malkurse für Erwachsene und begann, meine Bilder zu verkaufen. Vor ein paar Monaten lernte ich zu tanzen. Seit Kurzem praktiziere ich Yoga und spüre bereits, wie mein Körper sich dadurch positiv verändert. Ich liebe es, Neues zu lernen, neue Erfahrungen zu sammeln. Wer weiß, was ich künftig tun werde? Eines aber weiß ich: Bis zu dem Tag, an dem ich diesen Planeten verlasse, werde ich meine Affirmationen praktizieren und auf vielfältige Weise meine Kreativität entfalten.

6. Oktober

Affirmationen funktionieren nicht

Manche Leute sagen: »Affirmationen funktionieren nicht«, (was ebenfalls eine Affirmation ist). Doch eigentlich meinen sie, dass sie nicht wissen, wie man Affirmationen richtig einsetzt. Vielleicht sagen sie: »Mein Wohlstand wächst«, aber dann denken sie: »Ich weiß, dass so etwas nicht funktionieren kann!« Was glauben Sie, welche Affirmation wird sich dabei durchsetzen? Die negative, denn sie ist Teil einer alten, gewohnheitsmäßigen Lebenssicht. Manche Leute sprechen einmal täglich eine Affirmation und klagen dann den ganzen Tag. Wenn man es so macht, dauert es lange, bis Affirmationen wirken. Die negativen, klagenden Affirmationen bleiben dann stets siegreich, denn es gibt viel mehr von ihnen und sie sind meistens mit starken Emotionen aufgeladen. Affirmationen laut aufzusagen ist nur ein Teil der Methode. Noch wichtiger ist, was Sie während des übrigen Tages und der Nacht tun. Affirmationen sind wie Samen, die man in die Erde setzt: schlechter Boden, schlechtes Wachstum; fruchtbarer Boden, üppiges Wachstum. Je öfter Sie Gedanken wählen, bei denen Sie sich gut fühlen, desto schneller wirken die Affirmationen.

7. Oktober

Im Selbstgespräch bin ich freundlich und liebevoll zu mir

Ich habe auf dieser Erde eine einzigartige Rolle zu spielen und bin mit allen für diesen Job nötigen Werkzeugen ausgestattet. Meine Gedanken und die Worte, die ich ausspreche, sind diese unglaublich mächtigen Werkzeuge. Ich mache von ihnen Gebrauch und freue mich über die Resultate! Meditation, Gebet oder zehn Minuten Affirmationen sprechen am Morgen sind wundervoll. Und ich erziele noch bessere Resultate, wenn ich den ganzen Tag über konsequent bleibe. Ich denke immer daran, dass es meine alltäglichen Gedanken sind, die mein Leben gestalten.

Der Punkt der Kraft, von dem aus ich Veränderungen herbeiführen kann, befindet sich immer im Hier und Jetzt. Also betrachte ich für einen Moment den Gedanken, den ich jetzt gerade denke, und frage mich: »Möchte ich, dass dieser Gedanke meine Zukunft gestaltet?«

8. Oktober

**Ich freue mich an der Liebe,
die ich geben kann**

von Robert Holden

Wenn ich über Louise und ihre Arbeit nachdenke, fällt mir sofort eine Zeile aus *Ein Kurs in Wundern* ein: »Lehre nur Liebe, denn das ist es, was du bist.« Louise ist eine Lehrerin, und sie unterrichtet Liebe. Sie lehrt, dass Sie in jedem Moment Ihres Lebens zwischen Liebe und Angst, Liebe und Schmerz, Liebe und Hass wählen.

»Ich lehre nur eine einzige Sache – nur diese eine –, liebe dich selbst«, sagt Louise. »Solange ein Mensch sich selbst nicht liebt, weiß er nicht, wer er wirklich ist und was er kann.«

Sie betrachtet die Liebe als die Wunderzutat, die Ihnen hilft, zu dem Menschen zu werden, der Sie in Wahrheit sind.

»Wenn Sie sich selbst lieben, werden Sie erwachsen«, sagt sie. »Liebe hilft Ihnen, über Ihre Vergangenheit, Ihren Schmerz, Ihre Ängste, Ihr Ego und all die kleinkarierten Ideen über sich selbst hinauszuwachsen. Aus Liebe wurden Sie erschaffen, und Liebe hilft Ihnen, Ihr wahres Sein zu entdecken und zu entfalten.«

9. Oktober

In jeder Beziehung gibt es etwas zu lernen und ein Geschenk zu empfangen

Ich glaube, dass Sie sich Ihre Eltern vor Ihrer Geburt ausgesucht haben, um durch sie wertvolle Lektionen zu lernen. Ihr Höheres Selbst weiß, welche Erfahrungen für Sie auf Ihrem spirituellen Entwicklungsweg notwendig sind. Was immer Sie also mit Ihren Eltern durchzuarbeiten haben, stellen Sie sich dieser Aufgabe. Was sie auch sagen und tun, oder sagten und taten, letztendlich sind Sie hier, um sich selbst zu lieben. Wenn Sie selbst Kinder haben, sollten Sie ihnen erlauben, sich selbst zu lieben, indem Sie ihnen eine Geborgenheit und Sicherheit schenken, in der sie sich auf positive, harmlose Weise ausdrücken können. Denken Sie auch daran, dass, so wie wir uns unsere Eltern aussuchten, wir ebenso von unseren Kindern ausgesucht wurden. Wir alle haben hierbei also wichtige Lektionen zu lernen. Eltern, die sich selbst lieben, wird es leichter fallen, ihren Kindern Selbstliebe zu lehren. Wenn wir ein gutes Selbstwertgefühl haben, können wir unseren Kindern als Vorbilder in Sachen Selbstachtung dienen.
Je mehr wir selbst bestrebt sind, uns zu lieben, desto mehr werden unsere Kinder erkennen, dass ein solches Verhalten völlig in Ordnung ist.

10. Oktober

Mein mentales Muster ist positiv und von Freude erfüllt

Manches, was wir glauben, ist wirklich positiv und förderlich. Diese Gedanken helfen uns unser Leben lang, wie zum Beispiel: »Sieh in beide Richtungen, bevor du eine Straße überquerst.«

Andere Gedanken sind anfangs sehr nützlich. Wenn wir aber heranwachsen, helfen sie uns nicht mehr. »Vertraue keinem Fremden« mag für ein kleines Kind ein guter Rat sein. Für einen Erwachsenen aber, der dies beibehält, wird er nur Isolation und Einsamkeit mit sich bringen.

Warum setzen wir uns so selten hin und fragen uns: »Stimmt das wirklich? Warum glaube ich zum Beispiel Dinge wie: Es fällt mir schwer zu lernen?«

Wir sollten uns Fragen stellen wie: »Ist das für mich immer noch wahr?«, »Woher kommt dieser Glaubenssatz?«, »Muss ich das immer noch glauben, bloß weil mein Lehrer in der ersten Klasse uns das ständig erzählt hat?«, »Wäre es nicht viel besser für mich, diese Überzeugung endlich aufzugeben?«

11. Oktober

Verzeihen hilft mir in der Gegenwart zu leben

Setzen Sie sich vor Ihren Spiegel und schließen Sie die Augen. Atmen Sie tief ein und aus. Denken Sie an die vielen Menschen, die Ihnen im Lauf Ihres Lebens Schmerz zugefügt haben. Lassen Sie sie vor Ihrem inneren Auge vorüberziehen. Öffnen Sie jetzt die Augen und sprechen Sie mit einem von ihnen – laut. Sagen Sie etwas wie:

- »Du hast mir sehr wehgetan. Ich werde mich nun nicht länger an die Vergangenheit fesseln. Ich bin bereit, dir zu vergeben.«

Atmen Sie tief durch und sagen Sie zu diesem Menschen:

- »Ich vergebe dir. Ich gebe dich frei.«

Atmen Sie erneut tief durch und sagen Sie:

- »Du bist frei. Ich bin frei.«

Achten Sie darauf, wie Sie sich jetzt fühlen. Es kann sein, dass Sie inneren Widerstand spüren, vielleicht fühlen Sie sich aber auch einfach erleichtert. Wenn Sie Widerstand spüren, atmen Sie einfach ruhig und tief und affirmieren Sie: *Ich bin bereit, allen Widerstand aufzugeben.*

Wenn Sie diese Übung wiederholen, können Sie die Zahl der Personen erweitern, denen Sie vergeben möchten. Denken Sie daran, dass Vergebung kein einmaliges Ereignis, sondern ein Prozess ist. Schritt für Schritt.

12. Oktober

Ich bin zufrieden mit meinem Alter

In der Unendlichkeit des Lebens, dort, wo ich bin, ist alles heil und vollkommen. Ich glaube nicht mehr an die alten Beschränkungen und Mängel, die das Altern früher definierten. Ich freue mich über jedes Jahr, das vergeht. Mein Reichtum an Wissen wächst dabei und ich komme immer mehr zu meiner eigenen inneren Weisheit.

Meine späteren Jahre sind meine reichsten und ich weiß, wie ich mich jung und gesund halten kann. Mein Körper erneuert sich in jedem Moment. Ich bin vital, lebenslustig, gesund und voller Lebendigkeit und leiste bis zum letzten Tag meinen Beitrag.

Ich entscheide mich, aus diesem Verständnis zu leben. Ich lebe in Frieden mit meinem Alter.

13. Oktober

Ich bin eins mit allen Menschen

Es gibt keine zwei im Widerstreit liegende Mächte – also Gut und Böse. Es gibt nur Einen Unendlichen Geist, und es gibt menschliche Wesen, denen die Gelegenheit geboten wird, die Intelligenz und Weisheit und alle Hilfsmittel, die ihnen vom Universum geschenkt werden, auf jede erdenkliche Weisheit zu nutzen.

Es sind nicht »die anderen«, die verantwortlich sind, sondern wir sind das Volk, wir sind die Regierung, wir sind die Kirchen, und wir sind der Planet.

Wenn wir etwas verändern wollen, müssen wir dort beginnen, wo wir hier und jetzt stehen.

Es ist einfach, »dem Teufel«, »der Regierung« oder »den anderen« die Schuld zu geben. Aber in Wahrheit sind es immer wir alle!

14. Oktober

Der Alterungsprozess

- Ich bin jung und schön – in jedem Alter.
- Ich bin offen, alles zu erfahren, was das Leben zu bieten hat.
- Ich gebe der Gesellschaft auf produktive und erfüllende Weise.
- Ich habe meine Finanzen, meine Gesundheit und meine Zukunft im Griff.
- Ich ehre und respektiere die Kinder und Heranwachsenden in meinem Leben.
- Meine Familie unterstützt mich und ich unterstütze sie.
- Ich werde von allen respektiert, mit denen ich in Kontakt stehe.
- Ich ehre und respektiere alle Älteren in meinem Leben.
- Ich habe alle Zeit der Welt.
- Ich werde durch nichts eingeschränkt.

15. Oktober

**Dieser Tag ist eine Einladung,
mich zu lieben, so sehr ich kann**

Selbstanerkennung und Selbstakzeptanz im Jetzt sind die Hauptschlüssel zu positiven Veränderungen in allen Lebensbereichen.

In meinen Augen beginnt die Selbstliebe damit, sich nie und nimmer wegen irgendetwas zu kritisieren. Kritik bindet uns genau an das Verhaltensmuster, das wir doch eigentlich verändern wollen.

Verständnis und Nachsicht uns selbst gegenüber helfen, uns davon zu lösen. Denken Sie daran, Sie haben jahrelang Selbstkritik geübt, und es hat nicht funktioniert.

Versuchen Sie, sich wertzuschätzen, und sehen Sie, was dann geschieht.

16. Oktober

Ich konzentriere mich auf positive Gedanken

Das Universum nimmt Ihre Gedanken und Worte ganz wörtlich und gibt Ihnen, was Sie für sich bejahen. Immer. Mit jedem positiven Gedanken ziehen Sie Gutes in Ihr Leben. Mit jedem negativen Gedanken stoßen Sie Ihr Gutes von sich weg. Es bleibt dann für Sie unerreichbar. Wie oft ist es Ihnen schon passiert, dass Sie etwas Gutes schon fast in Reichweite hatten, es sich Ihnen aber im letzten Moment doch noch entzog? Überlegen Sie, mit welchen Gedanken Sie sich im Moment dieses Misserfolges beschäftigten, dann finden Sie den Grund, warum das Gute nicht zu Ihnen kommen wollte.

Wenn Sie sagen: »Ich will nicht mehr krank sein«, ist das keine Affirmation für gute Gesundheit. Sie müssen klar formulieren, was Sie wollen. »Ich öffne mich jetzt dankbar für gute Gesundheit.«

»Ich hasse dieses Auto« wird Ihnen nicht zu einem schönen neuen Auto verhelfen, denn Sie teilen damit dem Universum nicht klar mit, was Sie wollen. Wenn Sie sich ein neues Auto wünschen, verwenden Sie eine Affirmation wie diese: »Ich besitze ein wunderschönes neues Auto, das perfekt alle meine Bedürfnisse erfüllt.«

17. Oktober

**Heute entscheide ich mich,
Liebe auszusenden.**

Das Wort Ehrlichkeit führen wir oft im Munde, ohne immer zu verstehen, was Ehrlichkeit wirklich bedeutet. Es hat nichts mit Moral oder Tugendhaftigkeit zu tun. Ehrlichkeit hat nichts damit zu tun, dass man erwischt wird und im Gefängnis landet. Ehrlichkeit ist ein Ausdruck von Selbstliebe.

Ehrlichkeit bedeutet, dass wir vom Leben stets bekommen, was wir selbst geben. Das Gesetz von Ursache und Wirkung ist auf allen Ebenen wirksam. Wenn wir andere herabsetzen oder verurteilen, dann werden auch wir verurteilt werden. Wenn wir ständig ärgerlich sind, werden wir auf Schritt und Tritt dem Ärger der anderen begegnen. Die Liebe, die wir für uns selbst spüren, stimmt uns auf die Liebe ein, die das Leben für uns bereithält.

18. Oktober

**Je offener ich für die Liebe bin,
desto sicherer bin ich auch**

Schreiben Sie in ein Tagebuch, wie Sie als Kind Liebe erlebten.

Haben Sie gesehen, wie Ihre Eltern Liebe und Zuneigung zum Ausdruck brachten? Wurden Sie als Kind oft umarmt? Verbarg man in Ihrer Familie die Liebe hinter Streit, Weinen oder Schweigen?

Notieren Sie zehn Liebes-Affirmationen und praktizieren Sie diese vor dem Spiegel. Hier ein paar Beispiele:

- *Ich verdiene Liebe. Je mehr ich mich für die Liebe öffne, desto mehr Sicherheit und Geborgenheit erfahre ich.*
- *Heute erinnere ich mich daran, dass das Leben mich liebt.*
- *Ich öffne mich dafür, mich von der Liebe finden zu lassen, zur rechten Zeit und am rechten Ort.*

Notieren Sie zehn Dinge, die Sie liebend gerne tun. Wählen Sie fünf davon aus und tun Sie sie heute. Nehmen Sie sich ein paar Stunden Zeit, um sich zu verwöhnen: Kaufen Sie sich Blumen, gönnen Sie sich ein gesundes, köstliches Essen, zeigen Sie sich, wie besonders Sie sind.

Wiederholen Sie Schritt 3 in dieser Woche täglich!

19. Oktober

Mein Tag beginnt und endet
mit Dankbarkeit und Freude

Nutzen wir täglich möglichst viele Gelegenheiten, für das Gute in unserem Leben zu danken. Auch wenn Sie das Gefühl haben, in Ihrem Leben gäbe es im Moment wenig, für das Sie dankbar sind, wird dieses Wenige schnell mehr werden, wenn Sie für es danken. Und auch wenn Sie bereits ein reiches Leben führen, wird dieser Reichtum durch Dankbarkeit weiter wachsen. Es handelt sich also um eine Win-win-Situation. Sie sind glücklich, und das Universum ist glücklich.

Beginnen Sie ein Dankbarkeits-Tagebuch. Notieren Sie darin jeden Tag, wofür Sie heute dankbar sind. Sagen Sie täglich mindestens einem Menschen Danke. Bedanken Sie sich bei Verkäuferinnen, Kellnern, Postangestellten, Kollegen und Vorgesetzten, Freunden, Familienmitgliedern und völlig fremden Menschen. Weisen Sie andere liebevoll auf die segensreiche Wirkung der Dankbarkeit hin.

Sorgen wir gemeinsam dafür, dass diese Welt ein Ort dankbaren Gebens und Empfangens ist – für alle!

_____

_____

_____

20. Oktober

Ich lasse mich vom Universum leiten

In der Unendlichkeit des Lebens, wo wir alle sind, ist alles vollkommen.

Wir freuen uns an dem Wissen, eins mit der Macht zu sein, die uns erschuf. Diese Macht liebt alle ihre Schöpfungen, und somit auch uns. Wir sind die geliebten Kinder des Universums und werden unendlich reich beschenkt. Wir sind auf diesem Planeten die höchste Lebensform und mit allem ausgestattet, was wir für ein erfülltes, kreatives Leben benötigen. Unser Bewusstsein steht immer in Verbindung zu dem Einen Unendlichen Geist. Daher sind alles Wissen und alle Weisheit für uns jederzeit verfügbar. Wir vertrauen darauf, dass wir nur das erschaffen, was unserem höchsten Wohl und unserer größten Freude dient – das, was das Beste für unsere spirituelle Entwicklung ist. Wir lieben, wer wir sind. Besonders erfreuen wir uns an der Inkarnation, für die wir uns in diesem Leben entschieden haben. Wir wissen, dass wir in jedem Augenblick unsere Persönlichkeit und sogar unseren Körper umgestalten können, um unser höchstes Potenzial auf immer bessere Weise zum Ausdruck zu bringen. Wir erfreuen uns an grenzenlosen Möglichkeiten. Wir vertrauen auf die Eine Macht, und wir wissen, dass alles gut ist in unserer Welt.

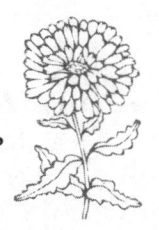

21. Oktober

**Jede Entscheidung, die ich treffe,
ist die richtige für mich**

von Robert Holden

Meine Kinder lieben Louise. Es ist interessant, sie zusammen zu beobachten. Louise albert nicht mit ihnen herum, spielt keine Spiele mit ihnen. Sie behandelt Bo, die sechs Jahre alt ist, nicht als ein »großes Mädchen« oder »gutes Mädchen«, sondern als reales Mädchen. Christopher, drei Jahre alt, ist ein realer Junge. Und Louise ist alterslos, weiter nichts. Alles ist vollkommen natürlich. Die Art, wie sie miteinander umgehen, erinnert mich an Mary Poppins' Umgang mit Jane und Michael. Als Christopher zum ersten Mal Louise begegnete, lief er zu ihr und rief: »Willst du meine Zähne sehen?« Das hatte er bis dahin bei niemandem sonst gemacht. Louise dachte einen Moment über seinen Vorschlag nach und sagte: »Gerne!« Christopher blickte hoch und lächelte strahlend, sodass sie alle seine Zähne sehen konnte. »Danke«, sagte Louise. »Gern«, sagte Christopher. Ich fragte Louise nach der Bedeutung der Zähne. Auf ihre ruhige, nüchterne Art antwortete sie: »Zähne stehen im Zusammenhang damit, gute Entscheidungen zu treffen. Er wollte mir mitteilen, dass er weiß, was er will und in der Lage ist, Entscheidungen zu treffen.«

22. Oktober

Die erste Beziehung, um deren Verbesserung Sie sich kümmern sollten, ist die Beziehung zu sich selbst

Wenn Sie mit sich selbst glücklich sind, werden sich auch Ihre Beziehungen zu anderen Menschen verbessern. Ein glücklicher Mensch wirkt sehr anziehend auf andere. Sie strahlen aus, im gegenwärtigen Augenblick sehr zufrieden mit sich selbst zu sein und Gedanken zu wählen, die bewirken, dass Sie sich hier und jetzt gut fühlen.

Wenn Sie in der Lage sind, gut für sich selbst zu sorgen, werden Sie sich anderen gegenüber weniger bedürftig und co-abhängig verhalten. Es hat damit zu tun, wie sehr Sie sich selbst lieben. Wenn Sie Ihr eigenes Sein wirklich lieben, ruhen Sie in Ihrer Mitte, bleiben gelassen und selbstsicher, und erfreuen sich privat und beruflich an wundervollen zwischenmenschlichen Beziehungen. Sie sind dann in der Lage, sich mühelos auf unterschiedliche Situationen und Menschen einzustellen. Dinge, die Ihnen früher extrem wichtig erschienen, werden Sie nun wesentlich entspannter betrachten. Neue Menschen werden in Ihr Leben treten, und vielleicht werden einige andere daraus verschwinden, was anfangs etwas beängstigend sein kann, aber es kann auch wunderbar, erfrischend und aufregend sein.

23. Oktober

Ich bin offen und empfänglich
für alles Gute

Heute geht es bei der Spiegelarbeit darum, Wohlstand zu empfangen.

Stellen Sie sich mit ausgebreiteten Armen hin und sagen Sie:

- *Ich bin offen und empfangsbereit für alles Gute.*

Schauen Sie nun in den Spiegel und sprechen Sie die Affirmation erneut:

- *Ich bin offen und empfangsbereit für alles Gute.*

Wiederholen Sie die Affirmation zehnmal.

Achten Sie darauf, wie Sie sich fühlen. Fühlen Sie sich befreit?

Machen Sie diese Übung so oft es geht morgens. Das ist ein wundervoller Weg, Ihr Wohlstandsbewusstsein zu erhöhen.

24. Oktober

Heute folge ich meinem Glück

Ich glaube, dass wir viele Male auf diesen Planeten kommen, um immer neue Lektionen zu lernen. Die Erde ist für uns wie eine Schule. Ehe wir uns zu einer bestimmten Zeit auf diesem Planeten inkarnieren, entscheiden wir selbst, welche Lektion wir lernen wollen, um unsere Spiritualität zu entwickeln. Wenn wir uns unsere Lektion ausgesucht haben, wählen wir auch alle äußeren Umstände und Situationen aus, die unser Lernen ermöglichen, einschließlich unserer Eltern, unseres Geschlechts, Geburtsortes und Rasse. Glauben Sie daran, dass Sie bis zum jetzigen Augenblick in Ihrem Leben immer die richtigen Entscheidungen getroffen haben.

Es ist entscheidend wichtig, dass Sie sich auf Ihrem Weg durchs Leben ständig Ihrer Geborgenheit bewusst sind. Alles befindet sich in stetem Wandel. Vertrauen Sie darauf, dass Ihr Höheres Selbst Sie leitet und auf Wege führt, die für Ihr spirituelles Wachstum am besten sind. Wie Joseph Campbell einmal sagte: »Folgen Sie stets Ihrem Glück.«

25. Oktober

**Ich vertraue, dass meine Unternehmungen
von der Göttlichen Intelligenz geleitet werden und
ich von Erfolg zu Erfolg schreite**

Ich weiß, dass die Gedanken in meinem Kopf meine Arbeitsbedingungen beeinflussen, deshalb wähle ich meine Gedanken mit Bedacht. Meine Gedanken sind positiv und förderlich; deshalb bin ich reich.

Ich wähle harmonische Gedanken; deshalb arbeite ich in einer harmonischen Umgebung.

Ich liebe es morgens aufzustehen, weil ich weiß, dass ich wichtige Arbeiten vor mir habe. Ich habe eine anspruchsvolle Arbeit, die mich tief erfüllt. Mein Herz ist mit Stolz erfüllt, wenn ich an meine Arbeit denke. Ich werde immer Arbeit haben, immer produktiv sein.

Das Leben ist gut. Und so ist es!

26. Oktober

Ich bin Liebe,
Energie und ein leuchtendes Licht

Konkurrenzdenken und das ständige Vergleichen mit anderen sind große Stolpersteine, die Ihre Kreativität blockieren. Sie sind einzigartig und unterscheiden sich von allen anderen Menschen. Nie zuvor hat es einen Menschen wie Sie gegeben, mit wem wollen Sie sich also vergleichen oder konkurrieren? Wenn Sie sich mit anderen vergleichen, fühlen Sie sich entweder überlegen oder unterlegen, was Ausdruck Ihres Egos und Mangel an Bewusstheit ist. Wenn Sie sich mit anderen vergleichen, um sich selbst ein bisschen besser zu fühlen, sagen Sie damit, dass jemand anderes nicht gut genug ist. Doch in Wahrheit ziehen Sie so nur die Kritik der anderen auf sich. Wir alle tun das auf die eine oder andere Weise, und es ist gut, wenn wir es schaffen, dieses Verhalten abzulegen. Erleuchtung bedeutet, sich nach innen zu wenden und Ihr inneres Licht erstrahlen zu lassen, damit es alle Dunkelheit in Ihnen auflöst. Alles verändert sich ständig. Was früher einmal richtig für Sie war, ist es vielleicht längst nicht mehr. Damit Sie Ihr Wachstum nicht blockieren, müssen Sie immer wieder in sich hineinhorchen, was im Hier und Jetzt richtig für Sie ist.

Aus: »Wahre Kraft kommt von Innen«

27. Oktober

Ich segne mein Handy

Jedes Mal, wenn ich mein Telefon benutze, segne ich es mit Liebe und erkläre oft, dass es mir nur Wohlstand und Sympathiebezeugungen übermittelt.

Das Gleiche mache ich mit meinem Briefkasten. Er ist jeden Tag randvoll mit einem Reichtum an Botschaften jeglicher Art: Es schreiben Freunde, Klienten und Leser meines Buches, die weit entfernt leben.

Über die Rechnungen freue ich mich und danke den Firmen, dass sie meiner Zahlungsfähigkeit vertrauen.

Ich segne meine Türklingel und die Haustüre, weil ich weiß, dass in mein Haus nur Gutes kommt.

Ich erwarte von meinem Leben, dass es gut und erfreulich verläuft, und so ist es dann auch.

 # 28. Oktober

Das Gesetz der Anziehung bringt nur
Gutes in mein Leben

Ich habe immer wieder erlebt, dass das Universum Dankbarkeit liebt.

Je dankbarer Sie sind, desto mehr Gutes wird zu Ihnen kommen. Damit meine ich nicht nur materielle Dinge. Ich meine all die Menschen, Orte und Erfahrungen, die das Leben so wunderbar lebenswert machen. Sie wissen, wie toll Sie sich fühlen, wenn Ihr Leben reich an Liebe, Freude, guter Gesundheit und Kreativität ist, alle Ampeln für Sie auf Grün springen und Sie immer einen Parkplatz bekommen.

Und genau so ist unser Leben gedacht!

Das Universum beschenkt uns reich und großzügig und liebt es, wenn wir diese Gaben wertschätzen.

29. Oktober

Ich bin mein eigenes, einzigartiges Selbst

Sie sind nicht Ihr Vater. Sie sind nicht Ihre Mutter. Sie sind keiner Ihrer Verwandten. Sie sind nicht Ihre Lehrer oder die einengenden religiösen Vorstellungen, die Ihnen vermittelt wurden.

Sie sind Sie selbst.

Sie sind speziell und einzigartig, mit Ihrer ganz eigenen Kombination aus Talenten und Fähigkeiten. Niemand hat genau das gleiche Potenzial wie Sie, kann die gleichen Dinge zum Ausdruck bringen.

Man kann Menschen nicht vergleichen, und deshalb gibt es auch keine Konkurrenz. Sie verdienen es, dass Sie sich selbst lieben und wertschätzen. Sie sind ein großartiges Wesen. Sie sind frei.

Erkennen Sie das als Ihre neue persönliche Wahrheit an. Und so ist es.

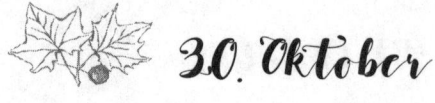

30. Oktober

 **Wir sind wundervolle spirituelle Wesen,
die das Menschsein erfahren wollen**

Ich bin eins mit allem Leben, und das Leben liebt und unterstützt mich. Daher beanspruche ich für mich in jedem Alter geistigen Frieden und Lebensfreude. Jeder Tag ist neu und anders, mit seinen eigenen freudvollen Erlebnissen. Ich nehme aktiv am Leben teil. Ich bin offen für Neues und lerne gerne. Ich sorge ausgezeichnet für meinen Körper. Ich wähle Gedanken, die mich glücklich machen. Ich bin spirituell mit dem Universum verbunden, das mich immer beschützt und erhält. Ich bin nicht meine Eltern, und ich muss nicht auf die gleiche Art alt werden wie sie. Ich bin einzigartig und wähle es, bis zu meinem letzten Tag auf diesem Planeten ein erfülltes Leben zu führen. Ich bin im Frieden mit meinem Dasein, und ich liebe das Leben in seiner Gesamtheit. Das ist die Wahrheit meines Seins, und ich akzeptiere, dass es so ist. Alles ist gut in meinem Leben.

31. Oktober

 Altern

Ich bin eins mit dem Leben, und alles Leben liebt und unterstützt mich. Daher beanspruche ich für mich geistigen Frieden und Lebensfreude in jedem Alter.

Jeder Tag ist neu und anders und bringt seine eigenen Freuden. Ich nehme aktiv am Leben in der Welt teil. Ich lerne gerne dazu und bin offen für neue Erkenntnisse und Einsichten. Ich sorge bestens für meinen Körper. Ich wähle Gedanken, die mich glücklich machen. Ich habe eine starke Verbindung zum Spirituellen, die mich zu allen Zeiten trägt und nährt. Ich bin nicht meine Eltern und muss nicht so altern oder sterben wie sie. Ich bin mein eigenes, einzigartiges Selbst, und ich entscheide mich dafür, bis zu meinem letzten Tag auf diesem Planeten ein zutiefst erfülltes Leben zu führen. Ich lebe in Harmonie und liebe die Gesamtheit des Lebens. Das ist die Wahrheit meines Seins, und ich akzeptiere sie jetzt. Alles ist gut in meinem Leben.

1. November

Zu welcher Tätigkeit ich auch
hingeführt werde, ich werde erfolgreich sein

- *In der Unendlichkeit des Lebens, dort, wo ich bin, ist alles heil und vollkommen.*
- *Ich bin eins mit der Macht, die mich geschaffen hat.*
- *Ich trage alles Erfolgsnotwendige in mir.*
- *Ich lasse jetzt die Erfolgsformel durch mich strömen und sich in meiner Welt manifestieren.*
- *Alles, zu dem meine innere Weisheit mich hinführt, wird ein Erfolg.*
- *Ich lerne aus jeder Erfahrung.*
- *Ich schreite von Erfolg zu Erfolg.*
- *Mein Weg führt mich Schritt für Schritt zu immer größeren Erfolgen.*
- *Alles ist gut in meiner Welt.*

2. November

Ich vertraue dem Leben,
sich um mich zu kümmern
von Robert Holden

»Meine innere Stimme ist meine Freundin. Sie spricht mit mir. Ich kann mich immer auf sie verlassen«, sagt Louise. Ich habe Louise bei drei Gelegenheiten zum Thema innere Stimme interviewt. Jedes Mal verblüfft es mich, wie dankbar sie für diese innere Stimme ist. Sie spricht mit Achtung und Liebe von ihr. Auf sie zu hören ist für Louise eine tägliche spirituelle Praxis.

»Meine innere Stimme ist immer bei mir. Wenn ich auf sie höre, finde ich alle Antworten, die ich benötige.«

»Woher kommt denn Ihre innere Stimme?«, frage ich.

»Von überallher! Meine innere Stimme ist der Teil von mir, der auf die große Weisheit lauscht«, sagt sie.

»Ist das die Eine Intelligenz, von der Sie in *Gesundheit für Körper und Seele* sprechen?«, frage ich.

»Ja, die Eine Intelligenz, die uns allen Führung und Inspiration anbietet.«

»Haben wir also alle eine innere Stimme?«, frage ich.

»Jedes Kind wird damit geboren«, versichert mir Louise.

3. November

**Ich gebe meinem Inneren Kind alle Liebe,
die es verlangt, und noch mehr**

Egal, wie alt Sie sind, in Ihnen gibt es ein Inneres Kind, das sich nach Liebe und Anerkennung sehnt. Wenn Sie eine Frau sind, egal, wie unabhängig und selbstbewusst sie sind, dann gibt es in Ihnen ein Kind, das sehr zart ist und Hilfe braucht. Wenn Sie ein Mann sind, dann tragen Sie, auch wenn Sie nach außen ein Macho zu sein scheinen, einen kleinen Jungen in Ihrem Inneren, der sich nach Wärme und Zuneigung sehnt.

Liebe ist die größte Heilkraft, die ich kenne. Liebe kann selbst die schmerzhaftesten Erinnerungen heilen, weil Liebe das helle Licht des Verständnisses in die dunkelsten Ecken unseres Geistes bringt. Egal, wie schmerzvoll unsere frühe Kindheit war, die Liebe zu unserem Inneren Kind wird uns helfen, sie zu heilen.

Im sicheren Raum unserer eigenen Gedanken können wir neue Entscheidungen treffen und neue Gedanken denken. Gedanken der Vergebung und der Liebe zu unserem Inneren Kind öffnen uns neue Wege und das Universum unterstützt uns, sie zu beschreiten.

4. November

Alles geschieht zu meinem Besten

Alles wendet sich zum Guten, aber wenn man mitten in einer unerfreulichen Erfahrung steckt, ist es manchmal schwer, sich das klarzumachen. Denken Sie einmal über negative Erfahrungen nach, die Sie in der Vergangenheit gemacht haben. Vielleicht wurden Sie gefeuert, oder Ihr Ehepartner verließ Sie. Betrachten Sie die ganze Sache jetzt einmal von einer höheren Warte aus. Resultierten nicht letztlich viele gute Sachen aus dieser Erfahrung? Ich habe schon oft gehört: »Ja, mir ist damals wirklich etwas Schlimmes passiert, aber wäre es nicht geschehen, hätte ich niemals diesen oder jenen Menschen getroffen … oder mein eigenes Geschäft gegründet … oder mir eingestanden, dass ich suchtkrank war … oder gelernt, mich selbst zu lieben.«

Indem wir darauf vertrauen, dass die Göttliche Intelligenz uns das Leben auf die für uns beste Weise erleben lässt, ermöglichen wir es uns, alles zu genießen, was das Leben zu bieten hat; das Gute ebenso wie das sogenannte Schlechte. Versuchen Sie, das auf Ihre Arbeit anzuwenden und achten Sie darauf, welche Veränderungen sich dadurch einstellen.

5. November

Mit meiner Arbeit bringe ich göttliche Liebe zum Ausdruck

Unser Unternehmen ist eine Göttliche Idee im Einen Geist, erschaffen aus Göttlicher Liebe und von ihr getragen. Alle Angestellten wurden von der Liebe zusammengeführt und sind zur rechten Zeit am rechten Ort.

Unsere Produkte und Dienstleistungen werden von der Göttlichen Intelligenz erschaffen. Die Göttliche Liebe führt uns mit jenen Menschen zusammen, die genau das benötigen, was wir anzubieten haben, sodass für alle Beteiligten Freude und Erfüllung entsteht. Wir lassen jetzt alle alten Muster des Mangeldenkens und der Kritik hinter uns, denn wir wissen, dass unser Bewusstsein bestimmt, welche Umstände wir für unsere Firma erschaffen. Liebevoll nutzen wir Affirmationen und konstruktives Denken, um für uns privat und für unser Unternehmen immer mehr Wohlstand und Fülle zu erschaffen. Wir öffnen unser Bewusstsein und lassen uns nicht länger durch negative Denkmuster einschränken. Der Göttliche Geist ist unser Unternehmensberater und hat Pläne für uns, die unsere kühnsten Träume übertreffen. Unser Leben ist von Liebe und Freude erfüllt, weil unser Unternehmen eine Göttliche Idee ist.

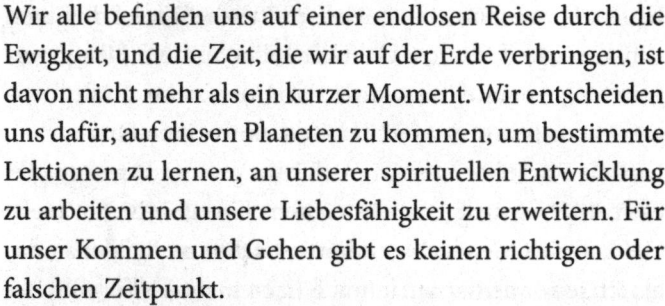

6. November

Ich bin Liebe.
Die Liebe ist die einzige Realität

Wir alle befinden uns auf einer endlosen Reise durch die Ewigkeit, und die Zeit, die wir auf der Erde verbringen, ist davon nicht mehr als ein kurzer Moment. Wir entscheiden uns dafür, auf diesen Planeten zu kommen, um bestimmte Lektionen zu lernen, an unserer spirituellen Entwicklung zu arbeiten und unsere Liebesfähigkeit zu erweitern. Für unser Kommen und Gehen gibt es keinen richtigen oder falschen Zeitpunkt.

Stets kommen wir in der Mitte des Films, und in der Mitte des Films gehen wir auch wieder. Wir gehen, wenn unsere spezielle Aufgabe in diesem Leben erfüllt ist.

Wir kommen hierher, um uns selbst besser lieben zu lernen und um diese Liebe mit den Menschen um uns zu teilen. Wir kommen hierher, um unser Herz zu öffnen. Wenn wir gehen, ist unsere Liebesfähigkeit das Einzige, was wir mitnehmen.

Würden Sie heute gehen, wie viel Liebesfähigkeit würden Sie dann mitnehmen?

7. November

Ich sage JA! zu meinen Chancen und meinem Wohlstand

Ich weiß, dass ich eins mit allem Leben bin. Ich bin umgeben und erfüllt von Unendlicher Weisheit. Daher vertraue ich völlig darauf, dass das Universum mich in jeder Hinsicht unterstützt. Alles, was ich jemals brauchen könnte, wartet bereits auf mich. Auf diesem Planeten gibt es mehr Nahrung, als ich je essen könnte. Es gibt mehr Geld, als ich je ausgeben könnte. Es gibt mehr Menschen, als ich je kennenlernen kann. Es gibt mehr Liebe, als ich je erleben kann. Es gibt mehr Freude, als ich mir vorstellen kann. Diese Welt bietet mir alles, was ich brauche und mir wünsche. Und das alles steht mir zur freien Verfügung.

Der Eine Unendliche Geist, die Eine Unendliche Intelligenz, sagt immer Ja zu mir. Ganz egal, was ich denke oder sage, das Universum sagte immer Ja. Daher verschwende ich keine Zeit mit negativen Gedanken. Ich entscheide mich dafür, mich und mein Leben ausschließlich positiv zu sehen.

Ich sage Ja! zu Wohlstand. Ich sage Ja! zu allen guten Dingen des Lebens. Ich bin ein Ja!-Mensch, der in einer Ja!-Welt lebt und den das Ja!-Universum uneingeschränkt unterstützt. Ich freue mich, dass es so ist.

8. November

**Ich bin dabei, mein eigener
bester Freund zu werden – die Person,
mit der ich am glücklichsten bin**

Das Leben ist heilig. In meinem Herzen wohnen alle Teile meines Selbst – der Säugling, das Kind, der Teenager, der junge Erwachsene, der reife Erwachsene, mein gegenwärtiges und mein zukünftiges Selbst.

Jeder Fehltritt, jeder Irrtum, jeder Schmerz und jede Kränkung werden von mir als Teil meiner Geschichte akzeptiert.

Alle Licht- und Schattenseiten meiner Geschichte sind wertvoll auf eine Weise, die mein bewusster Verstand nicht völlig zu begreifen braucht. In diesem Augenblick entscheide ich mich dafür, alle Teile meiner Persönlichkeit zu akzeptieren und zu lieben.

Ich empfinde Mitgefühl für mich selbst und ebenso auch für meine Mitmenschen.

Ich erschaffe ein Leben voller Akzeptanz und Verständnis.

9. November

**Je großzügiger ich dem Leben meine Gaben
und Talente schenke, desto reicher werde
ich selbst beschenkt**

Sprechen Sie morgens gleich nach dem Aufwachen folgende Affirmationen:

- *Guten Morgen, Bett! Ich bin dankbar für die Bequemlichkeit und Wärme, die du mir heute Nacht wieder geschenkt hast. ...*
- *[Ihr Name], dies ist ein gesegneter Tag. Alles ist gut.*

Nehmen Sie sich ein paar Minuten Zeit, um sich im Bett zu entspannen und an alles zu denken, wofür Sie dankbar sind.

Wenn Sie bereit zum Aufstehen sind, schauen Sie sich tief und liebevoll im Spiegel an. Zählen Sie auf, wofür Sie dankbar sind. Sagen Sie es als Affirmationen:

- *Ich bin dankbar für mein schönes Lächeln.*
- *Ich bin dankbar dafür, dass ich mich heute so gesund fühle.*
- *Ich bin dankbar für meinen Job, in dem ich heute arbeiten kann.*
- *Ich bin dankbar für die Freunde, die ich heute treffen werde.*

Jedes Mal, wenn Sie heute an einem Spiegel vorbeikommen, halten Sie kurz inne und bedanken sich in Form einer Affirmation für etwas.

10. November

Wohin ich auch gehe, werde ich mit Wärme und Freundlichkeit empfangen

Ich bin eins mit dem Leben, und alles Leben liebt und unterstützt mich. Daher beanspruche ich für mich einen frohen, liebevollen Freundeskreis. Gemeinsam, und jeder für sich allein, haben wir eine wunderbare Zeit.

Ich identifiziere mich nicht mit meinen Eltern und deren Denk- und Verhaltensmustern im Umgang mit anderen Menschen. Ich bin mein eigenes, einzigartiges Selbst, und ich entscheide mich dafür, nur liebevolle, mitfühlende und hilfsbereite Menschen in meine Welt zu lassen.

Wohin ich auch gehe, überall begegnet man mir mit Wärme und Freundlichkeit.

Ich verdiene nur die besten Freunde und lasse es zu, dass mein Leben erfüllt ist von Liebe und Freude. Das ist die Wahrheit meines Seins, und ich akzeptiere sie jetzt.

Alles ist gut in meiner freundlichen Welt.

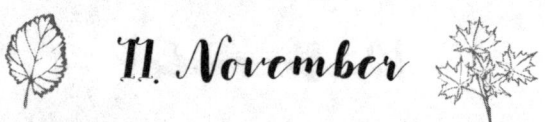

11. November

Ich freue mich über das Glück der anderen

Verzögern Sie Ihren eigenen Wohlstand nicht dadurch, dass Sie sich ärgern oder eifersüchtig werden, weil ein anderer mehr hat als Sie.

Kritisieren Sie nicht die Art anderer, ihr Geld auszugeben. Es geht Sie nichts an.

Jeder Mensch gehorcht dem Gesetz seines Bewusstseins. Kümmern Sie sich ausschließlich um Ihre eigenen Gedanken.

Segnen Sie das Glück anderer und seien Sie sich gewiss, dass immer mehr als genug für alle da ist.

12. November

Wahrheit und Frieden sind die Grundlagen meines Lebens

Lassen Sie sich von der wunderbaren, fürsorglichen Liebe in Ihrem Herzen leiten. Bleiben Sie stets in dieser Liebe verwurzelt und akzeptieren Sie sich so, wie Sie sind. Was immer auch dort draußen geschieht, Sie ruhen geborgen in Ihrer Mitte. Sie haben ein Recht auf Ihre eigenen Gefühle. Sie sind, was Sie sind. Arbeiten Sie daran, sich selbst zu lieben. Arbeiten Sie daran, Ihr Herz zu öffnen. Manchmal kann das in uns Ängste auslösen, weil das, was die Weisheit Ihres Herzens Ihnen sagt, etwas ganz anderes sein kann als das, was Ihre Freunde Ihnen raten. Und doch wissen Sie tief drinnen, was für Sie richtig ist. Und wenn Sie auf diese innere Weisheit hören, leben Sie im Frieden mit Ihrem eigenen Sein.

Treffen Sie Entscheidungen, die für Sie richtig sind. Wenn Sie zweifeln, fragen Sie sich: »Handle ich aus der Liebe in meinem Herzen?«

Eine Entscheidung kann jetzt gerade für Sie richtig sein, aber später, in einer Woche, einem Monat oder einem Jahr, nicht mehr angemessen, und darum haben Sie die Freiheit, sich umzuentscheiden. Fragen Sie sich stets: »Ist das richtig für mich?« Und sagen Sie: »Ich liebe mich und treffe die richtigen Entscheidungen.«

 # 13. November

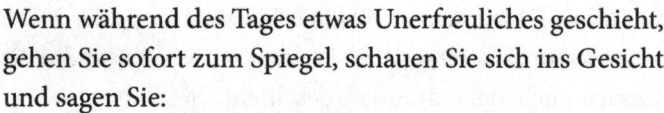

Ich weiß, dass das Universum mich liebt, wie auch immer die Lage gerade im Moment sein mag

Wenn während des Tages etwas Unerfreuliches geschieht, gehen Sie sofort zum Spiegel, schauen Sie sich ins Gesicht und sagen Sie:

»Ich liebe dich trotzdem.«

Was auch geschieht, die Liebe, die Sie für sich selbst empfinden, ist eine Konstante und das Wichtigste im Leben. Wenn etwas Wunderbares geschieht, gehen Sie zum Spiegel, schauen Sie sich ins Gesicht und sagen Sie:

»Ich danke dir.«

Schenken Sie sich selbst Anerkennung und Wertschätzung dafür, dass Sie diese wunderbare Erfahrung erzeugt haben.

14. November

Ich gebe mir die Zeit, die ich brauche, um meinen Schmerz zu durchleben

- *Der Tod ist die Tür zu einem neuen Leben.*
- *Liebevoll akzeptiere ich meine Trauer.*
- *In tiefem Frieden gedenke ich der Lieben, die von uns gegangen sind.*
- *Ich gebe mir die Zeit, die ich brauche, um meine Trauer zu verarbeiten.*
- *Unser Geist kann uns niemals genommen werden, denn er ist das Ewige an uns.*
- *Der Tod ist ein natürlicher Bestandteil des Lebens.*
- *Jeder Mensch stirbt zur rechten Zeit und am rechten Ort.*
- *Ich weiß, wo immer ich auch bin, bin ich beschützt und geliebt und vom Leben total unterstützt.*
- *Unser Geist und unsere Seele sind immer in Sicherheit und immer lebendig.*
- *Ich lasse das Licht meiner Liebe strahlen, damit es mich und andere tröstet.*
- *Es gibt keinen Tod, nur eine Änderung der Gestalt.*

15. November

Ich rede und denke positiv
von Robert Holden

Ich bin nicht bereit. Wenn Sie sich das sagen hören, spricht dann Ihre Seele oder Ihr Ego? Viele von uns denken diesen Gedanken, wenn eine Veränderung, etwas Neues bevorsteht, etwa eine Heirat, Nachwuchs, eine Geschäftsgründung, das Schreiben eines Buches oder eine öffentliche Rede. Ist es wirklich wahr, dass Sie nicht bereit sind? Wenn ja, bitten Sie um zusätzliche Hilfe. Wenn nicht, sagen Sie Ihrem Ego, dass es sich entspannen und Ihrer Seele die Führung überlassen soll.

Wir bringen unser Leben damit zu, immer wieder zu denken: Ich bin nicht bereit, doch eines Tages ändert sich das. Nun denken wir: Ich bin zu alt. Wer sagt das? Spielt das Alter für Ihre Seele überhaupt eine Rolle? Sind Sie wirklich zu alt, oder geht es eigentlich darum, dass Sie sich minderwertig fühlen oder sich von Ängsten einengen lassen? Wenn Sie Ihr Denken beobachten ohne zu werten, erkennen Sie, was es mit einem Gedanken wirklich auf sich hat.

Louise sagt: »Ein Gedanke ist einfach nur eine Idee. Und Sie denken entweder mit dem Bewusstsein Ihrer Seele oder Ihres Egos.«

16. November

Mich selbst zu lieben öffnet die Tür für positive Veränderungen

Spirituelles Wachstum geschieht oft auf seltsamen Wegen. Das kann eine zufällige Begegnung sein, ein Unfall, eine Krankheit oder der Verlust eines geliebten Menschen. Etwas in mir drängt mich, neue Wege einzuschlagen, oder ich werde durch äußere Ereignisse mit Macht daran gehindert, mein Leben in den bisherigen Bahnen fortzusetzen. Das ist bei jedem Menschen ein bisschen anders. Ich wachse spirituell, wenn ich die Verantwortung für mein Leben übernehme. Das verleiht mir die innere Kraft, die nötigen persönlichen Veränderungen zu vollziehen.

Beim spirituellen Wachstum geht es nicht darum, andere Menschen zu ändern. Spirituelles Wachstum geschieht in einem Menschen, der bereit ist, sich nicht länger als Opfer zu fühlen, der Vergebung praktiziert und offen für ein neues Leben ist. Nichts davon geschieht über Nacht. Es handelt sich um eine schrittweise Entwicklung. Wenn ich beginne, mich selbst zu lieben, öffnet das die Tür. Und meine Bereitschaft, mich zu verändern, ist dabei ebenfalls eine große Hilfe.

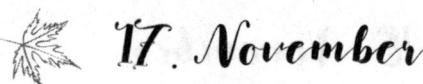  

17. November

**Alles, was ich suche,
trage ich bereits in mir**

Ihre Sicherheit ist weder Ihr Beruf noch Ihr Bankkonto noch Ihre Geldanlagen noch Ihr Ehepartner oder Ihre Eltern.

Ihre Sicherheit ist Ihre Fähigkeit, sich mit der kosmischen Macht zusammenzutun, die alles erschafft.

18. November

 Ich lebe in einem freundlichen Universum
von Robert Holden

»Was halten Sie von der Idee eines freundlichen Universums?«, frage ich Louise. Sie denkt einen Moment über die Frage nach. »Ich finde, dass es eine sehr gute Idee ist«, antwortet sie mit einem Lächeln.

»Ist das Universum freundlich?«, frage ich Louise.

»Es gibt nur einen Weg, das herauszufinden«, sagt sie.

»Und was ist das für ein Weg?«

»Sagen Sie Ja.« Louise lächelt.

»Was meinen Sie damit?«

»Wenn die Antwort Nein ist, werden Sie nie herausfinden, ob das Universum freundlich ist«, sagt sie.

»Weil man die Freundlichkeit nicht sehen wird, wenn man Nein sagt.«

»Genau. Aber wenn Sie Ja sagen, werden Sie sie erfahren.«

»Es hängt also von unserem Ja ab.«

»Die Antwort liegt in uns selbst«, sagt Louise.

 # 19. November

**Das Leben bringt mir nur gute Erfahrungen –
ich bin offen für neue und wundervolle
Veränderungen**

Die Fülle dieser Welt wartet nur darauf, dass Sie sich für sie öffnen.

Wenn Sie sich bewusst werden, dass es mehr Geld gibt, als Sie je ausgeben können, und mehr Menschen, als Sie je kennenlernen können, und mehr Freuden, als Sie es sich je ausmalen können, dann haben Sie alles, was Sie brauchen und ersehnen.

Wenn Sie um Ihr Höchstes Gutes bitten, sollten Sie auch darauf vertrauen, dass Ihre innere Kraft es Ihnen zugänglich macht. Seien Sie ehrlich mit sich und anderen. Wenn Sie betrügen, auch nur ein kleines bisschen, wird dieser Betrug auf Sie zurückfallen.

Die Unendliche Intelligenz, die allgegenwärtig ist, sagt »Ja!« zu Ihnen. Wenn etwas in Ihr Leben tritt, stoßen Sie es nicht weg, sondern sagen Sie »Ja!« dazu. Öffnen Sie sich dafür, Gutes zu empfangen. Sagen Sie »Ja!« zu Ihrer Welt. Dann stehen ungeahnte Möglichkeiten und Reichtümer zu Ihrer Verfügung.

20. November

**Ich bin hier, um mich selbst
und den ganzen Planeten zu lieben**

Nur wir allein können die Welt retten. Wenn wir uns für dieses gemeinsame Ziel verbünden, werden wir die Antworten finden. Wir müssen stets daran denken, dass es in uns etwas gibt, das größer als unser Körper, größer als unsere Persönlichkeit, größer als unsere Krankheiten und größer als unsere Vergangenheit ist. In uns gibt es etwas, das größer ist als unsere Beziehungen zu anderen Menschen. Unsere wahre Mitte ist reiner Geist. Ewiger Geist. Der immer war und immer sein wird. Wir sind hier, um uns selbst zu lieben. Und um einander zu lieben. Indem wir das tun, finden wir die Antworten, die uns ermöglichen, uns und den Planeten zu heilen. Wir leben in außergewöhnlichen Zeiten. So vieles verändert sich. Und es mag sein, dass wir die Probleme noch gar nicht völlig überblicken. Und doch geben wir unser Bestes. Auch diese schweren Zeiten werden vorübergehen, und wir werden Lösungen finden. Wir sind Geist. Und wir sind frei. Wir verbinden uns miteinander auf einer spirituellen Ebene, weil wir wissen, dass uns diese Ebene niemals genommen werden kann. Auf dieser Ebene des Geistes sind wir alle eins. Wir sind frei. Und so sei es.

21. November

**Ich liebe es, mir Zeit für ein achtsames Essen
zu nehmen und meine Mahlzeit
wirklich zu genießen**

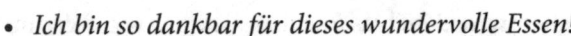

- *Ich bin so dankbar für dieses wundervolle Essen!*
- *Mein Körper liebt das Essen, das ich für ihn auswähle.*
- *Alle meine Mahlzeiten sind harmonisch.*
- *Ich nehme mir die Zeit, meine Mahlzeiten zu genießen.*
- *Gestärkt durch eine gute Mahlzeit gehe ich in den Tag.*
- *Mein Körper wird mit jedem Bissen gesünder und kräftiger.*
- *Mahlzeiten sind glückliche Zeiten.*
- *Meine Familie liebt es, gemeinsam zu essen.*
- *Ich segne dieses Essen und meinen Körper liebevoll.*
- *Ich höre auf zu essen, wenn ich angenehm gesättigt bin.*
- *Während ich esse, höre ich auf meinen Körper.*
- *Dieses Essen hat eine wohltuende, heilende Wirkung auf mich.*
- *Mein Geschmack ändert sich von Tag zu Tag – Speisen, die nicht wirklich gesund und nahrhaft sind, schmecken mir nicht mehr.*
- *Ich höre auf meinen Appetit.*
- *Ich bin bereit, mir Zeit zu lassen für ein gutes, ausgiebiges Mahl.*

22. November

**Ich habe ein gutes Selbstwertgefühl,
weil ich mich liebe und achte**

Da Sie sich selbst achten und lieben, sind Sie frei und können selbst entscheiden, was Sie über sich denken. Warum sollten Sie also sich selbst kritisieren und schlecht von sich denken?

Sie kamen mit einem gesunden Selbstvertrauen auf diese Welt. Sie wussten, wie wunderbar Sie sind. Als kleines Kind waren Sie vollkommen. Sie mussten nichts dafür tun – Sie waren bereits vollkommen. Und Sie handelten aus diesem Bewusstsein heraus. Sie wussten, dass Sie der Mittelpunkt des Universums waren. Sie scheuten sich nicht, Ihre Wünsche zu äußern. Sie drückten frei Ihre Gefühle aus. Ihre Mutter wusste, wenn Sie wütend waren; ja sogar die ganze Nachbarschaft hörte es. Und wenn Sie glücklich waren, erhellte Ihr Lächeln das ganze Zimmer. Sie waren so voller Liebe und Selbstvertrauen!

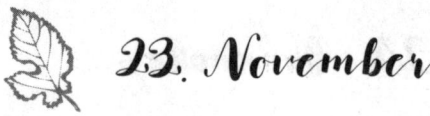

23. November

**Ich bin offen und empfänglich für alles Gute
und die Fülle des Universums**

Ich setze mich mindestens einmal täglich mit ausgebreiteten Armen hin und sage: »Ich bin offen und empfänglich für alles Gute und die Überfülle des Universums.«
Das vermittelt mir ein Gefühl der inneren Offenheit und Empfangsbereitschaft.
Das Universum kann mir nur das zuteilen, was ich in meinem Bewusstsein habe. Aber in meinem Bewusstsein kann ich mir immer mehr schaffen. Es ist wie eine kosmische Bank. Ich tätige geistige Einzahlungen, indem ich mir meiner schöpferischen Fähigkeiten immer mehr bewusst werde. Meditationen, geistige Behandlungen und Affirmationen sind geistige Einzahlungen.

24. November

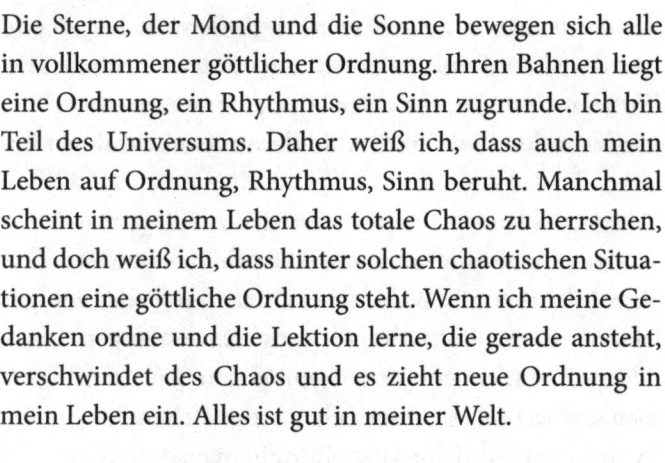

**Ich lebe geborgen im Universum,
und alles Leben liebt und unterstützt mich**

Die Sterne, der Mond und die Sonne bewegen sich alle in vollkommener göttlicher Ordnung. Ihren Bahnen liegt eine Ordnung, ein Rhythmus, ein Sinn zugrunde. Ich bin Teil des Universums. Daher weiß ich, dass auch mein Leben auf Ordnung, Rhythmus, Sinn beruht. Manchmal scheint in meinem Leben das totale Chaos zu herrschen, und doch weiß ich, dass hinter solchen chaotischen Situationen eine göttliche Ordnung steht. Wenn ich meine Gedanken ordne und die Lektion lerne, die gerade ansteht, verschwindet des Chaos und es zieht neue Ordnung in mein Leben ein. Alles ist gut in meiner Welt.

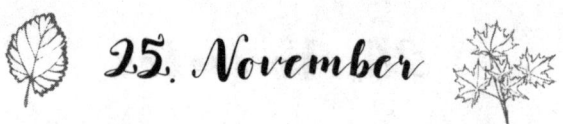

25. November

Ich lebe in der Fülle der Möglichkeiten

Sagen und wiederholen Sie:
Ich lebe in der Gesamtheit aller Möglichkeiten. Wo ich bin, ist alles Gute. Denken Sie ein paar Minuten über diese Worte nach. *Alles Gute.* Nicht nur ein kleines bisschen, sondern *alles Gute.* Wenn Sie daran glauben, dass alles möglich ist, öffnen Sie sich für die Antworten auf all Ihre Lebensprobleme.

Wo wir sind, ist die Gesamtheit aller Möglichkeiten.

Stets haben wir die Wahl, sei es als Einzelne oder auf kollektiver Ebene. Entweder wir errichten Mauern um uns, oder wir fühlen uns sicher genug, uns ganz zu öffnen, sodass alles Gute in unser Leben strömen kann.

Beobachten Sie sich selbst objektiv. Registrieren Sie, was in Ihnen vorgeht – wie Sie sich fühlen, wie Sie reagieren, was Sie glauben –, und gestatten Sie es sich, einfach Vorurteils- und kommentarlos zu beobachten.

Wenn Ihnen das gelingt, werden Sie Ihr Leben aus der Gesamtheit aller Möglichkeiten heraus leben.

26. November

Ich bin dankbar für das Leben,
jetzt und immerdar

Tief im Zentrum meines Seins gibt es einen unerschöpflichen Brunnen der Dankbarkeit. Ich lasse jetzt diese Dankbarkeit mein Herz erfüllen, mein Denken, mein ganzes Sein. Diese Dankbarkeit strahlt von mir überallhin aus, berührt alles in meiner Welt und kehrt mit noch mehr Geschenken und wunderbaren Erfahrungen zu mir zurück. Dankbarkeit bewirkt, dass ich mich gut fühle. Sie ist Ausdruck meiner inneren Freude und bewirkt, dass es mir wohlig warm ums Herz wird. Ich bin dankbar, dass es mich und meinen Körper gibt. Ich bin dankbar für meine Fähigkeit, zu sehen und zu hören, zu fühlen, schmecken und berühren. Ich bin dankbar für mein Zuhause und gestalte und pflege es liebevoll. Ich bin dankbar für meine Familie und meine Freunde. Ich bin dankbar für meine Arbeit und gebe stets mein Bestes. Ich bin dankbar für meine Talente und Fähigkeiten und entfalte sie auf erfüllende Art und Weise. Ich bin dankbar für meine früheren Erfahrungen, denn ich weiß, dass sie Teil meiner Entwicklung sind. Ich bin dankbar für die Natur und achte jedes Lebewesen. Ich bin für den heutigen und für alle zukünftigen Tage dankbar. Ich bin dankbar für das Leben, jetzt und immerdar.

27. November

Dankbar und liebevoll gebe und empfange ich Geschenke

Tief im Zentrum meines Seins gibt es eine unendliche Quelle der Dankbarkeit. Ich öffne mich jetzt dafür, dass diese Dankbarkeit mein gesamtes Sein erfüllt. Sie strahlt von mir aus und berührt alles, was Teil meiner Welt ist. Als noch mehr, für das ich dankbar sein kann, kehrt sie zu mir zurück.

Dieser Tag ist ein heiliges Geschenk des Lebens. Ich öffne meine Arme weit, um den reichen Schatz des Wohlstandes zu empfangen, den das Universum für mich bereithält. Das Universum unterstützt mich auf jede erdenkliche Weise. Ich lebe in einem liebevollen, reichen und harmonischen Universum, und ich bin dankbar.

Es gibt im Leben Zeiten, in denen das Universum mir Gutes schenkt, ich aber nicht in der Lage bin, mich zu revanchieren. Ich erinnere mich, dass viele Menschen mir in Zeiten enorm geholfen haben, als ich selbst mich bei Ihnen nicht angemessen revanchieren konnte. Dafür war ich später in der Lage, anderen Menschen zu helfen. So funktioniert das Leben. Ich entspanne mich und freue mich an der Fülle und Dankbarkeit in meiner Welt.

28. November

Affirmation für ein erfülltes Alter

Erschaffen wir uns bewusst ein Ideal für unsere späteren Jahre, das diese Phase zur lohnendsten unseres ganzen Lebens macht. Vertrauen wir darauf, dass unsere Zukunft immer hell und freundlich ist, und zwar in jedem Alter. Dazu müssen wir nur unser Denken verändern. Es ist an der Zeit, alle angstvollen Vorstellungen bezüglich des Alterns aus unserem Bewusstsein zu tilgen. Was wir brauchen, ist ein Quantensprung des Denkens. Gemeinsam können wir die Gesellschaft verändern, sodass jene, die lange leben, immer noch jung sind.

Machen wir unsere späteren Jahre zu einer wunderbaren Schatzkammer für uns selbst und die ganze Menschheit!

29. November

Ich sehe den Planeten geheilt, und alle Menschen haben reichlich Nahrung und Kleidung, ein Zuhause und sind glücklich

Es gibt so viel Gutes, das ich als einzelner Mensch für den Planeten tun kann. Zeitweise engagiere ich mich vielleicht aktiv für einen guten Zweck, indem ich meine physische Energie einbringe oder Geld spende. Zu anderen Zeiten nutze ich meine Gedankenkraft, um bei der Heilung des Planeten zu helfen. Wenn in den Nachrichten über eine Katastrophe oder einen Akt sinnloser Gewalt berichtet wird, mache ich auf positive Weise Gebrauch von meinem Geist. Wenn ich den Verantwortlichen wütende Gedanken sende, trägt das in keiner Weise zur Heilung bei. Daher umgebe ich die gesamte Situation sofort mit Liebe und bejahe, dass sich letztlich alles zum Guten wenden wird. Ich sende positive Energie aus und visualisiere, dass möglichst rasch eine Lösung gefunden wird, die dem Wohl aller Betroffenen dient. Ich segne die Täter liebevoll und bejahe, dass in ihnen Liebe und Mitgefühl erwachen mögen und auch sie geheilt werden. Nur wenn wir alle vollständig geheilt werden, können wir in einer gesunden Welt leben.

30. November

Ich erschaffe liebevoll perfekte Gesundheit für mich

- *Ich liebe meinen Körper.*
- *Mein Körper liebt es, gesund zu sein.*
- *Ich schätze meinen wundervollen Körper.*
- *Ich höre auf die Botschaften meines Körpers.*
- *Jede Zelle in meinem Körper wird geliebt.*
- *Ich weiß, wie ich auf mich selbst achte.*
- *Ich bin gesünder, als ich jemals war.*
- *Ich befinde mich in Harmonie mit allen Aspekten meines Lebens.*
- *Ich erschaffe liebevoll perfekte Gesundheit für mich.*
- *Ich gebe meinem Körper, was er auf jeder Ebene braucht, um bei optimaler Gesundheit zu sein.*

1. Dezember

Das Gute für mich kommt von jedem und überallher

- *In der Unendlichkeit des Lebens, dort, wo ich bin, ist alles heil und vollkommen.*
- *Ich bin eins mit der Macht, die mich erschaffen hat.*
- *Ich bin offen und empfangsbereit für den überreichen Strom von Wohlstand, den das Universum uns schenkt.*
- *Noch ehe ich darum bitte, wird meinen Bedürfnissen und Wünschen entsprochen.*
- *Ich werde göttlich geleitet und beschützt und ich treffe Entscheidungen, die für mich nützlich sind.*
- *Ich erfreue mich am Erfolg anderer, wissend, dass mehr als genug für uns alle da ist.*
- *Beständig erweitere ich mein Bewusstsein für die Fülle, was sich in einem stetig wachsenden Einkommen widerspiegelt.*
- *Mein Gutes kommt von überallher zu mir.*
- *Alles ist gut in meiner Welt.*

2. Dezember

**Ich weiß, das Leben liebt mich,
denn die Liebe hat mich noch nie verurteilt**

Wir alle haben in unserem Leben Bereiche, die wir für inakzeptabel und nicht liebenswert halten. Wenn wir sehr wütend auf bestimmte Teile unseres Selbst sind, führt das oft zu selbstschädigendem Verhalten. Wir greifen zu Alkohol, Drogen oder Zigaretten. Wir essen zu viel. Wir machen uns emotional fertig. Zum Schlimmsten, was wir tun können, gehört die Selbstkritik. Kaum etwas richtet mehr Schaden an. Hören Sie unbedingt damit auf, sich selbst und andere zu kritisieren! Haben wir uns einmal angewöhnt, uns selbst nicht mehr zu kritisieren, verschwindet, zu unserer eigenen Überraschung, auch das Bedürfnis, andere zu kritisieren. Wir erkennen dann nämlich, dass jeder Mensch ein Spiegel für uns ist. So, wie wir uns selbst sehen, sehen wir auch die anderen. Wenn wir uns über jemanden beklagen, beklagen wir uns in Wahrheit über uns selbst. Wenn wir lernen, uns selbst zu lieben und zu akzeptieren, gibt es nichts mehr, worüber wir uns beklagen müssten.

Lassen Sie uns gemeinsam den festen Entschluss fassen, uns selbst nie mehr zu kritisieren.

3. Dezember

Ich ziehe Liebe und Liebesbeziehungen in mein Leben und bin bereit, das jetzt zuzulassen

Ich bin eins mit dem Leben, und alles Leben liebt und unterstützt mich. Daher beanspruche ich für mich Liebe und Nähe als festen Bestandteil meines Lebens. Ich identifiziere mich nicht mit meinen Eltern und deren Denk- und Verhaltensmustern bezüglich Intimität und Partnerschaft. Ich bin mein eigenes, einzigartiges Selbst, und ich entscheide mich dafür, eine dauerhafte, liebevolle Beziehung zu erschaffen – eine, die für meinen Partner / meine Partnerin und für mich in jeder Hinsicht erfüllend und befriedigend ist. Wir ergänzen einander wunderbar und haben ähnliche Rhythmen, und wir bringen gegenseitig das Beste in uns zum Vorschein.
Wir sind romantisch, und wir sind die besten Freunde. Ich freue mich an dieser dauerhaften Liebesbeziehung. Das ist die Wahrheit meines Seins, und ich akzeptiere sie jetzt. Alles ist gut in meiner liebevollen Welt.

4. Dezember

Ich bin bereits eine schöne und erfolgreiche Person

Der Erfolg ist bereits in mir, so, wie in einer Eichel der komplette Eichbaum enthalten ist. Mit kleinen Schritten, die meinen gegenwärtigen Möglichkeiten entsprechen, gehe ich stetig voran und träume große Träume. Ich mache mir Mut und beglückwünsche mich zu meinen Fortschritten.

Ich lerne aus allen meinen Erfahrungen und es ist völlig okay, dass ich dabei Fehler mache. Auf diese Weise schreite ich von Erfolg zu Erfolg, und jeden Tag fällt es mir leichter, die Dinge in diesem Licht zu sehen. Ich bin mir bewusst, dass Misserfolge wertvolle Lernerfahrung darstellen, aber keinerlei Macht über mich haben. Im gesamten Universum gibt es nur eine Macht, und diese Macht ist bei allem, was sie tut, hundertprozentig erfolgreich. Sie hat mich erschaffen; deshalb bin ich bereits jetzt ein schöner, erfolgreicher Mensch.

5. Dezember

Harmonie umgibt mich.
Alles ist gut in meiner Welt

Jeder Mensch ist eine Göttliche Idee, die sich durch den Einen Geist auf harmonische Weise ausdrückt. Es hat seine tiefere Bedeutung, dass wir im Leben bestimmten Menschen begegnen. Es ist nicht notwendig, dass wir gegen diese Bedeutung ankämpfen oder uns gegenseitig die Schuld an dem geben, was geschieht. Stattdessen können wir, geborgen in der Göttlichen Weisheit, daran arbeiten, uns selbst mehr zu lieben, sodass wir an unseren Erfahrungen wachsen und aus ihnen lernen. Wir entscheiden uns dafür, gemeinsam für Harmonie in Beruf und Familie zu sorgen, und überhaupt in allen Bereichen unseres Lebens. In jedem Augenblick des Tages leitet uns rechtes Göttliches Handeln. Wir sagen und tun stets zur rechten Zeit das Richtige. Wenn Menschen harmonisch und freudig zusammenarbeiten, findet eine Göttliche Vermischung der Energien statt, sodass alle sich gegenseitig unterstützen und ermutigen, auf erfüllende und produktive Weise. Wir sind erfolgreich in allen Lebensbereichen. Wir sind gesund, glücklich, liebevoll, voller Freude, respektvoll, hilfsbereit und friedvoll.
So sei es und so ist es.

6. Dezember

**Ich ersetze Armutsdenken durch Reichtumsdenken,
und diese Veränderung spiegelt sich in
meinen Finanzen wider**

Viele Leute machen sich Sorgen über die wirtschaftliche Lage und glauben, dass ihr Einkommen von der jeweiligen Konjunktur abhängt. Doch mit der Konjunktur geht es ständig auf und ab. Es spielt also keine Rolle, was dort draußen geschieht. Wir befinden uns nicht in Schwierigkeiten, weil die wirtschaftliche Lage schlecht ist. Es kommt ausschließlich darauf an, was Sie über sich selbst glauben. Wenn Sie Angst davor haben, obdachlos zu werden, sollten Sie sich fragen: »Warum fühle ich mich in mir selbst nicht zu Hause?«

Ich habe immer folgende Affirmationen benutzt:

- *Mein Einkommen wächst ständig und ist heute höher als das meiner Eltern.*

Das ist normal, denn die Zeiten haben sich geändert, aber besonders Frauen haben damit oft große Probleme. Es fällt ihnen schwer, mehr zu verdienen als ihre Väter. Sie müssen ihren Mangel an Selbstwertgefühl überwinden und wirtschaftlichen Wohlstand, der ihr göttliches Recht ist, akzeptieren.

7. Dezember

Alles, was ich berühre, wird ein Erfolg

- *Ich vergebe allen, die mir in meiner Kindheit aus Ignoranz negative und falsche Dinge über mich selbst eingeredet haben.*
- *Ich liebe meine Eltern und wachse hinaus über ihre Vorstellungen.*
- *Ich erkläre, dass diese Affirmationen mein neues Glaubenssystem sind. Ich akzeptiere sie als Wahrheit und weiß, dass ich jetzt alles Gute dieser Welt verdiene.*
- *Ich richte mich nicht nach dem Beispiel meiner Umgebung.*
- *Ich erlaube mir, erfolgreich zu sein.*
- *Es gibt mehr Geld in der Welt als Sandkörner.*
- *Gott liebt die, die mit ihren Talenten und Fähigkeiten auf liebevolle Weise Reichtum erschaffen.*
- *Ich zähle – für mich selbst und im Leben. Ich werde vom Universum geliebt und gefördert.*
- *Während mein Wohlstand wächst, darf ich mich ohne Angst von einer gesellschaftlichen Ebene zur nächsten bewegen.*

8. Dezember

Die ersten Worte, die ich am Morgen zu mir sage, lauten: »Ich liebe dich«

Morgens nach dem Aufstehen und abends vor dem Zubettgehen schaue ich mir im Spiegel in die Augen und sage: *Ich liebe dich, ich liebe dich wirklich. Und ich akzeptiere dich genau so, wie du bist.*

Das fällt am Anfang manchmal schwer, aber wenn Sie diese Affirmation trotzdem beharrlich anwenden, wird sie für Sie schon nach kurzer Zeit wahr werden. Ist das nicht eine schöne Aussicht?

Sie werden feststellen, dass mit Ihrer Selbstliebe auch Ihre Selbstachtung wächst, und alle notwendigen Veränderungen werden Ihnen leichter fallen, wenn Sie wissen, dass Sie stets tun, was das Beste für Sie ist. Liebe ist niemals außerhalb – sie ist immer in Ihnen. Und wenn Sie mehr lieben, werden Sie liebenswerter.

Erschaffen Sie sich also ein neues Selbstbild und sagen Sie sich jeden Tag, wie wunderbar Sie sind und dass Sie alles Gute verdienen, was das Leben für uns bereithält.

9. Dezember

Ich entscheide mich jetzt, die Zeit, die noch vor mir liegt, zur besten Zeit meines Lebens zu machen

Ich lasse jetzt bewusst die einengenden Glaubenssätze hinter mir, die der Erfüllung meiner Wünsche bisher im Weg standen. Ich erkläre und bejahe, dass jetzt alle negativen Denkmuster in meinem Bewusstsein gelöscht werden. Ich löse mich vollständig von ihnen. Mein Bewusstsein ist von nun an erfüllt mit positiven Denkmustern, mit denen ich mir Gesundheit, Wohlstand und liebevolle Beziehungen erschaffe. Ich befreie mich von allen Mustern, die mich zu Schmerz, Einsamkeit und selbstzerstörerischen Verhaltensweisen wie Drogenmissbrauch und anderen Süchten verleiteten und dunkle, schwermütige Ecken in meinem Bewusstsein entstehen ließen. Ich bin jetzt frei, Gutes in mein Leben strömen zu lassen. Ich erkläre und bejahe den Reichtum und die Fülle des Lebens in jeder Ausdrucksform: reich fließende Liebe; üppiger Wohlstand; vitale, strahlende Gesundheit; frische, sprühende Kreativität; und Frieden auf all meinen Wegen. All das verdiene ich, und ich öffne mich jetzt dafür, diesen Reichtum, diese Fülle jeden Tag zu genießen. Ich bin Mitschöpferin und Mitschöpfer und nehme aktiv an der unendlichen Entfaltung des Lebens teil. Alle Möglichkeiten stehen mir offen.

10. Dezember

Ich bin offen und empfänglich für alle neuen Wege zu einem guten Einkommen

Lösen Sie sich von der starren Fixierung auf bestimmte Einkommensgrenzen. Engen Sie das Universum nicht dadurch ein, dass Sie darauf bestehen, »nur« ein bestimmtes Gehalt oder Einkommen zu haben. Dieses Gehalt oder Einkommen ist ein Kanal – keine Quelle. Ihre Versorgung kommt nur aus einer Quelle, dem Universum selbst.

Es gibt unendlich viele Kanäle. Ihnen müssen wir uns öffnen. Wir müssen bewusst akzeptieren, dass die Versorgung von überallher kommen kann. Wenn wir dann bei einem Spaziergang ein paar Cent auf der Straße finden, sagen wir »Danke!« zur Quelle. Es mag wenig sein, aber neue Kanäle fangen an, sich zu öffnen.

»Ich bin offen und empfänglich für neue Kanäle des Wohlstandes.«

11. Dezember

Ich liebe meine Gedanken,
und meine Gedanken lieben mich

Halten Sie einen Moment inne. Was denken Sie gerade? Wenn Gedanken Ihr Leben und Ihre Erfahrungen formen, möchten Sie dann, dass dieser Gedanke für Sie wahr wird? Wenn es ein Gedanke der Sorge oder der Rache ist, was werden Sie damit in Ihr Leben ziehen? Wenn wir uns ein schönes, frohes Leben wünschen, müssen wir schöne, frohe Gedanken denken. Alles, was wir an Gedanken oder gesprochenen Worten aussenden, kommt als Erfahrung wieder zu uns zurück. Nehmen Sie sich etwas Zeit, um zu beobachten, was Sie im Gespräch mit anderen sagen. Wenn Sie bemerken, dass Sie etwas dreimal sagen, schreiben Sie es auf, denn es ist für Sie offenbar zu einem Denkmuster geworden. Schauen Sie sich diese Liste am Ende der Woche an und fragen Sie sich, welcher Zusammenhang zwischen diesen oft wiederholten Sätzen und Ihren Erfahrungen besteht. Wenn Sie bereit sind, das, was Sie über sich selbst, andere Menschen und das Leben äußern, zu verändern, werden Sie erleben, dass sich auch Ihre Erfahrungen verändern. Sie gewinnen die Kontrolle über Ihr Leben zurück, wenn Sie Ihre Worte und Gedanken bewusst wählen.

12. Dezember

Ich vergebe meine Vergangenheit und befreie mich
von Robert Holden

»Durch Vergebung lernte ich, dass meine Vergangenheit vorbei ist, sosehr ich mir auch wünschte, sie zu ändern. Mithilfe der Vergebung konnte ich meine Vergangenheit nutzen, um zu lernen, mich weiterzuentwickeln und Verantwortung für mein Leben in der Gegenwart zu übernehmen«, sagt Louise. »Der gegenwärtige Augenblick ist unser Kraftpunkt. Nur im Jetzt können wir schöpferisch sein.« Durch Vergebung ändern Sie Ihre Beziehung zur Vergangenheit, und dadurch ändert sich auch Ihr Verhältnis zu Gegenwart und Zukunft. »Vergebung ist Gegenwart«, heiß es in *Ein Kurs in Wundern*. Im gegenwärtigen Augenblick lösen wir uns von der Vergangenheit. Im gegenwärtigen Augenblick gibt es keine Furcht. Im gegenwärtigen Augenblick gibt es keine Schuldgefühle. Im gegenwärtigen Augenblick können wir die Bedeutung der Vergangenheit auflösen. Im gegenwärtigen Augenblick wird eine neue Zukunft geboren. Durch Vergebung erinnern wir uns an die Grundwahrheit: Ich bin liebenswert. Durch Vergebung lassen wir zu, dass das Leben uns liebt. Durch Vergebung können wir zur liebevollen Präsenz für die Menschen in unserem Leben werden.

13. Dezember

Ich erhebe mich über alle Grenzen

Ich umschließe mich mit einem Kreis der Liebe – Liebe zu denen, die leben, und zu denen, die nicht mehr unter uns sind.

Ich affirmiere wundervolle, harmonische Erfahrungen, die für uns alle etwas bedeuten. Ich fühle mich gesegnet, ein Teil dieses zeitlosen Netzes bedingungsloser Liebe zu sein, das uns alle verbindet. Meine Vorfahren taten das Beste, was sie tun konnten, nach dem Wissen und Verständnis, das sie hatten, und die noch ungeborenen Kinder werden sich neuen Herausforderungen gegenübersehen und das Beste tun nach dem Wissen und Verständnis, das sie haben werden.

Jeden Tag sehe ich meine Aufgabe deutlicher, die einfach darin besteht, mich von alten familiären Beschränkungen zu lösen und zu erwachen in der Harmonie des Göttlichen.

14. Dezember

Ich bin jetzt erwachsen und kümmere mich liebevoll um das Kind in mir

- *Ich liebe mich ganz im Hier und Jetzt.*
- *Ich umarme mein Inneres Kind liebevoll.*
- *Ich bin bereit, meine Grenzen zu überwinden.*
- *Ich übernehme die Verantwortung für mein Leben.*
- *Ich bin frei.*
- *Ich bin jetzt erwachsen und kümmere mich liebevoll um mein Inneres Kind.*
- *Ich lasse meine alten Ängste und Beschränkungen hinter mir.*
- *Ich habe Frieden mit mir selbst und meinem Leben geschlossen.*
- *Ich kann meine Gefühle behütet zum Ausdruck bringen.*
- *Ich liebe mich und erkenne mich an.*
- *Ich erschaffe meine Zukunft jetzt!*

---

15. Dezember

 Die Zukunft bringt mir nur Gutes
mit Robert Holden

Wenn man Zeit mit Louise verbringt, sieht man, dass Louise Hay nicht nur über Affirmationen nachdenkt. Sie lebt ihre Affirmationen. Sie macht nicht einfach zehn Minuten Affirmationen am Morgen und vergisst sie dann. Sie nimmt ihre Affirmationen mit in den Alltag.

Um das zu unterstützen, hat sie ihre Affirmationen diskret überall bei sich zu Hause platziert.

Auf ihrem Badezimmerspiegel steht: *Das Leben liebt mich.* *Alles ist gut* steht neben dem Lichtschalter in der Diele. Und in der Küche hängt: *Mich erwartet stets nur Gutes.*

In ihrem Auto befindet sich die Affirmation: *Ich segne alle Menschen in meinem Leben und trage zu ihrem Wohlergehen bei, und sie segnen mich und tragen zu meinem Wohlergehen bei.*

16. Dezember

**Ich entspanne mich in dem Wissen, dass das
Universum mich hundertprozentig unterstützt**

Das Universum lässt mich nie im Stich.
Alles Leben unterstützt mich Tag und Nacht. Was ich für
ein erfülltes Leben brauche, steht mir jederzeit zur Verfügung. Solange ich lebe, gibt es genug Luft zum Atmen
für mich. Die Erde versorgt mich mit einer Fülle von Nahrungsmitteln. Es gibt Millionen von Menschen, mit denen
ich zusammenarbeiten kann. Ich werde auf jede erdenkliche Weise unterstützt. Jeder meiner Gedanken spiegelt
sich in meinen Erfahrungen wider.
Das Leben sagt immer Ja zu mir. Alles, was ich dafür tun
muss, ist, diese Schätze und diese Unterstützung dankbar
und freudig anzunehmen.
Ich trenne mich jetzt von allen Denkmustern und Glaubenssätzen, die mich daran hindern, alle guten Dinge
freudig zu akzeptieren. Ich werde vom Leben selbst geliebt und unterstützt.

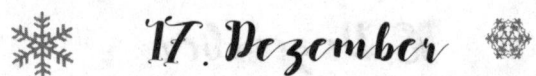

17. Dezember

Wir sind hier, um uns gegenseitig zu segnen und zu fördern

Eine Methode, Geld in Ihr Leben zu ziehen, besteht darin, den Zehnten zu geben. Zehn Prozent seines Einkommens zu spenden ist ein seit Langem verbreitetes Prinzip. Ich nenne es gern: dem Leben etwas zurückgeben.

Wenn wir das tun, scheint das unseren Wohlstand zu fördern.

Heute gehen die Menschen dazu über, ihren Zehnten dorthin zu geben, wo sie spirituelle Hilfe erhalten.

Wer oder was hat Ihnen dabei geholfen, Ihre Lebensqualität zu verbessern? Wenn Sie nicht an eine Kirche oder eine Einzelperson spenden möchten, gibt es eine Fülle von gemeinnützigen Organisationen, die Sie mit Ihrer Spende unterstützen können.

Wenn Sie bereit sind, den Zehnten zu geben, fangen Sie jetzt gleich damit an, und reichliche Segnungen werden Ihnen zufließen. Wenn Sie jedoch nur spenden, damit Sie selbst mehr bekommen, haben Sie den Sinn des Ganzen nicht begriffen. Sie müssen geben, ohne Bedingungen zu stellen, sonst funktioniert es nicht. Ich habe das Gefühl, dass das Leben es gut mit mir meint, und darum bin ich dem Leben gegenüber freigiebig.

18. Dezember

Ein Universum des JA

Jeder Mensch ist vollständig selbst verantwortlich für alle seine Erfahrungen. Jeder Gedanke, den wir denken, gestaltet unsere Zukunft. Die Macht zur Veränderung liegt immer in der Gegenwart. Jeder leidet an Selbsthass und Schuldgefühlen.

Alle denken insgeheim: »Ich bin nicht gut genug.« Es ist nur ein Gedanke, und ein Gedanke kann verändert werden. Verbitterung, Kritik und Schuld sind die Verhaltensmuster, die den größten Schaden anrichten.

Sich von Verbitterung zu befreien kann sogar Krebs heilen. Wenn wir uns wirklich selbst lieben, funktioniert alles in unserem Leben.

Wir müssen uns von der Vergangenheit lösen und jedem vergeben. Wir müssen lernen, uns selbst zu lieben.

Selbstbejahung ist der Schlüssel zu positiven Veränderungen. Wenn wir uns wirklich selbst lieben und Ja sagen zum Universum, funktioniert alles in unserem Leben.

19. Dezember

Ich liebe den Planeten

Stellen Sie sich bildhaft vor, dass diese Welt ein großartiger Ort ist. Sehen Sie, wie alle Kranken geheilt werden und die Obdachlosen versorgt werden. Gehen Sie nach draußen und spüren Sie den klaren Regen. Wenn der Regen aufhört, erscheint ein wunderschöner Regenbogen. Sehen Sie, wie die Sonne scheint, und spüren Sie die saubere und klare Luft. Riechen Sie ihre Frische. Sehen Sie das Wasser in unseren Bächen, Flüssen und Seen glitzern und funkeln. Reisen Sie in andere Länder und sehen Sie, dass dort überall Frieden herrscht und genug für alle da ist. Sehen Sie Harmonie zwischen den Völkern, und dass wir alle unsere Waffen niederlegen. Schuldzuweisungen, Kritik und Vorurteile geraten immer mehr aus der Mode und verschwinden schließlich ganz. Sehen Sie, wie Grenzen einstürzen und alles Getrenntsein verschwindet. Sehen Sie, wie wir alle eins werden. Sehen Sie unsere Mutter Erde, den Planeten, heil und ganz. Sie erschaffen jetzt diese neue Welt, indem Sie Ihren Geist dazu benutzen, sich eine neue Welt bildhaft vorzustellen. Sie sind mächtig. Leben Sie Ihre Vision. Tun Sie, was in Ihrer Macht steht, um diese Vision zu verwirklichen. Gott schütze uns alle. Und so sei es.

20. Dezember

Affirmation für den Planeten und alle seine Bewohner

Öffnen wir unser Herz liebevoll und gütig allen Menschen. Schenken wir unsere Liebe den Obdachlosen, die kein Zuhause haben, wohin sie gehen können. Senden wir denen Liebe, die gerade im Begriff sind, den Planeten zu verlassen, und denen, die ihn bereits verlassen haben.

Teilen wir unsere Liebe mit allen, ob sie dafür offen sind oder nicht. Schließen wir den ganzen Planeten in unser Herz: die Tiere, die Vegetation, alle Menschen. Auch die Menschen, auf die wir wütend sind. Auch die Menschen, die sich nicht so verhalten, wie wir es gerne hätten. Und die Menschen, von denen gesagt wird, sie wären böse – schließen wir sie alle in unser Herz, damit sie ein Gefühl der Sicherheit und Geborgenheit entwickeln, aus dem heraus sie entdecken können, wer sie wirklich sind.

Visualisieren Sie, dass überall auf dem Planeten Frieden einkehrt. Seien Sie sich bewusst, dass Sie hier und jetzt zu diesem Frieden beitragen. Freuen Sie sich, dass Sie in der Lage sind, aktiv bei der Erschaffung einer friedlichen, harmonischen Welt mitzuhelfen. Erkennen Sie an, wie wunderbar Sie sind. Das ist Ihre Wahrheit. Und so sei es.

21. Dezember

Diese Welt ist unser Himmel auf Erden

Wir sind eine Gemeinschaft spirituell ausgerichteter Seelen, die auf der Erde zusammenkommen, um zu lernen und unsere Energien miteinander zu teilen und in die ganze Welt auszustrahlen. Dabei hat jede Seele die Freiheit, ihren eigenen Aktivitäten nachzugehen, und zugleich fühlt sie sich zu jenen hingezogen, die ihr am besten helfen können, ihre individuelle Bestimmung zu erfüllen, während zugleich sie den anderen optimal helfen kann. Unsere innere Führung weist uns den Weg, wie wir mit anderen gemeinsam den neuen Himmel auf Erden erschaffen können, und zwar hier und jetzt.

Harmonisch, liebe- und friedvoll leben wir zusammen – und bringen in unserem Leben Gott zum Ausdruck. Gemeinsam erschaffen wir eine Welt, in der das Nähren und Stärken der Seele die wichtigste Aktivität ist.

Es gibt reichlich Zeit und Gelegenheit zu kreativem Selbstausdruck auf jedem Betätigungsfeld, das wir uns aussuchen. Unsere innere Macht versorgt uns mit allem, was wir für diesen Selbstausdruck benötigen. Es gibt keine Krankheit, keine Armut, keine Kriminalität, keine Lüge. Die Welt der Zukunft beginnt jetzt und hier, mit uns allen. Und so ist es.

22. Dezember

Alles ist gut in meiner Welt

Ich liebe mich – darum gehe ich in liebevoller Weise mit allen Menschen um, wissend, dass das, was ich gebe, vielfach vermehrt zu mir zurückkehrt.

Ich ziehe nur liebevolle Menschen an, da sie ein Spiegel sind für das, was ich bin.

Ich liebe mich – darum weine ich der Vergangenheit nicht nach und lasse alle vergangenen Erfahrungen los. Und ich bin frei.

Ich liebe mich – darum lebe ich ganz im Jetzt, erlebe jeden Augenblick als gut, wissend, dass meine Zukunft hell ist, freudvoll und sicher, und so bin ich ein geliebtes Kind des Universums, und das Universum nimmt sich liebevoll meiner an, jetzt und für immer.

Und so sei es.

23. Dezember

Ich erkenne mich selbst an

Wenn Sie sagen: »Ich erkenne mich selbst an«, bringt das garantiert alles zum Vorschein, was sich tief in Ihrem Bewusstsein dagegen auflehnt. Wenn negative Gedanken aufkommen, wie »Wie kann ich mich selbst anerkennen, wenn ich so dick bin?« oder »Ich habe nichts Gutes an mir« oder was immer Ihr negatives Geplapper sein mag, dann ist dies der Zeitpunkt, das Bewusstsein zu kontrollieren.

Messen Sie dem keine Bedeutung bei. Betrachten Sie den Gedanken als das, was er ist: eine weitere Möglichkeit, Sie in der Vergangenheit festzuhalten.

Affirmieren Sie:

- *Ich löse mich von negativen Gedanken und erkenne mich an.*

24. Dezember

Ich bin ein leuchtendes
Geschöpf der Liebe

Tief im Zentrum meines Seins wohnt unendliche Liebe. Sie ist unerschöpflich. Ich habe viel mehr davon, als ich in diesem Leben je verbrauchen könnte. Daher kann ich freigebig mit ihr sein.

Liebe ist ansteckend. Wenn ich meine Liebe mit anderen teile, kehrt sie vielfach vermehrt zu mir zurück. Je mehr Liebe ich gebe, desto mehr Liebe habe ich. Ich bin in diese Welt gekommen, um Liebe zu schenken. Und obwohl ich mein ganzes Leben lang meine Liebe anderen schenken werde, wird mein Herz, wenn ich die Erde wieder verlasse, reich und glücklich sein. Wenn ich mehr Liebe will, muss ich mehr Liebe geben.

Die Liebe ist, und ich bin.

25. Dezember

**Ich lasse mich heute ganz vom Geist
der Liebe erfüllen**

Erinnern Sie sich an das schönste Weihnachten, das Sie als Kind erlebten. Rufen Sie sich dieses Weihnachten so lebhaft wie möglich ins Gedächtnis. Erinnern Sie sich an den Anblick, den Duft, an das, was Sie damals schmeckten und fühlten, und an die Menschen, mit denen Sie dieses Weihnachten feierten.

Was haben Sie damals getan? Falls Sie in Ihrer Kindheit nie ein schönes Weihnachtsfest erlebten, dann erfinden Sie sich jetzt eines. Gestalten Sie es genau so, wie Sie es gerne erlebt hätten. Spüren Sie, wie Ihnen das Herz aufgeht, wenn Sie an dieses Weihnachten denken?

Das Wunderbarste daran war vermutlich die Liebe, die Sie damals miteinander teilten. Lassen Sie sich jetzt vom Geist der Liebe durchströmen. Denken Sie an alle Menschen, die Sie kennen und die Ihnen am Herzen liegen. Senden Sie ihnen diese Liebe und umhüllen Sie sie damit. Dieses besondere weihnachtliche Liebesgefühl kann Ihr ständiger Begleiter sein, nicht nur in der Weihnachtszeit. Sie selbst sind Liebe, Geist, Licht, Energie. So sei es.

26. Dezember

 **Ich trage heute genug Liebe im Herzen,
um den ganzen Planeten zu heilen**

Sich selbst segnen: Es ist genug Liebe in Ihnen, um den ganzen Planeten zu lieben, aber es beginnt bei Ihnen selbst. Affirmieren Sie:
Das Leben liebt mich, und ich liebe das Leben. Sprechen Sie sie ein paar Mal laut. Vervollständigen Sie den Satz: *Eine Möglichkeit, mir selbst jetzt in diesem Moment Liebe zu schenken, ist …* Zählen Sie auf, womit Sie hier und jetzt gesegnet sind. Affirmieren Sie: *Heute nehme ich mein höchstes Wohl dankbar an. Von überallher kommt Gutes zu mir, und ich bin sicher und geborgen.*
Geliebte Menschen segnen: Wünschen Sie allen, die Sie lieben, einen wunderschönen Tag. Affirmieren Sie: *Das Leben liebt dich.* Beten Sie, dass ihnen bewusst wird, wie gesegnet sie sind, und dass sie die Grundwahrheit über sich selbst erkennen, die lautet: *Ich bin liebenswert.* Freuen Sie sich über ihre Erfolge, ihren Wohlstand, ihre gute Gesundheit. Denken Sie daran: Wenn Sie sich Liebe und Akzeptanz von Ihrer Familie wünschen, müssen Sie Ihre Familie lieben und akzeptieren. Affirmieren Sie: *Ich freue mich am Glück aller, denn ich weiß, dass immer genug für alle da ist.*

27. Dezember

Das Leben liebt uns, und ich segne heute ohne Einschränkung jeden Menschen

Alle Ihre Mitmenschen segnen: Nehmen Sie sich fest vor, jeden Menschen zu segnen, der Ihnen heute begegnet. Segnen Sie alle Nachbarn in Ihrer Straße. Segnen Sie die örtlichen Ladenbesitzer und ihr Personal, den Postboten, den Busfahrer und jeden anderen Menschen, der Ihnen im Alltag begegnet. Segnen Sie die Bäume in Ihrer Straße. Segnen Sie Ihre ganze Wohngegend. Affirmieren Sie: *Das Leben liebt dich, und ich wünsche dir heute von Herzen alles Gute.*

Ihre Feinde segnen: Segnen Sie die Menschen, die zu lieben Ihnen schwerfällt. Segnen Sie den Menschen, dessen Verhalten Sie am meisten verurteilen, und affirmieren Sie: *Das Leben liebt uns alle.* Segnen Sie den Menschen, mit dem Sie am häufigsten Ärger haben, und affirmieren Sie: *Das Leben liebt uns alle.* Segnen Sie den Menschen, über den Sie sich am meisten beklagen. Affirmieren Sie: *Das Leben liebt uns alle.* Segnen Sie den Menschen, den Sie am meisten beneiden. Affirmieren Sie: *Das Leben liebt uns alle.* Segnen Sie Ihre Feinde, sodass Sie keine Feinde mehr haben. Affirmieren Sie: *Wir alle sind liebenswert.* Die Liebe kennt keine Verlierer.

28. Dezember

Ich betrachte die Welt
liebevoll und akzeptiere sie

Wenn Sie affirmieren: *Das Leben liebt mich, und ich liebe das Leben*, zeichnen Sie damit einen ununterbrochenen Kreis des Empfangens und Gebens in Ihr Unterbewusstsein. *Das Leben liebt mich* steht für das empfangende Prinzip, und *Ich liebe das Leben* steht für das gebende Prinzip. Geben und Empfangen sind eins. Der, der gibt, und der, der empfängt, sind identisch. Was Sie geben, empfangen Sie. Und was Sie empfangen, können Sie geben.

Die Welt segnen: Affirmieren Sie: *Das Leben liebt mich, und ich liebe das Leben.* Stellen Sie sich vor, dass Sie den ganzen Planeten in Ihr Herz schließen. Sie sind wichtig. Und was Sie mit Ihrem Bewusstsein tun, macht einen Unterschied. Segnen Sie jeden Tag die ganze Welt. Lieben Sie die Tiere. Lieben Sie die Pflanzen. Lieben Sie die Ozeane. Lieben Sie die Sterne. Jedes Mal, wenn Sie die Welt mit Ihrer Liebe segnen, verbinden Sie sich mit Millionen Menschen, die das auch tun. Affirmieren Sie:

- *Gemeinsam erschaffen wir eine Welt, in der wir einander in Sicherheit und Geborgenheit lieben können.*

29. Dezember

Ich bin sicher und behütet, während ich mich auf mein Bestes zubewege

Die Vergangenheit ist geschehen und vorbei. Sie ist in dem Nichts versunken, aus dem sie entstanden ist. Ich bin frei. Ich habe ein neues Gefühl von Würde und Selbstwert. Ich vertraue meiner Fähigkeit, mich zu lieben und zu nähren. Ich habe gelernt, dass ich zu positiver Veränderung und Weiterentwicklung fähig bin. Ich bin stark. Ich bin mit allem Leben verbunden. Ich bin eins mit den Kräften und der Intelligenz des Universums. Göttliche Weisheit führt mich auf jedem Schritt meines Weges. Ich bin sicher und behütet, während ich mich auf mein Bestes zubewege. Ich schreite mit Leichtigkeit und Freude auf diesem Weg voran. Ich bin ein neuer Mensch, der in der Welt lebt, die er sich selbst ausgesucht hat. Ich bin tief dankbar für alles, was ich habe und was ich bin. Ich bin gesegnet und reich. Alles ist gut in meiner Welt.

30. Dezember

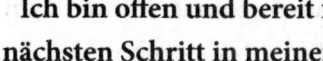

Ich bin offen und bereit für den nächsten Schritt in meinem Leben

Unser Denken geschieht hier und jetzt. Es spielt keine Rolle, wie lange wir an negativen Mustern festgehalten haben, wie lange wir krank waren, in einer unglücklichen Beziehung ausharrten, uns mit Geldproblemen oder Selbsthass plagten. Wir können gleich heute beginnen, etwas an unserer Situation zu verändern. Mit den Gedanken, die wir immer wieder dachten, und den Sätzen, die wir immer wieder äußerten, haben wir unser Leben und unsere momentanen Erfahrungen erschaffen. Doch das ist bereits Vergangenheit und liegt hinter uns. Damit, was wir jetzt in diesem Moment denken und sagen, erschaffen wir unsere Zukunft, das, was morgen, nächste Woche, nächsten Monat, nächstes Jahr und darüber hinaus geschieht. Die Macht zur Veränderung liegt immer in der Gegenwart. Nur in der Gegenwart können wir damit beginnen, unser Leben positiv zu verändern.

Was für ein befreiender Gedanke! Wir können damit beginnen, den alten Unsinn hinter uns zu lassen. Jetzt sofort. Schon kleinste Schritte positiver Veränderung bewirken viel.

31. Dezember

Ich liebe das Leben, und das Leben liebt mich

Das ist meine Liebesgeschichte. Ich wähle ausschließlich Gedanken, mit denen ich eine wunderbare Zukunft erschaffe. Und ich gehe jetzt in diese Zukunft hinein. Immer mehr öffne ich mein Herz. Immer mehr Liebe geht von mir aus und strömt mir zu. Alles ist im Grunde sehr einfach: Je mehr ich mich selbst liebe, desto mehr fühle ich, dass das Leben mich liebt. Je mehr ich mich selbst liebe, desto gesünder bin ich. Je mehr ich mich selbst liebe, desto schöner wird mein Leben. Ich gebe mir grünes Licht, mich auf den Weg zu machen, und ich öffne mich voller Freude für neue, liebevolle Ess- und Denkgewohnheiten. Je besser ich mich selbst körperlich und geistig ernähre, desto dankbarer werde ich für mein Leben sein. Es ist eine Freude für mich, wieder einen neuen Tag zu erleben. Alle Menschen auf dem Planeten sind durch Liebe miteinander verbunden, und diese Liebe beginnt damit, dass ich mich selbst liebe. Ich sende allen Menschen liebevolle Gedanken. Liebe und Vergebung bringen Heilung für mich und für uns alle. Ich bin gesund, geheilt und in Harmonie. Ich liebe das Leben, und das Leben liebt mich.

Quellen

Gesundheit für Körper und Seele
You Can Heal Your Life (Allegria Tb, Übersetzung: Viktoria Renner und Karl F. Hörner)

Wahre Kraft kommt von Innen
The Power is Within You (Allegria Tb, Übersetzung: Thomas Görden)

Spiegelarbeit
Mirror Work (Leo, Übersetzung: Thomas Görden)

Balance für Körper und Seele
Love Yourself Heal Your Life Workbook (Allegria Tb, Übersetzung: Thomas Görden)

Meditationen für Körper und Seele
Meditations to Heal Your Life (Allegria Tb, Übersetzung: Thomas Görden)

Das Leben liebt dich
Life Loves You
Louise Hay & Robert Holden (Leo, Übersetzung: Thomas Görden)

Ist das Leben nicht wunderbar!
You Can Create An Exceptional Life
L. Hay & C. Richardson (Allegria Tb, Übersetzung: Thomas Görden)

Finde deine Lebenskraft!
Experience Your Good Now! (Allegria Tb, Übersetzung:
Thomas Görden)

Ernährung für Körper und Seele
Loving Yourself to Great Health
Louise Hay, Ahlea Khadro & Heather Dane (Leo, Über-
setzung: Daniela Graf und Thomas Görden)

**Und plötzlich war alles anders / Du selbst bist die Ant-
wort**
Letters to Louise (Allegria Tb, Übersetzung: Thomas Görden)

Das Leben lieben
Life! (Allegria Tb, Übersetzung: Thomas Görden)

Dankbarkeit erfüllt mein Leben
Gratitude: A Way of Life
Louise Hay and Friends (Lüchow, Übersetzung: Wolfgang
Schellhorn)

Heile Deinen Körper
Heal Your Body (Lüchow, Übersetzung: Karl F. Hörner)

Herzensweisheiten
Heart Thoughts (Lüchow, Übersetzung: Frances Maffey)

Du kannst es
I Can Do It (Heyne, Übersetzung: Manfred Miethe)